WIE MALE ICH BLUMEN

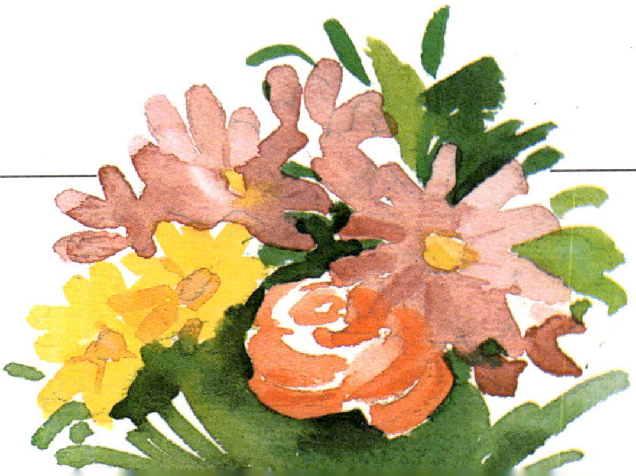

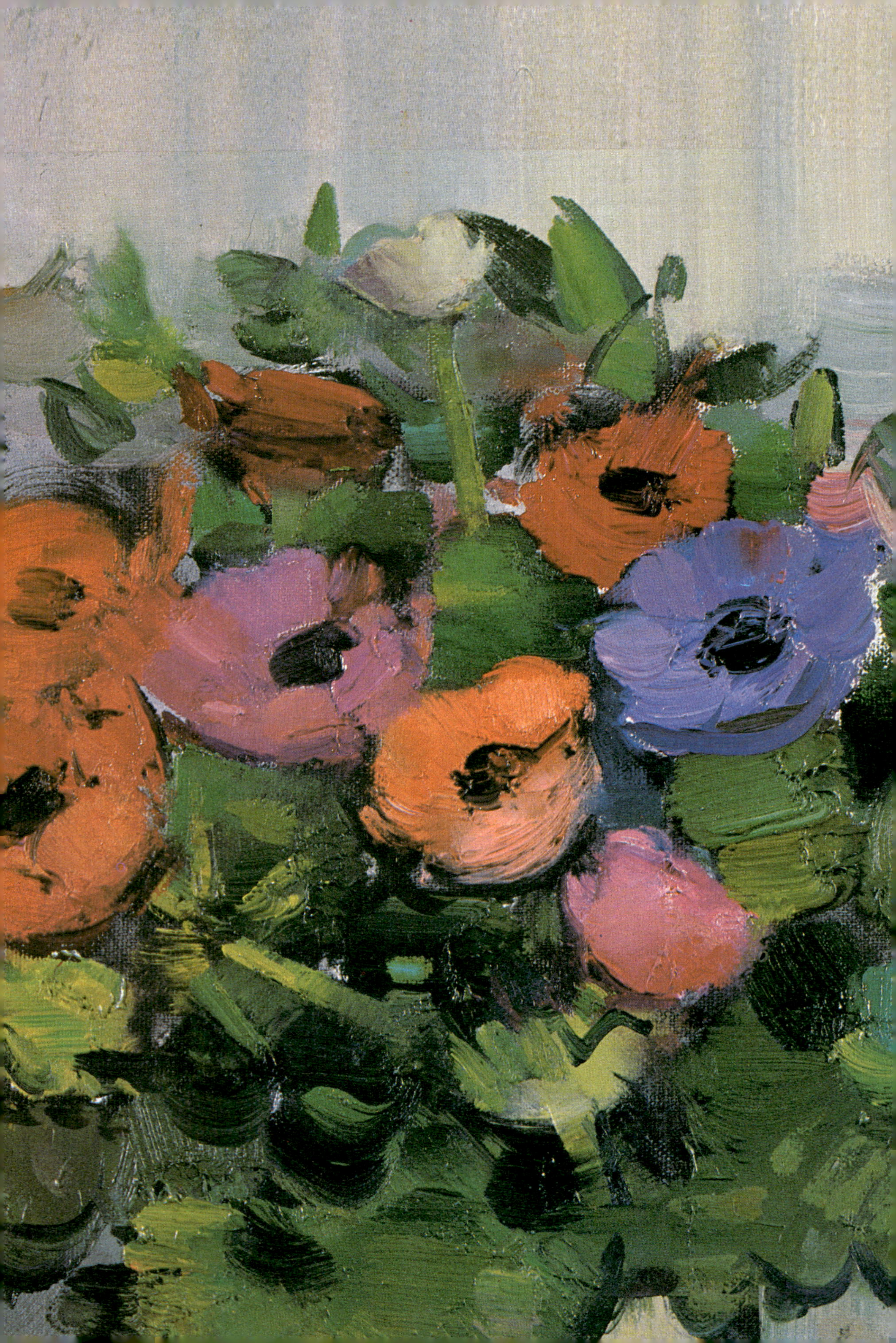

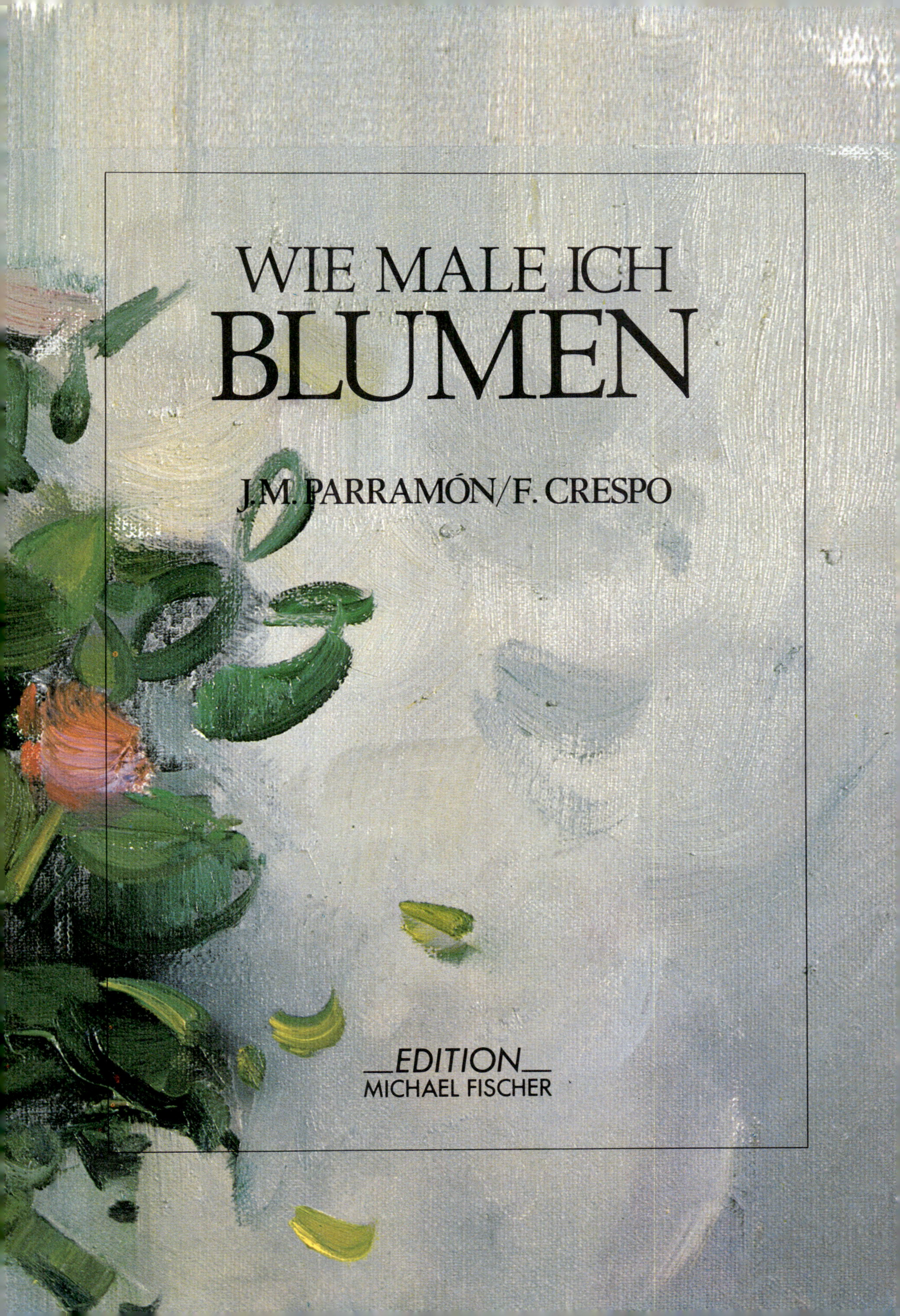

WIE MALE ICH BLUMEN

J.M. PARRAMÓN/F. CRESPO

EDITION
MICHAEL FISCHER

Titel der Originalausgabe: „El arte de pintar flores".
Aus dem Spanischen übertragen von Christa L. Cordes

2. Auflage 1991

Herstellung und Satz:
Verlagsservice Henninger GmbH, Würzburg

Printed in Spain

Legal Deposit: B-20.107-91
ISBN 3-924433-66-6

Inhalt

Die Freude beim Malen, 7

Vorläufer und Bedeutung der Blumenmalerei, 8

Schmückendes Beiwerk im Westen, Kunst im Osten, 10
Von der botanischen Studie zum Blumengemälde, 12
Die Blumen im Impressionismus, 14
Die Blumenmalerei heute, 16

Material und Technik, 19

Die Grundpalette, 20
Spezialfarben zum Malen von Blumen, 22
Die Ölfarben, 24
Die Aquarellfarben, 26
Die Pastellfarben, Farbstifte, Acrylfarben, 28
Wachsmalstifte und Ölpastellkreiden, 31
Farbenkarten, 32

Das Modell und seine Beleuchtung, 35

Blumen gibt es überall, 36
Blumen in ihrem natürlichen Umfeld, 38
Blumen im Atelier, 40
Tageslicht und Kunstlicht, 42
Die Lichtrichtung, 44
Tonwert- und Farbkontraste, 46

Zeichnung und Komposition, 49

Die Bedeutung der Zeichnung, 50
Formen und Grundstrukturen, 52
Maße und Proportionen, 56
Eine Komposition ist immer vorhanden, 58
Cézanne und die Kunst der Komposition, 60
Die Symmetrie, 61
Asymmetrie und Goldener Schnitt, 62

Die Harmonisierung der Farben, 65

Valoristen und Koloristen, 66
Harmonieskala der Farben, 68

Die Blumenmalerei in der Praxis, 75

Francesc Crespo malt ein Blumenbild als Pastell, 76
Parramón malt ein Blumenbild mit Farbstiften, 82
Francesc Crespo malt einen Strauß Anemonen in Öl, 90
Parramón malt ein Blumenbild als Aquarell, 96
Francesc Crespo malt Kapuzinerkresse in Öl, 104

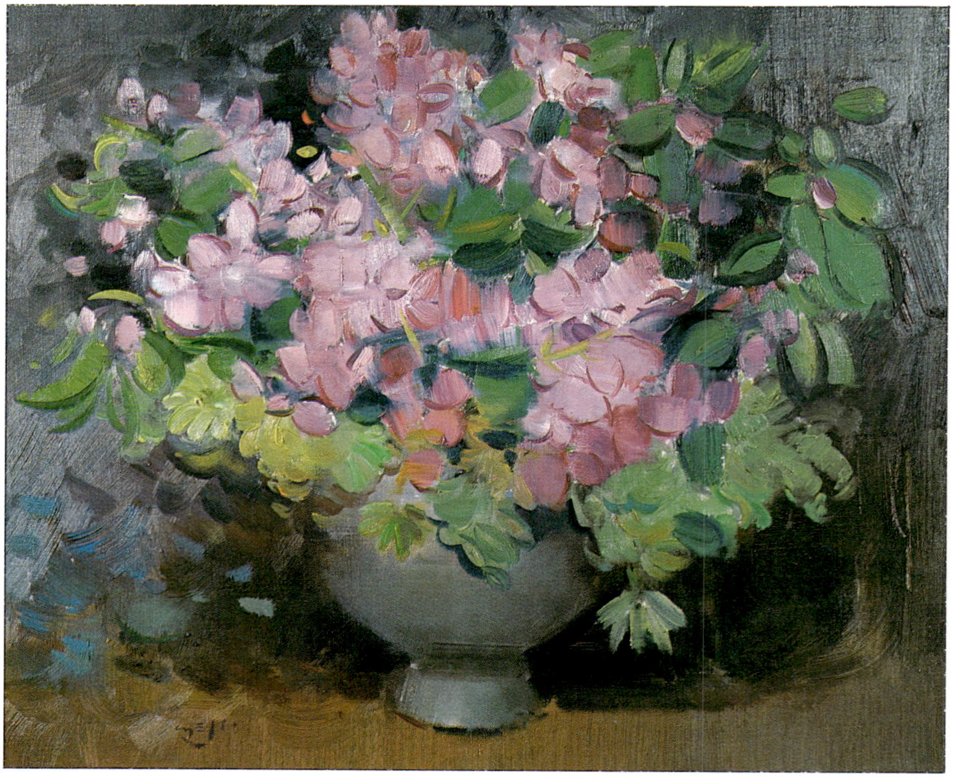

Abb. 1 bis 3: Drei Beispiele für Blumenmalerei von Francesc Crespo (oben) und José M. Parramón (rechts), dem Autor dieses Buches.

1

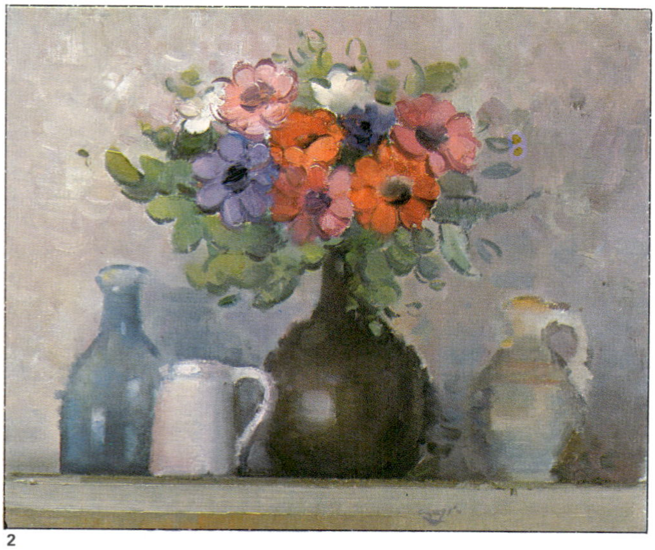

2

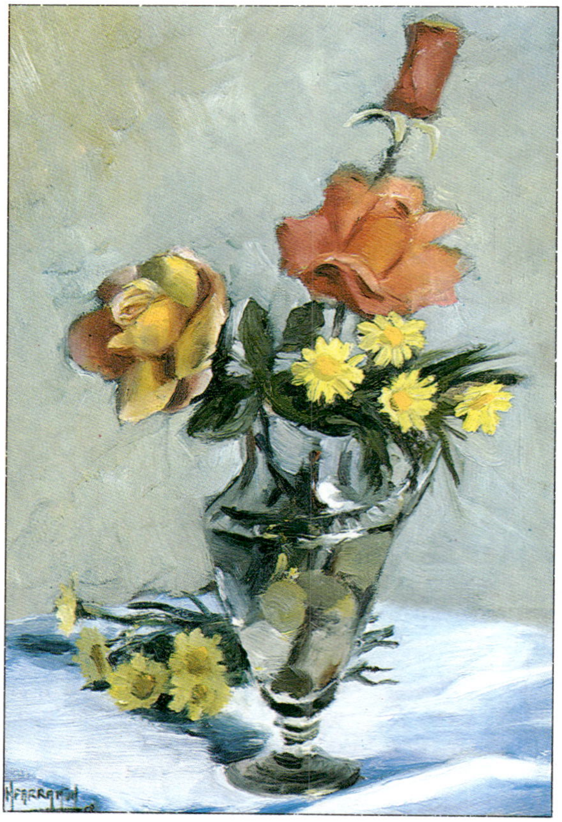

3

Die Freude beim Malen

„Du fragst mich, weshalb ich Reis und Blumen kaufe? Dann höre: Ich kaufe Reis, um zu leben, und Blumen, um etwas zu haben, für das sich zu leben lohnt.“

Konfuzius

Es steht außer Frage, daß das Malen in all seinen Ausdrucksformen und Techniken eine große innere Befriedigung und ein Glücksgefühl vermittelt, das nur schwer zu beschreiben ist. Unter den Bildthemen gibt es jedoch eines, das in dem Maler darüber hinaus großen Optimismus und Freude erzeugt: das sind die Blumen.

Blumen rufen in dem Betrachter aufgrund ihrer Vielfalt und ihres Farbenreichtums in der Tat ein lebhaftes Gefühl von wahrer Schönheit hervor. Jeder Künstler, jeder Maler spürt angesichts solch eines Farbenrauschs spontan den unwiderstehlichen Wunsch, diese Schönheit auf der Leinwand darzustellen und zu interpretieren. Es ist ein verlockendes Gefühl, aus dem große Werke aller Stilrichtungen entstanden sind. Wem kämen nicht gleich van Goghs berühmte „Sonnenblumen“ in den Sinn? Außerdem werden Blumenbilder vom großen Publikum sehr geschätzt, und Ausstellungen und Bücher zu diesem Thema häufen sich in aller Welt.

Ein einfacher Blumenstrauß beinhaltet, abgesehen von seinen prächtigen Farben, ebensoviele, wenn nicht noch komplexere Formen als jedes andere denkbare Thema, von dem sich der Künstler inspirieren lassen könnte. Nicht unerwähnt bleiben darf die außerordentliche Vollkommenheit mancher Blüten, die zweifellos auch in zahlreichen bedeutenden Werken anzutreffen ist.

Die folgenden Seiten sollen für alle eine Anregung bilden, die sich mit Hilfe der Formen und Farben dieses so suggestiven Themas künstlerisch ausdrükken möchten.

Wir beginnen mit einer kurzen kunstgeschichtlichen Beschreibung der Stillleben mit Blumen, ordnen sie entsprechend ein und behandeln des Thema dabei von der konzeptionellen und technischen Seite. Das normalerweise benötigte Material und die Haupttechniken werden präzise dargestellt und umfassend beschrieben. Schließlich analysieren wir die Farben, die bei der Darstellung von Blumen die Hauptrolle spielen, um später unnötige Komplikationen zu vermeiden.

Wir erwähnen alle kreativen Möglichkeiten, sich mit der Blumenmalerei vertraut zu machen, angefangen von der unmittelbaren Interpretation im Freien bis zum Studium der Komposition im Atelier. Die Rede ist sowohl von schlichten Blumen in der Vase als auch von ganzen Blumenarrangements in unterschiedlichster Umgebung.

Selbstverständlich vernachlässigen wir auch nicht die Bedeutung der Zeichnung bei der Ausbildung jedes Kunstmalers. Wir fassen daher die wichtigsten Punkte dieser Grunddisziplin in einem gesonderten Kapitel noch einmal zusammen.

Schließlich bilden die zahlreichen Abbildungen allein schon einen eindrucksvollen, anregenden Überblick, dem zu entnehmen ist, daß sich praktisch mit allen Stilen und künstlerischen Ausdrucksformen ein gutes Ergebnis erzielen läßt.

Im Fernen Osten, vor allem in China und Japan, waren Blumen von Alters her ein Bildmotiv. Im Westen dienten sie dagegen – ebenso wie das Stilleben – lange nur als dekoratives Element für Gemälde, Fresken und Mosaiken. Ende des 16. Jahrhunderts malten die holländische Schule und der Italiener Caravaggio als erste eigenständige Stilleben. Im Frankreich des 18. Jahrhundert wurden Stilleben und mit ihnen die Blumen zu einem geläufigen Thema aller Künstler jener Epoche. Die Impressionisten und ihre Nachfolger von Monet über van Gogh bis Oskar Kokoschka fanden in den Blumen ein geeignetes Motiv, um ihre Vorstellungen über das Licht, die Komposition und die Farben auszudrücken.

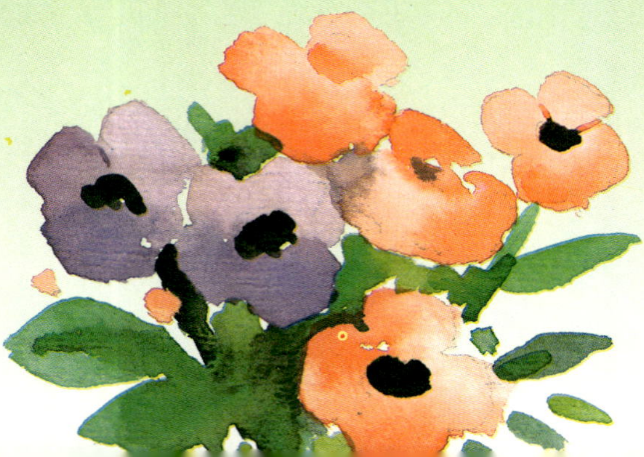

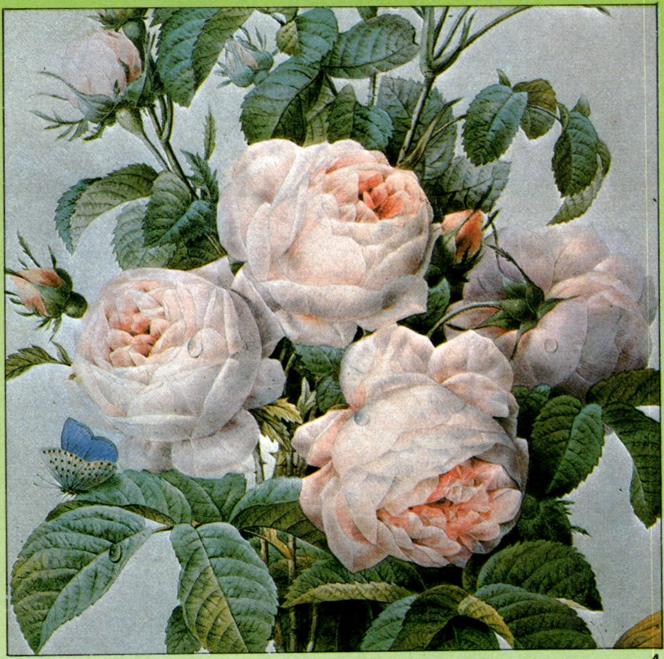

4

Vorläufer und Bedeutung der Blumenmalerei

Schmückendes Beiwerk im Westen, Kunst im Osten

Abb. 4 (vorige Seite): Pierre-Joseph Redouté (1759–1840), *Rosenstrauß mit Schmetterlingen* (Ausschnitt), Privatsammlung, London.

Seltsamerweise tauchen die Blumen als eigenständiges Thema erst spät in der westlichen Kunst auf. Die Griechen und Römer schmückten ihre Häuser mit Fresken und Mosaiken aus Blumenmotiven, doch in einer Weise, wie man später bemaltes Papier für die Wände benutzte. Im Mittelalter wurden die Seiten zahlreicher Codices mit Blumengirlanden verziert, die eine große dekorative Wirkung erzielten. Vielleicht sollte man hier auch die Abbildungen – Zeichnungen und später Holzschnitte – in vielen Pflanzenbüchern erwähnen, die im Laufe der Jahrhunderte herausgegeben wurden, allerdings naturgemäß der Beschreibung dienen sollten.
Im Fernen Osten war die Situation völlig anders. In China wurde das Thema Blumen jahrhundertelang von den größten Künstlern gepflegt, die damit einen naturalistischen Stil von außerordentlicher Schönheit schufen. Erinnern wir uns an die lange Periode der Sung-Dynastie (960–1279), in der die Blumen- und Vogelmalerei manchmal ein nicht zu übertreffendes Niveau erreichte. Noch mehr gilt das für Japan, wo sich – ausgehend von den traditionell mit diversen Pflanzen, Bambusrohr und Blumen dekorierten Wandschirmen – eine äußerst verfeinerte Kunst mit rundum originellen Techniken entwickelte. Interessant ist, daß bis heute sowohl in China als auch in Japan beinahe ausschließlich Tinte und Tusche zum Malen verwendet werden. Der Grund dafür ist zweifellos, daß sich die fließende konkrete Interpretation der Formen in der orientalischen Kunst hervorragend mit dem Pinsel wiedergeben läßt. Ferner ist zu bedenken, daß die Künstler auf Papier und Seide malten, die als fertige Werke aufgerollt werden sollten. Dadurch verbot sich die Verwendung dichteren oder gar dicken Materials.

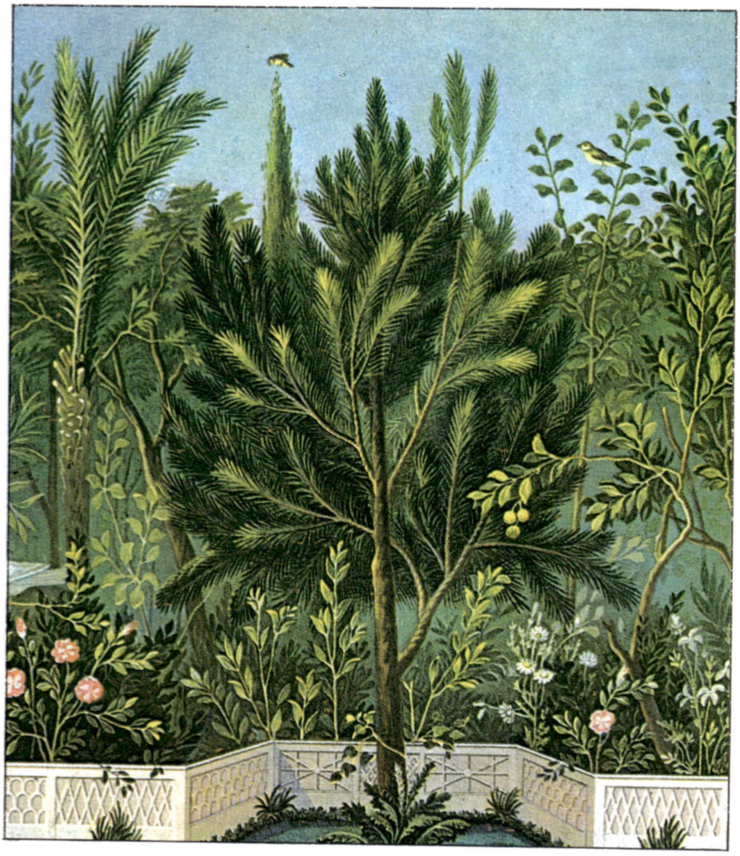

5

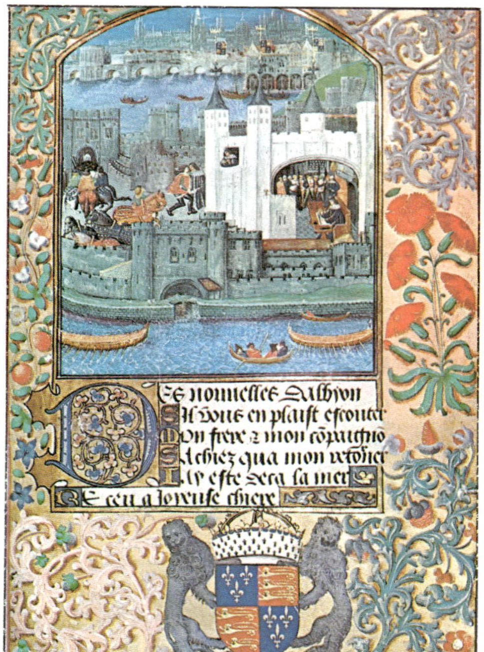

6

Abb. 5 und 6 (gegenüber): *Casa de Livia*, Rom, und Seite aus dem Manuskript der *Gedichte* von Charles d'Orléans, die dieser im Tower von London verfaßte. Pergament von 1599, British Museum, London.

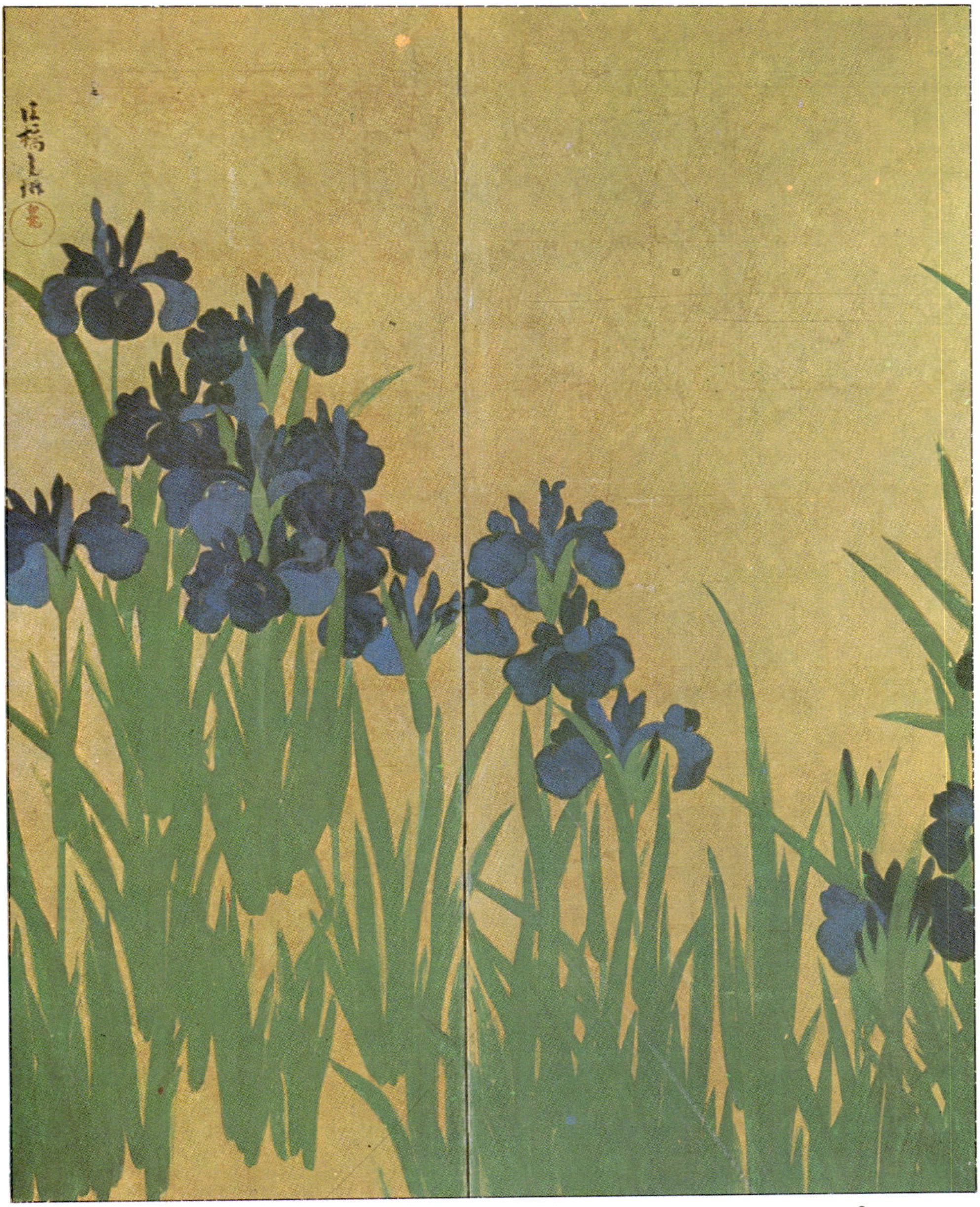

7

8

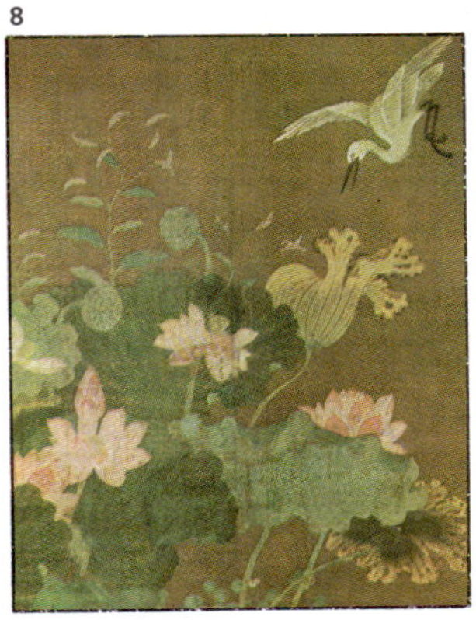

9

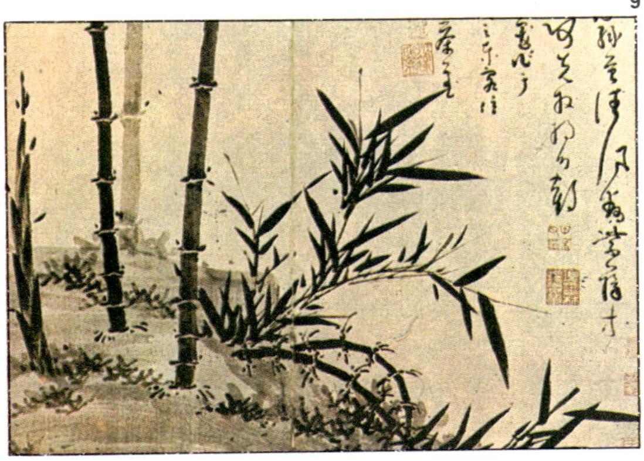

Abb. 7 bis 9: Japanische Kunst aus der Zeit Edo Ogatu Khonrins (1658–1716), *Schwertlilien*, Nezu-Museum, Tokio; Te Ch'ien, *Lotosblumen und Wasservögel*, Nationalmuseum, Tokio; Wu Chen, *Bambus*, Nationalpalast des Zentralmuseums der Volksrepublik China.

Von der botanischen Studie zum Blumengemälde

Ende des 16. Jahrhunderts entstand in den Niederlanden eine Schule von Blumenmalern, die allgemein als Gründerin dieser neuen Gattung angesehen wird. Mehr als zwei Jahrhunderte lang pflegte eine große Anzahl holländischer und flämischer Künstler dieses Thema und festigte dadurch die Blumenmalerei als eigenständige Kunst.

Erwähnt sei hier außerdem Albrecht Dürer (1471–1528) als Vorläufer dieser Gattung. Er schuf für seine Zeit einzigartige Blumenstudien vor allem als Aquarelle, die entscheidend die Künstler der besagten holländischen Schule beeinflußten.

In Europa war die Blumenmalerei lange auf die botanische Illustration beschränkt. Die berühmten Kräuterbücher handelten von medizinischen Pflanzen und Blumen und enthielten eine große Anzahl von Illustrationen, bei denen es sich fast immer um Kopien aus dem fünfbändigen medizini-

Abb. 11: Roelandt Savery (1576–1636), *Blumen in einer Nische mit Reptilien und Insekten*, Zentralmuseum Utrecht.

11

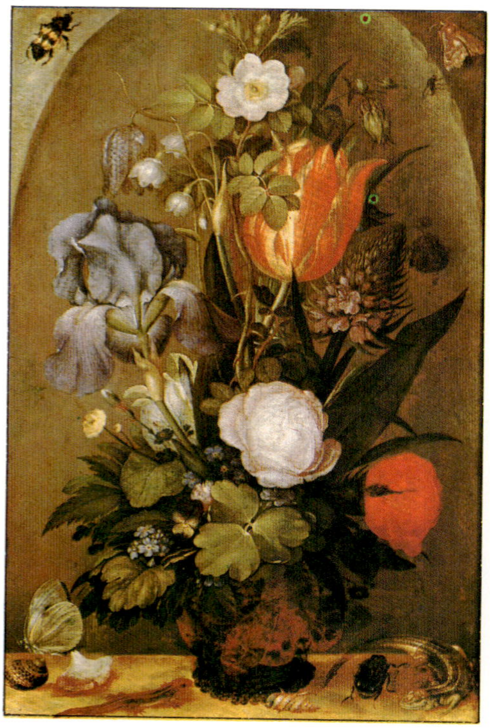

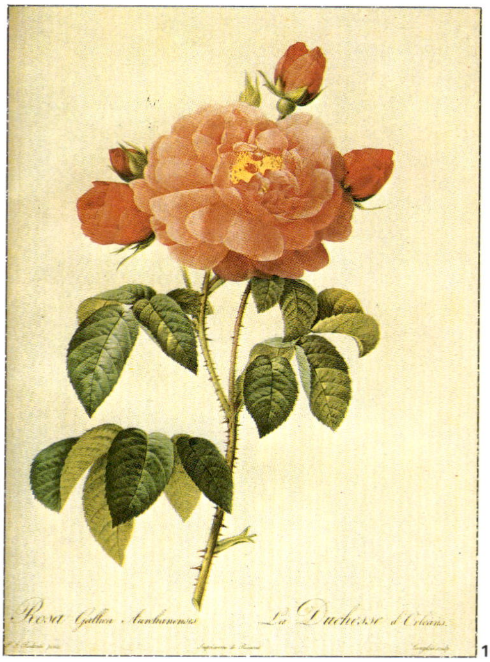

10

Abb. 10: Pierre-Joseph Redouté (1759–1840): *Rosen*, gemalt um 1825, Privatsammlung London.

Abb. 12: Albrecht Dürer (1471–1528), *Grasstück*, Albertina, Wien.

12

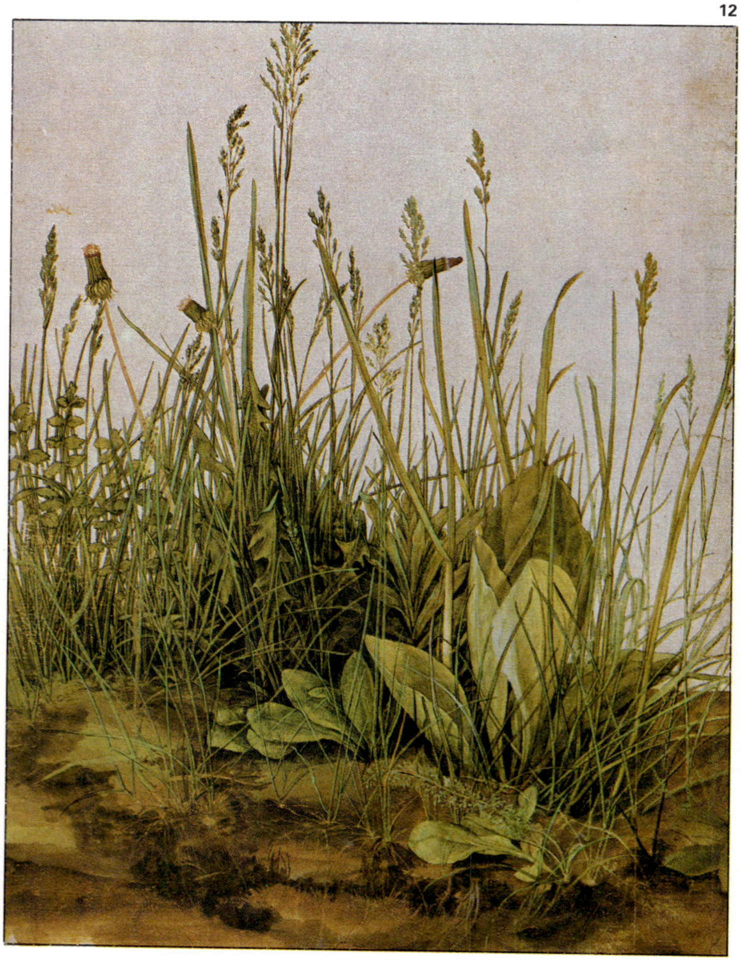

schen Werk (eine Arzneimittellehre) des Griechen Dioskorides aus dem ersten Jahrhundert n. Chr. handelte. Diese Praxis führte natürlich zu einer Vernachlässigung der unmittelbaren Beobachtung der Natur, der unabdingbaren Quelle für jede künstlerische Interpretation, so daß die Qualität und Aussagekraft der meisten Illustrationen erheblich zu wünschen übrig ließ.
Im 14. und 15. Jahrhundert erschienen endlich in Deutschland und Italien etliche Kräuterbücher mit beachtlich natürlichen und realistischen Illustrationen von Pflanzen und Blüten. Von diesem Zeitpunkt an erreichten die „botanischen Künstler" nicht zuletzt wegen des rascheren Fortschritts der Naturwissenschaften eine erheblich bessere Zeichentechnik, zu der sich auch die Kenntnis neuer und exotischer Pflanzen gesellte, die Forscher von ihren Reisen in die neue Welt mitbrachten, die eben entdeckt worden war.

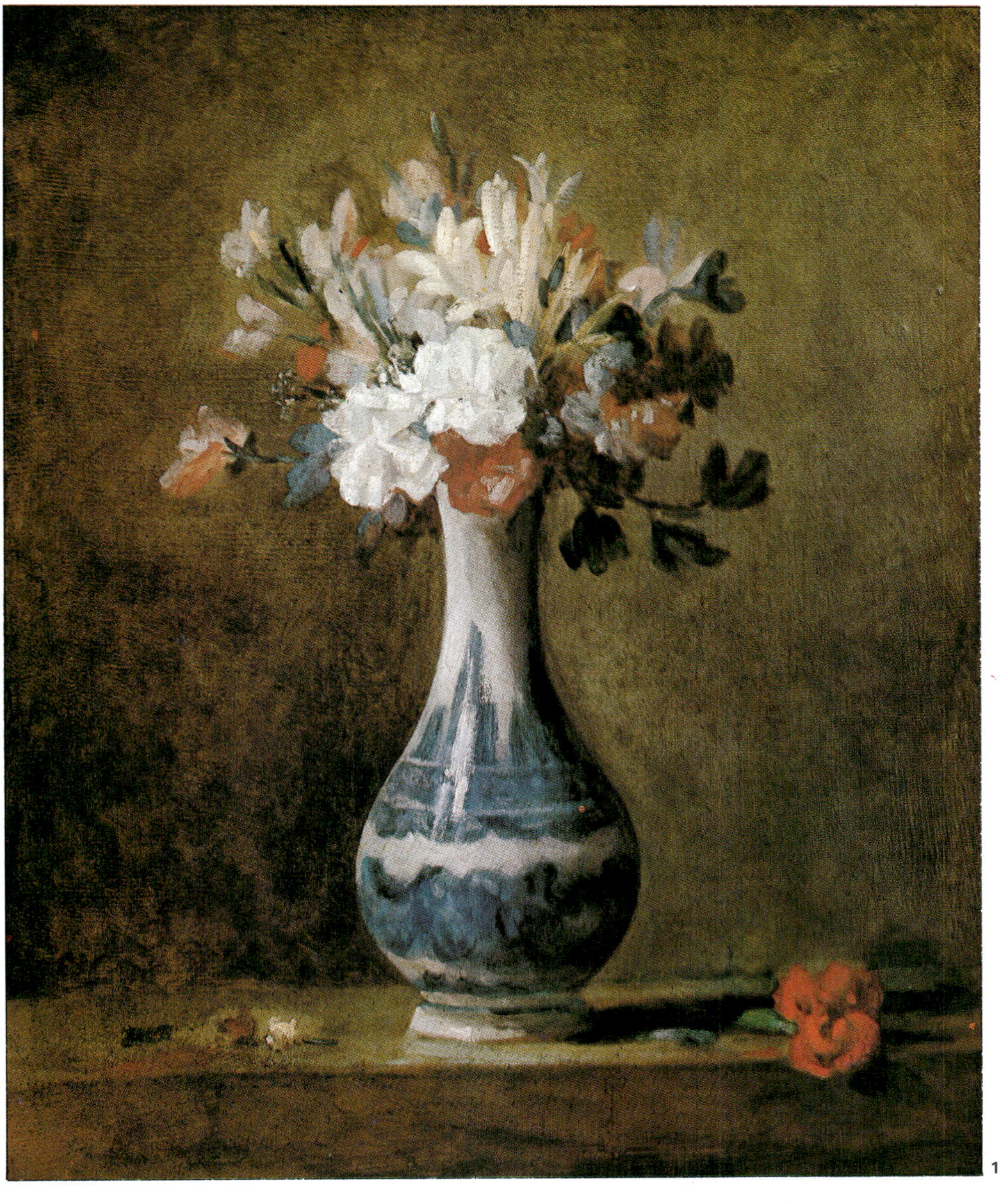

13 Abb. 13: Jean-Baptiste Siméon Chardin (1699–1779), *Blumen in einer blauen Vase*, National Gallery of Scotland, Edinburgh.

Die Blumen im Impressionismus

Seit dem Impressionismus, der das letzte Drittel des vorigen Jahrhunderts umfaßte und das Tor zur gesamten modernen Malerei öffnete, werden Blumen nicht nur als Sonderform in die künstlerischen Themen aufgenommen, sondern sie bilden gelegentlich den Hauptbestandteil des Werkes.
Die Begeisterung für das Licht und die Farben sowie die malerischen Qualitäten des Motivs blieben eine Konstante innerhalb der unterschiedlichen, aufeinanderfolgenden Stile. Wer könnte bezweifeln, daß sich die organischen Formen und der Farbenreichtum der Blumen hervorragend, wenn nicht sogar besser als andere natürliche oder künstliche Formen für die moderne Bildauffassung eignen – mehr vermutlich auch als die unzähligen Objekte, die von Menschenhand erschaffen wurden.
Künstler wie Fantin-Latour, Monet, Renoir, Redon, van Gogh, Gauguin, Matisse, Mondrian und zahlreiche weitere haben Bilder mit Blumen gemalt, die häufig zu deren besten Werken zählen. Claude Monet (1840–1926) malte die Reihe seiner berühmten „Seerosen", bei denen die kühne Behandlung des Lichtes eine außerordentlich reiche, bis dahin ungekannte Formenwirkung ergibt. Zahlreiche Künstler und Kritiker sehen in diesen Bildern den eigentlichen Beginn der abstrakten Malerei.

Abb. 14: Henri Fantin-Latour (1836–1904), *Kapuzinerkresse*, Victoria and Albert Museum, London.

Abb. 15: Pierre-August Renoir (1841–1919), *Frühlingsstrauß*, Fogg Art Museum, Cambridge, Massachusetts.

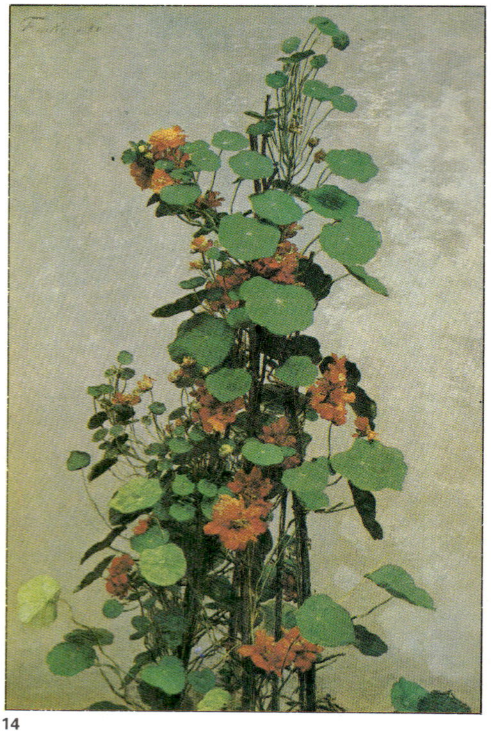
14

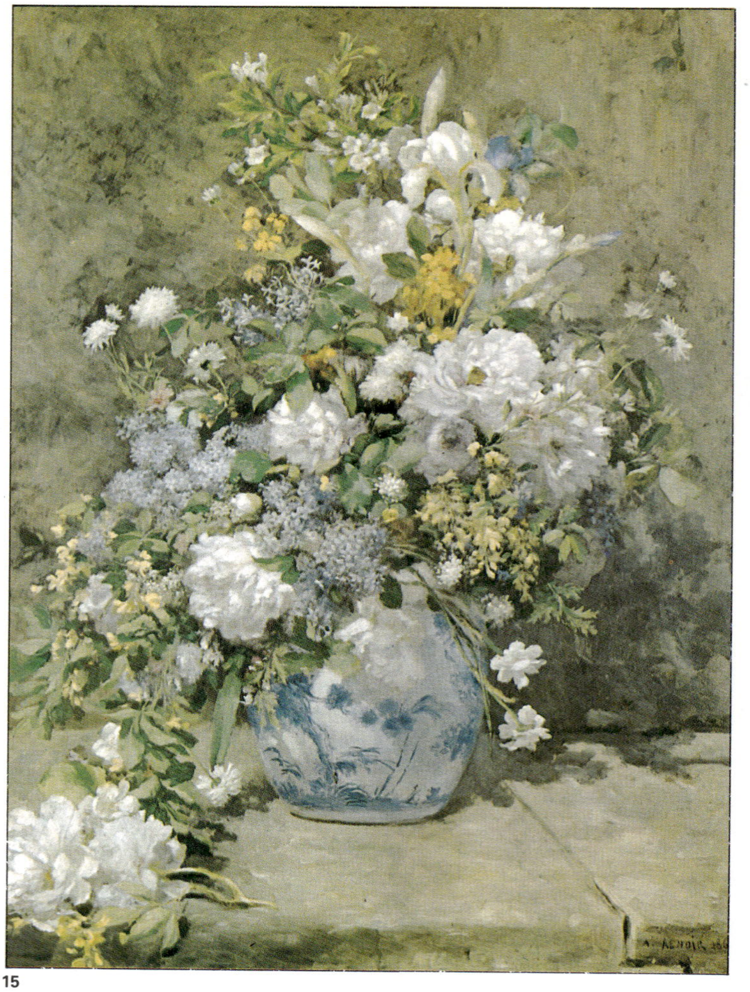
15

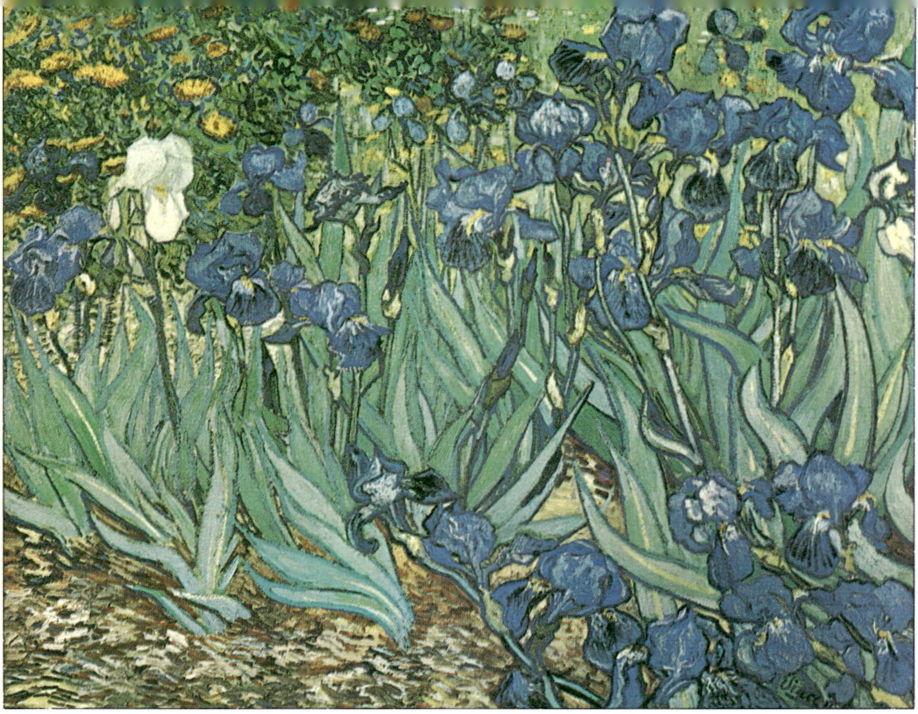

16

Abb. 16: Vincent van Gogh, *Schwertlilien*, Privatsammlung.

Abb. 17: Claude Monet (1840–1926), *Seerosen*, Musée Quai d'Orsay, Paris.

17

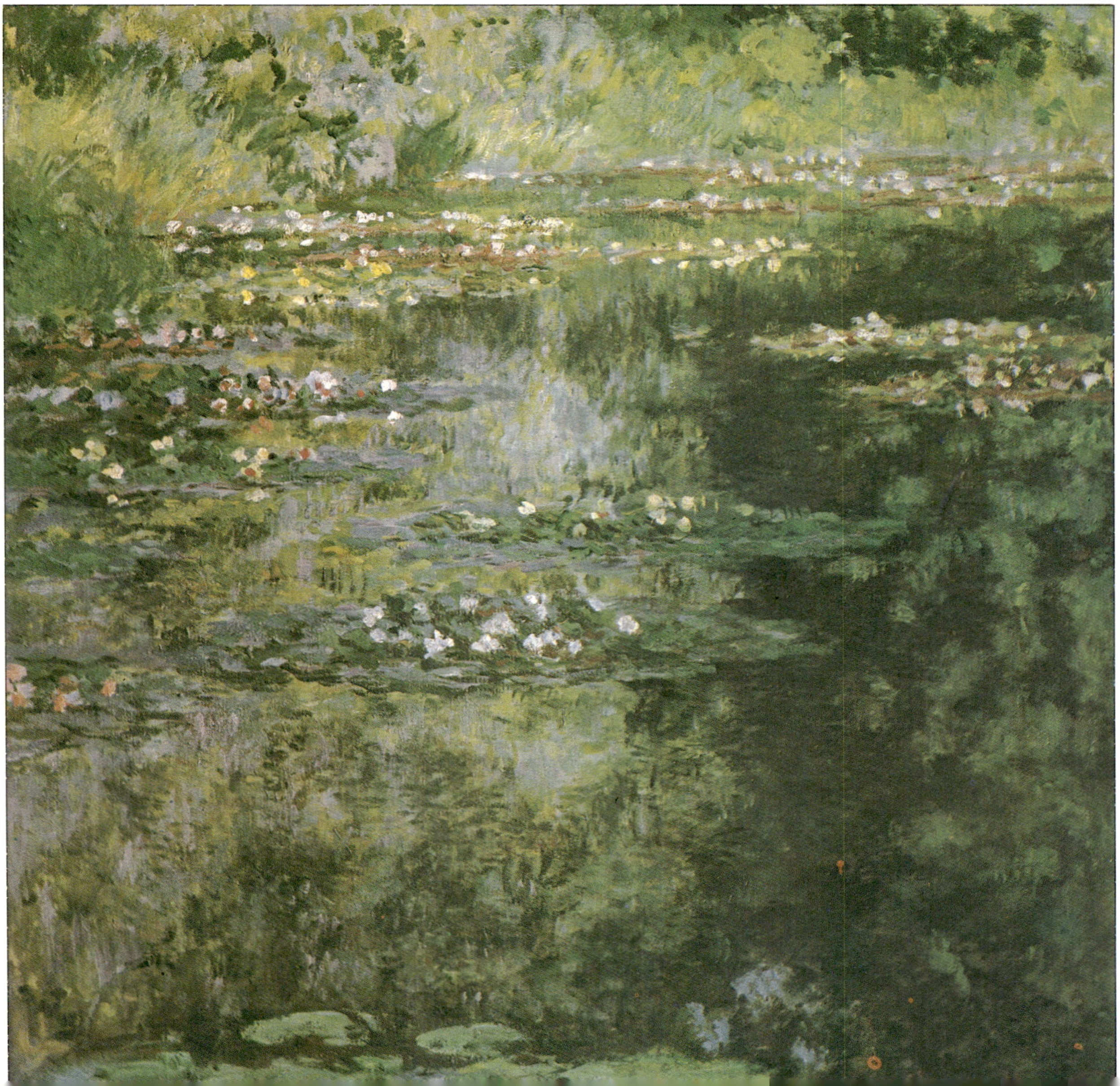

Die Blumenmalerei heute

Zweifellos waren die Impressionisten mit Monet als dem fortschrittlichsten Experimentator und Repräsentanten die Förderer der meisten heutigen Stile und Strömungen. Daraus hervor gingen die Postimpressionisten van Gogh, Gauguin und Cézanne, die wahren Vorläufer des Fauvismus (1905), des Kubismus (1908), des Expressionismus (1918) und des Surrealismus (1919) und als Folge dieses ständigen Wechsels schließlich die abstrakte Kunst (1910).

Ausgenommen die moderne Kunst, blieb das Thema Blumen durch alle Stile und Strömungen erhalten. Berühmt geworden sind zum Beispiel die Blumenbilder des Postimpressionisten van Gogh, dessen „Schwertlilien" 1987 bei Christie's für die fantastische Summe von 29 500 000 Pfund Sterling versteigert wurden. Ein weiterer Postimpressionist, Emil Nolde, der Nachfolger von van Gogh, Edvard Munch und James Ensor, wählten immer wieder Blumen als Motiv. Matisse, einer der markantesten Repräsentanten der Fauve, malte in zahlreichen Bildern Blumen als Hauptmotiv oder dekoratives Element seiner Gestalten, Interieurs, Porträts etc. Der Expressionist Kokoschka stellte Blumen dar, ebenso der Surrealist Magritte. Es läßt sich also ohne weiteres behaupten, daß die Blumen heutzutage ein klassisches, eigenständiges Bildthema sind, das von zahlreichen Künstlern in aller Welt immer wieder aufgegriffen wird.

18

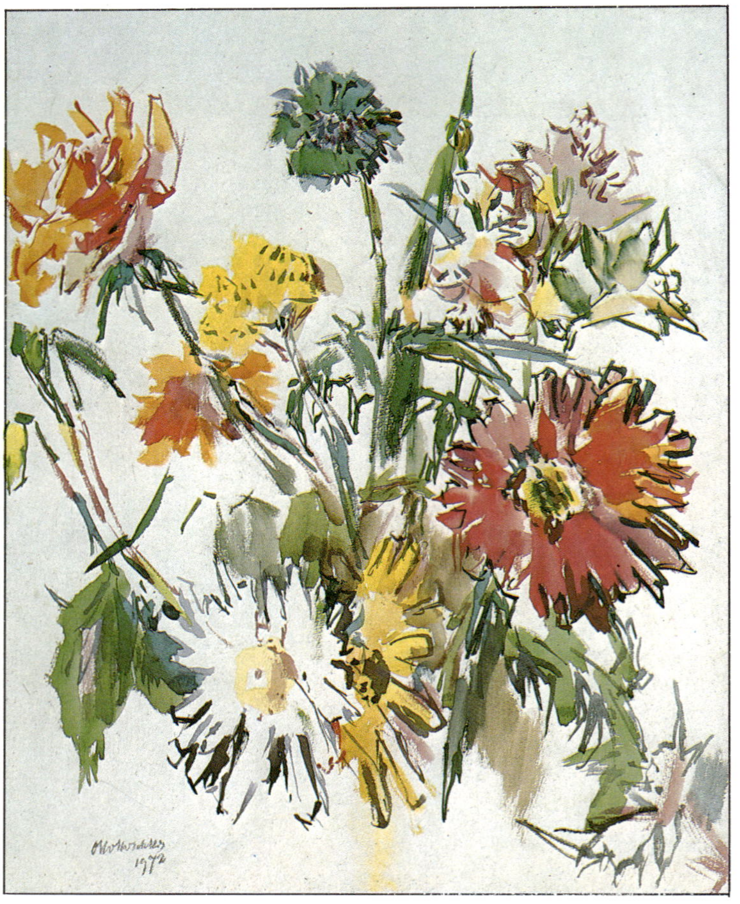

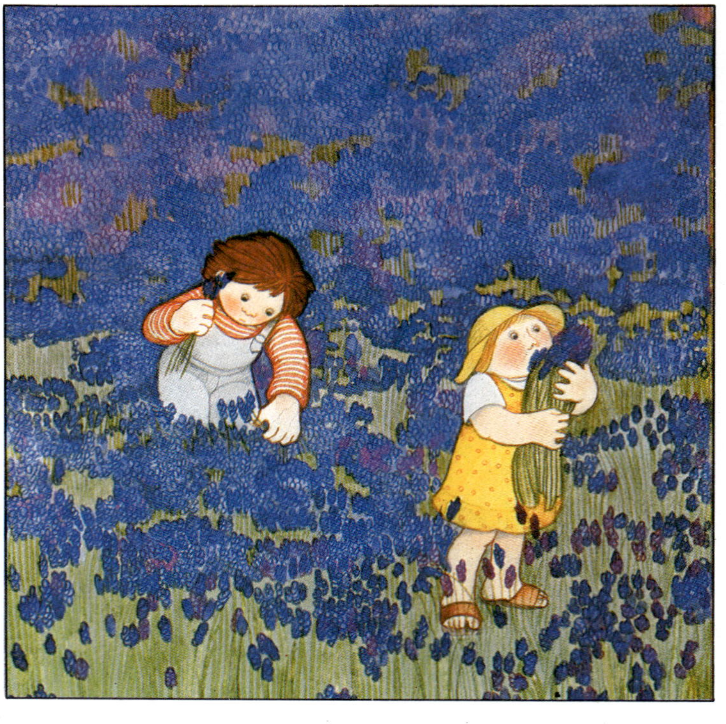

19

20

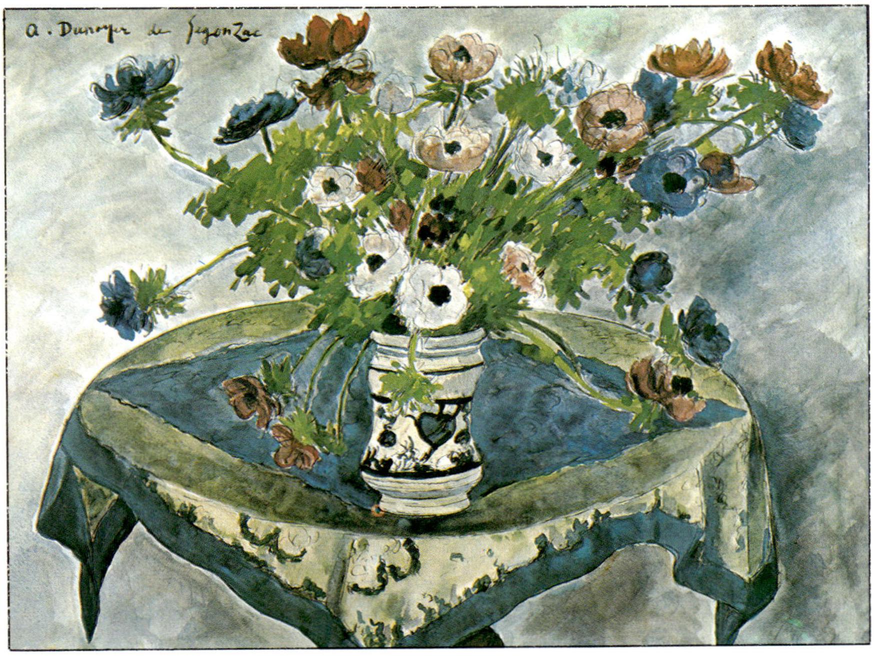

Abb. 18: Oskar Kokoschka (1886–1980), *Blumen*, Privatsammlung.

Abb. 19: Maria Rius, Illustration für das Kinderbuch *Der Geruch*, Privatsammlung.

Abb. 20: André Dunoyer de Segonzac (1884–1956), *Anemonen und blaue Aurikel*, Privatsammlung.

Abb. 21: Emil Hanse, genannt Emil Nolde (1867–1956), *Großer Klatschmohn*, Privatsammlung, London.

21

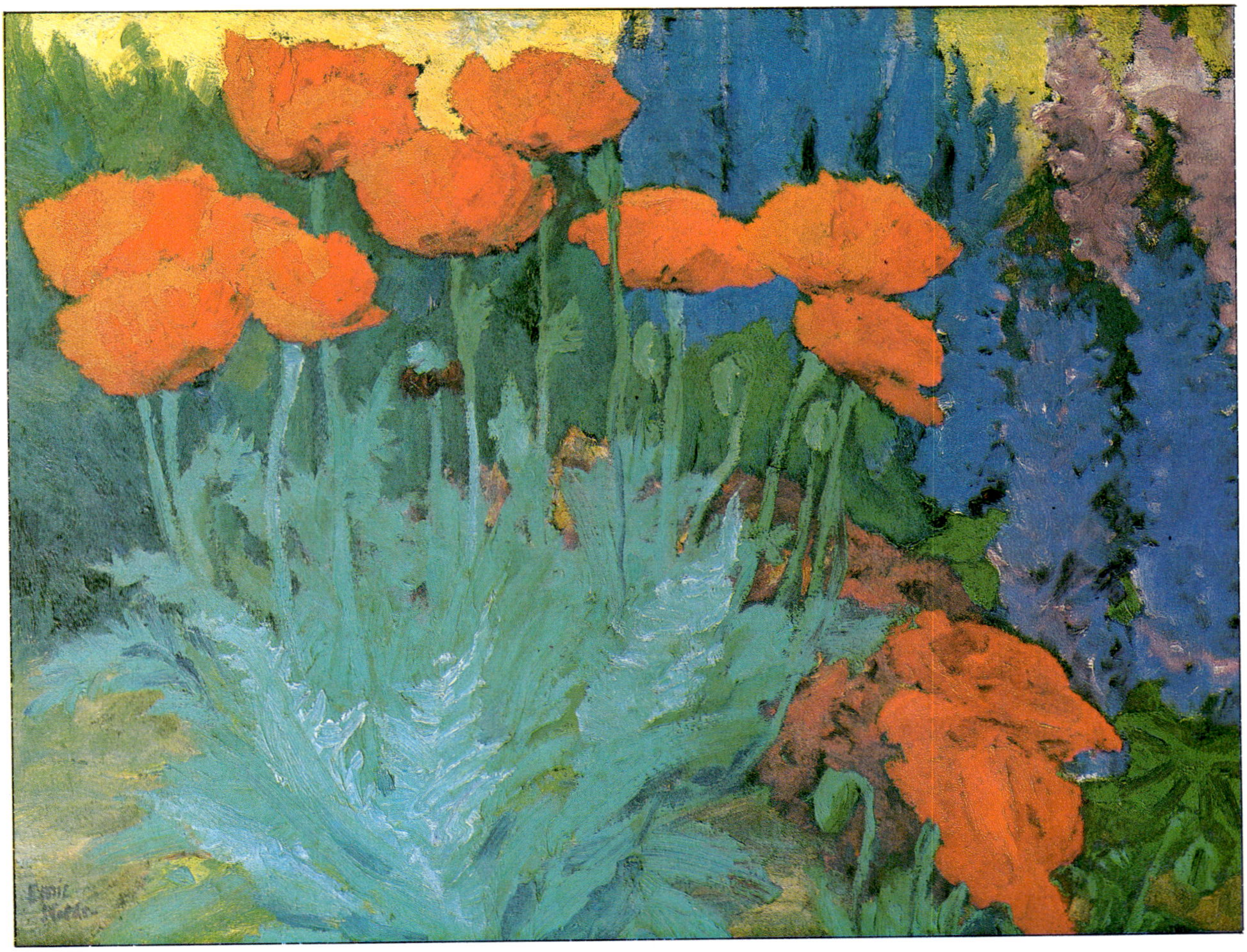

Dieses Kapitel behandelt das Material für die drei klassischen Techniken der Blumenmalerei: das Ölgemälde, das Aquarell und das Pastellbild. Darüber hinaus verweisen wir auf einige weitere Verfahren: Farbstifte, Acrylfarben, Wachsmalkreiden und Ölpastellkreiden. Gleichgültig, für welche Technik Sie sich entscheiden: Lesen Sie den Text aufmerksam durch, und schauen Sie sich die zahlreichen Abbildungen mit dem geeignetsten Malgrund für jede Technik, den jeweiligen Farben und Pinseln, den unterschiedlichen Farbstiftqualitäten, den Wachsfarben etc. genau an. Beigefügt ist auch eine Zusammenstellung der wichtigsten Farben für die Blumenmalerei.

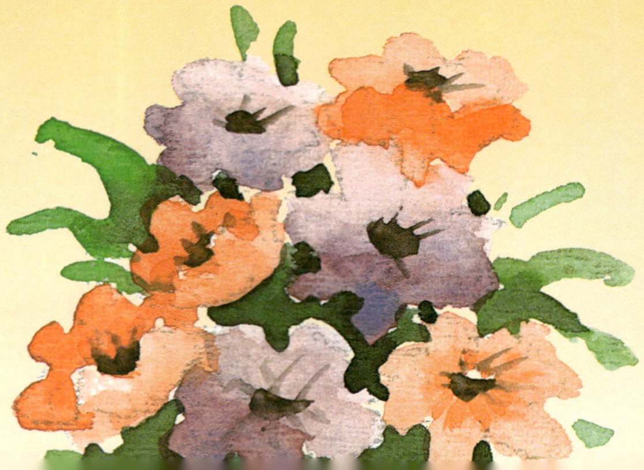

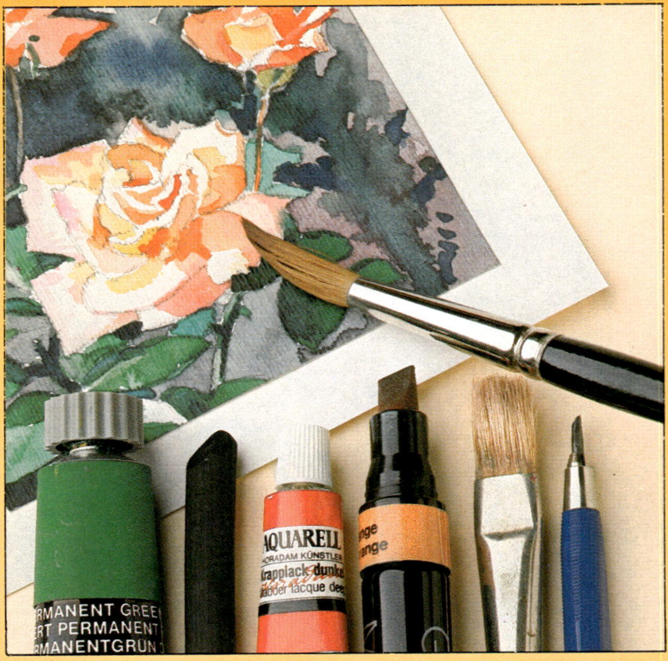

Material und Technik

Die Grundpalette

Zur Darstellung eines Bildes mit einem Blumenmotiv eignen sich im Grunde jedes Material und jedes Verfahren. In dieser Hinsicht gibt es weder Grenzen noch Vorbedingungen.
Allerdings beinhaltet jede Technik ihre Besonderheiten, von denen gleich die Rede sein soll. Zweifellos werden die klassischen Malweisen, also die Öl-, Aquarell- und Pastellmalerei, immer noch am meisten für dieses Thema eingesetzt. Man sollte jedoch auch anderes Material ausprobieren und untersuchen, selbst die allerneuesten, und die Kombination unterschiedlicher Techniken in ein und demselben Werk erwägen. Das hängt natürlich in jedem Einzelfall von der Neugier und der Persönlichkeit des Künstlers ab, der sich erst nach und nach mit der jeweiligen Malweise vertraut macht und sie anschließend entsprechend verwendet.

Im übrigen empfiehlt es sich, unabhängig von der anzuwendenden Technik mit einer Grundpalette zu beginnen. Natürlich wird diese Palette auch ganz speziellen Wünschen gerecht, aber Sie wissen ja, daß es einige Farben gibt, die immer dazugehören, nämlich die Grundfarben Gelb, Purpur und Blau.

Hier die Zusammensetzung einer erprobten Grundpalette:
Kadmiumgelb Zitron
Lichter Ocker
Kadmium Gelborange
Kadmiumrot hell
Krappkarmin dunkel
Umbra gebrannt
Chromoxidgrün
Kobaltblau hell
Preußischblau
Titanweiß
Elfenbeinschwarz

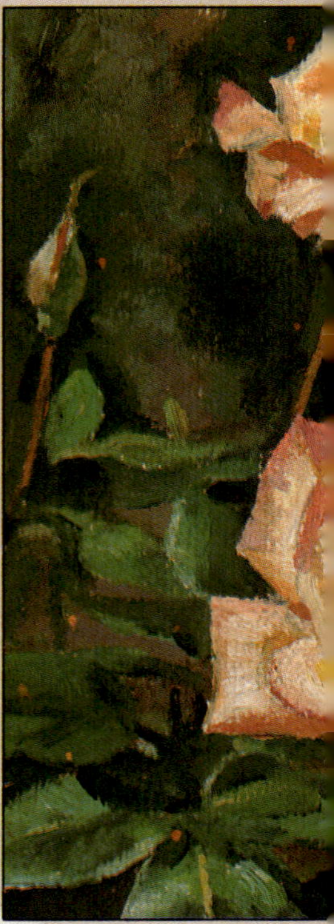

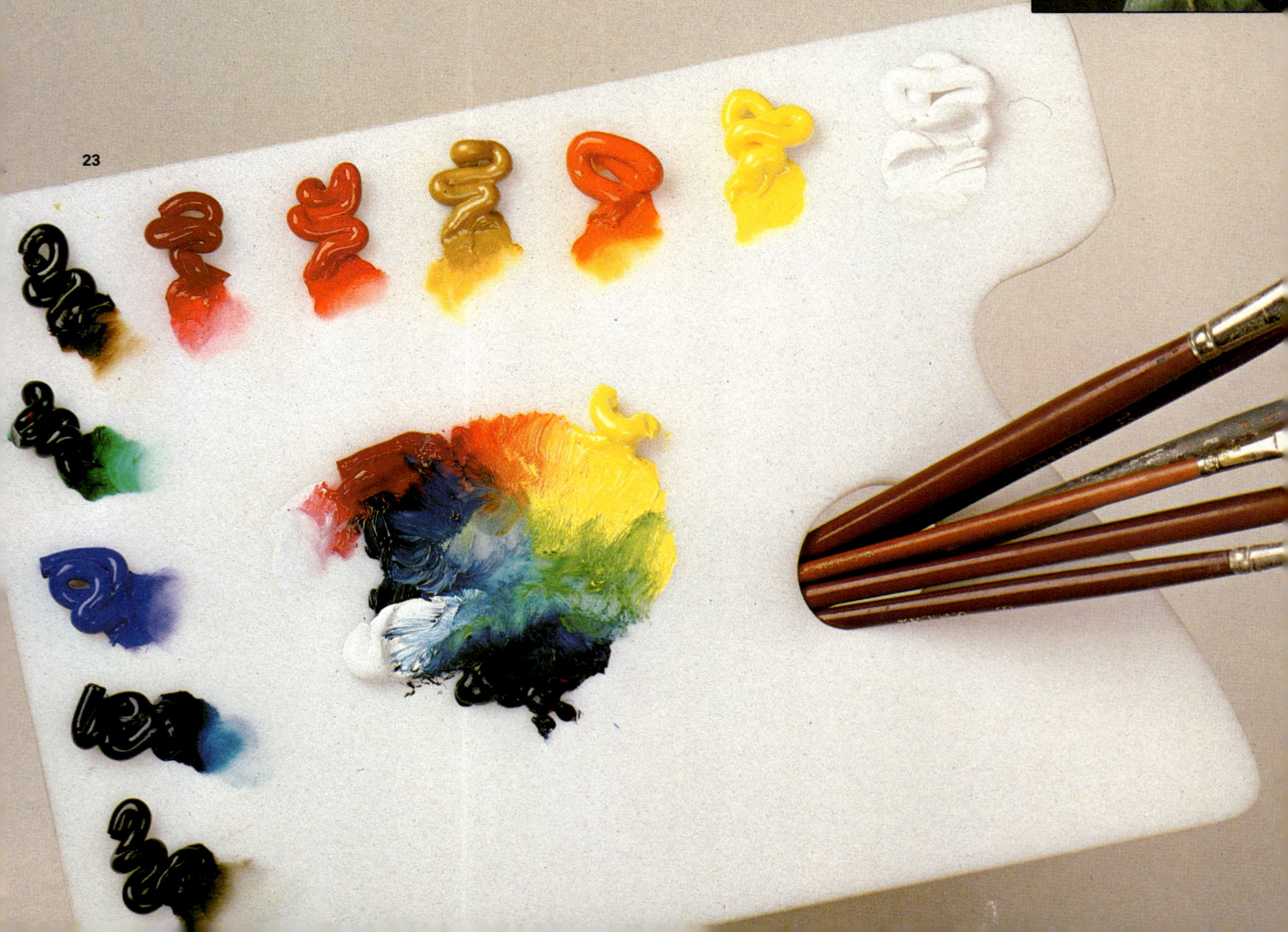

23

24

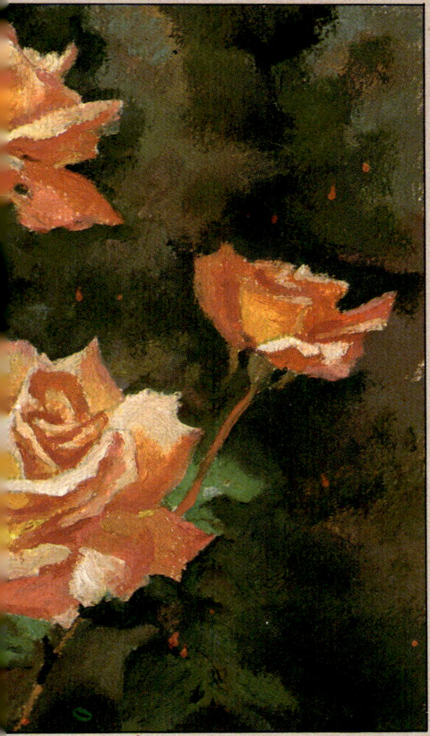

25

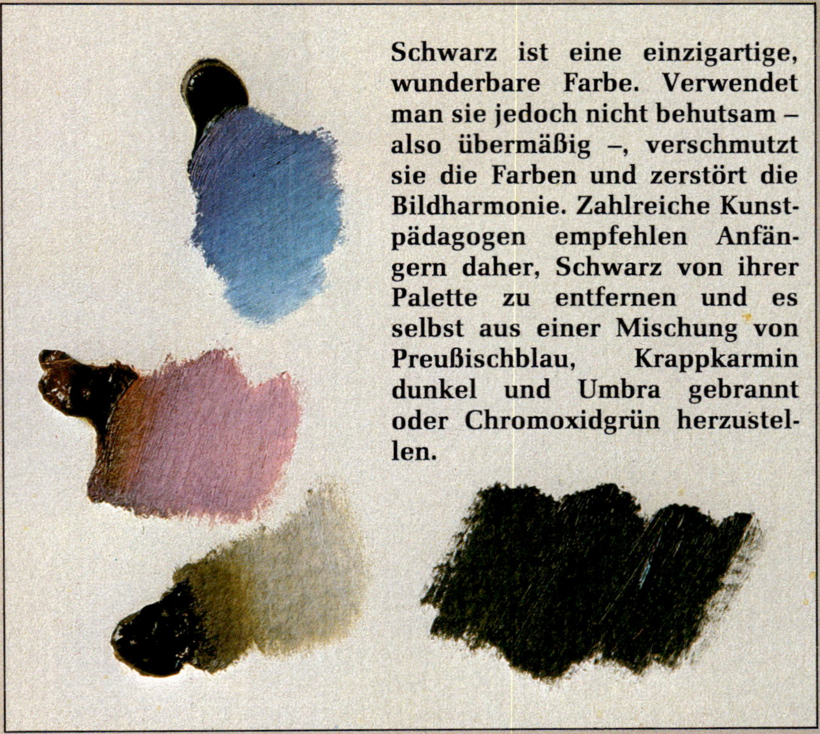

Schwarz ist eine einzigartige, wunderbare Farbe. Verwendet man sie jedoch nicht behutsam – also übermäßig –, verschmutzt sie die Farben und zerstört die Bildharmonie. Zahlreiche Kunstpädagogen empfehlen Anfängern daher, Schwarz von ihrer Palette zu entfernen und es selbst aus einer Mischung von Preußischblau, Krappkarmin dunkel und Umbra gebrannt oder Chromoxidgrün herzustellen.

26

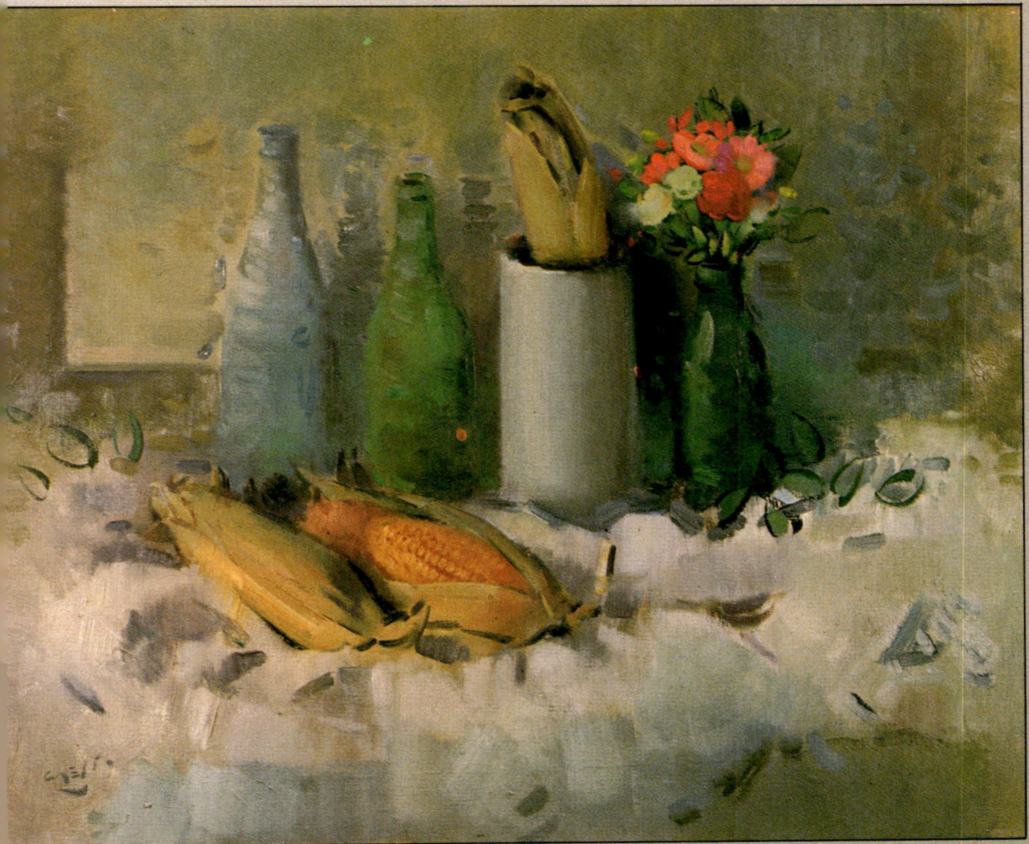

Abb. 23: Hier das Grundsortiment einer Palette. In der Mitte die Mischung der drei Grundfarben Gelb, Krappkarmin und Preußischblau, mit der sich alle Farben der Natur darstellen lassen.

Abb. 24 und 25 (oben links): Diese Skizze mit drei Rosen in Öl wurde ausschließlich mit drei Farben – Kadmiumgelb mittel, Krappkarmin dunkel und Preußischblau – sowie Titanweiß gemalt. Sie ist ein praktisches Beispiel dafür, daß sich tatsächlich alle Naturfarben aus den Grundfarben mischen lassen.

Abb. 26 (gegenüber): Ein Bild von Francesc Crespo aus dem gegenüber abgebildeten Farbensortiment.

Spezialfarben zum Malen von Blumen

Manche Blüten besitzen so ausgefallene und manchmal so satte Farben – vor allem aus der Rotskala –, daß man sie nur schwer aus einer Mischung der Grundfarben erhält. Vor allem läuft man dabei Gefahr, die Farben zu verschmutzen, was bei einem Blumenbild unverzeihlich wäre.

Die Farbenkarten aller guten Marken enthalten mehrere kräftige, leuchtende Rot- und Violettöne, die den einzigartigen Tönen dieser Blüten entsprechen. Jeder Hersteller gibt diesen Farben ihre eigenen Namen. Manchmal gleichen sie sich sogar, weisen aber immer minimale tonale Unterschiede auf. Vier davon haben wir ausgewählt: Purpurrot, Krapplack rosa, Kobaltviolett hell und Permanentviolett.

Natürlich können wir je nach Art der Blüten, die wir darstellen möchten, eine oder mehrere dieser besonderen Farben in unsere Palette aufnehmen, um intensive, leuchtende oder zarte, weiche Nuancen oder bestimmte Transparenzen zu erreichen, ohne die Farben mischen zu müssen. Es reicht, sie mit Weiß aufzuhellen, damit sie die höchstmögliche Leuchtkraft erhalten.

27

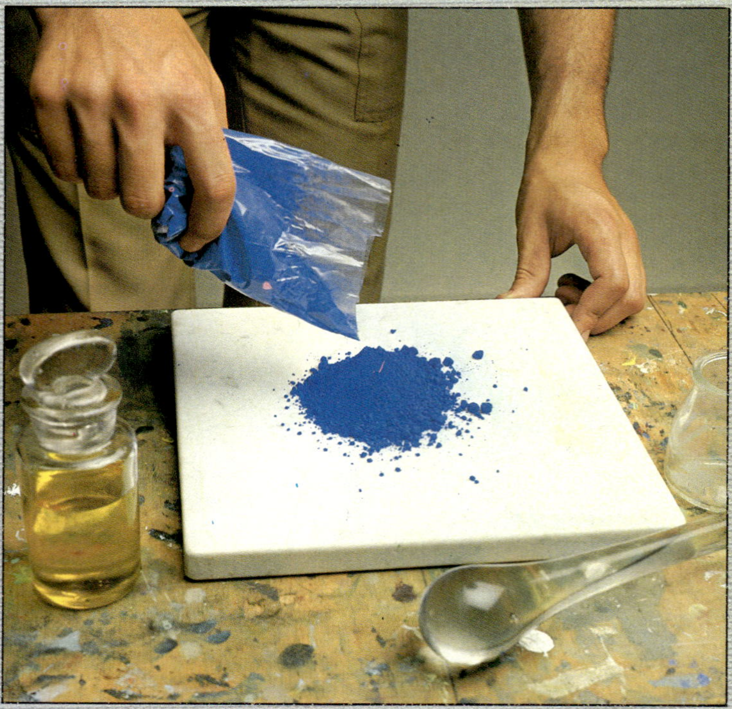

Abb. 27: Heutzutage sind zahlreiche hervorragende Farben für die künstlerische Malerei synthetischen Ursprungs. Die moderne Chemie hat leuchtende, beständige, lichtechte Pigmente entwickelt. Für die Rot- und Violettöne benötigt man zum Beispiel *Alizarine*, eine Substanz der *rubia tinctoria*, das inzwischen auch synthetisch hergestellt werden kann. Kobaltviolett ist eine außergewöhnliche Farbe. Sie wird seit Mitte des 19. Jahrhunderts verwendet und besteht aus Kobaltphosphat. Sie kann hell und dunkel sein.

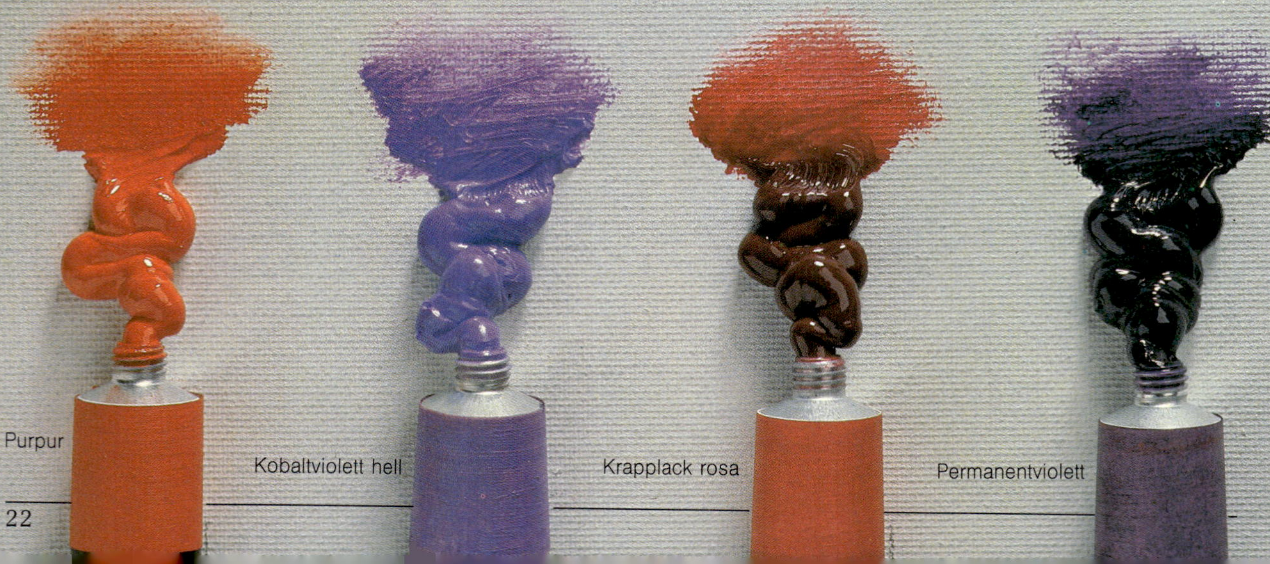

Abb. 29: Ausschnitt eines Blumenstraußes mit Anemonen, den Crespo mit den gegenüber abgebildeten „Spezialfarben" malte.

29

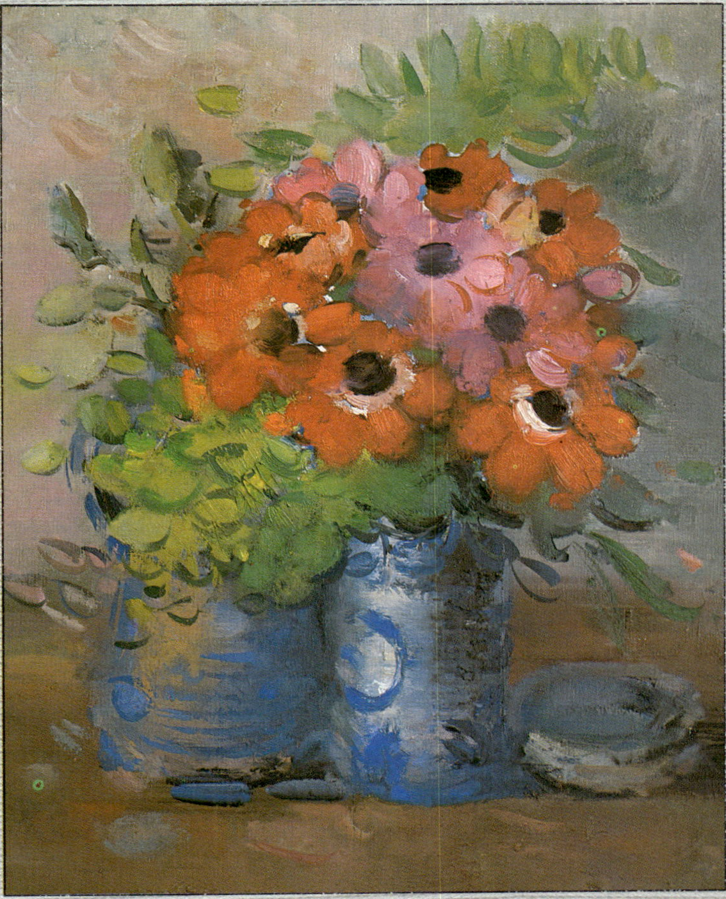

Abb. 30: Wie wir im praktischen Teil auf den letzten Seiten dieses Buches sehen werden, benutzt Crespo neben den zuvor genannten industriell hergestellten Farben einige Nuancen, die er selbst herstellt. Auf der Palette, mit der er normalerweise malt, erkennen Sie einen Lichter Ocker, ein neutrales kaltes Grau, ein warmes Sienagrau und ein graustichiges, gebrochenes Blau.

30

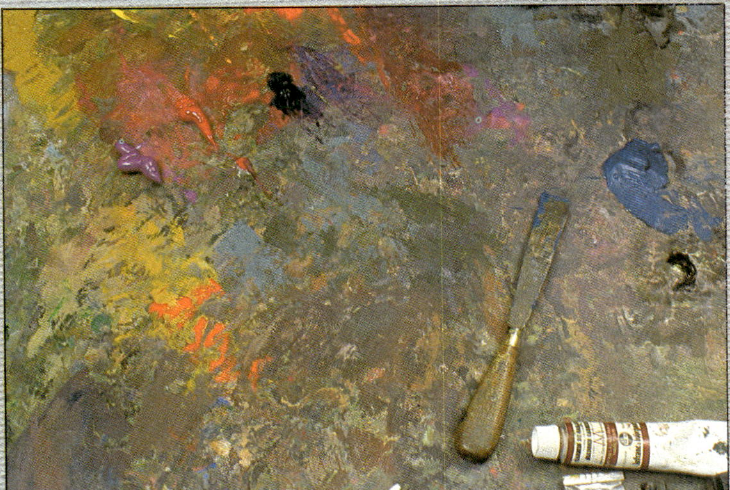

Die Ölfarben

Ölfarben sind wie die Pastellfarben ein traditionelles Medium für die Blumenmalerei. Sie bestehen aus pulverförmigen Pigmenten, die mit fetten Ölen – Leinöl, Walnußöl, Mohnöl – unter Zugabe von Harzen und Wachs gebunden werden.

Wie bekannt, werden Ölfarben in Zinntuben in vier oder fünf Größen – die größte für Weiß, von dem man am meisten benötigt – und einem Sortiment bis zu 70 oder 90 Nuancen angeboten, auch wenn nur wenige Maler mehr als zehn oder zwölf Farben verwenden.

Der Schweinsborstenpinsel besitzt alle Eigenschaften, die zum Malen mit Ölfarben erforderlich sind, nämlich Festigkeit und Biegsamkeit. Rotmarderpinsel verwendet man wegen ihres weicheren Haarkörpers nur für feine Striche mit stärker verdünnter Farbe. Es gibt drei unterschiedliche Arten von Verdünnern, mit denen man die Farbdichte und das Trocknungsvermögen beeinflussen kann: Öle, Mediums und Lacke. Zwar sind Fertigprodukte im Handel, doch verwenden viele Maler immer noch die klassische Mischung aus Leinöl und Balsamterpentin. Dabei muß der Terpentinanteil bei den ersten Schichten größer sein, da man stets fett auf mager arbeiten sollte, um zu verhindern, daß die Bildfläche später reißt.

Zum Abschluß ein Rat: Legen Sie zu Beginn des Malens mit Ölfarben ausreichend Lappen, altes Zeitungspapier sowie eine Rolle Haushaltspapier und einen Spachtel bereit, um die Palette und die Pinsel regelmäßig reinigen zu können. So stehen Ihnen stets saubere Farben zur Verfügung.

Abb. 31 und 32: Allgemein läßt sich sagen, daß Ölfarben für die Blumenmalerei am meisten verwendet werden und auch am besten geeignet sind.

32

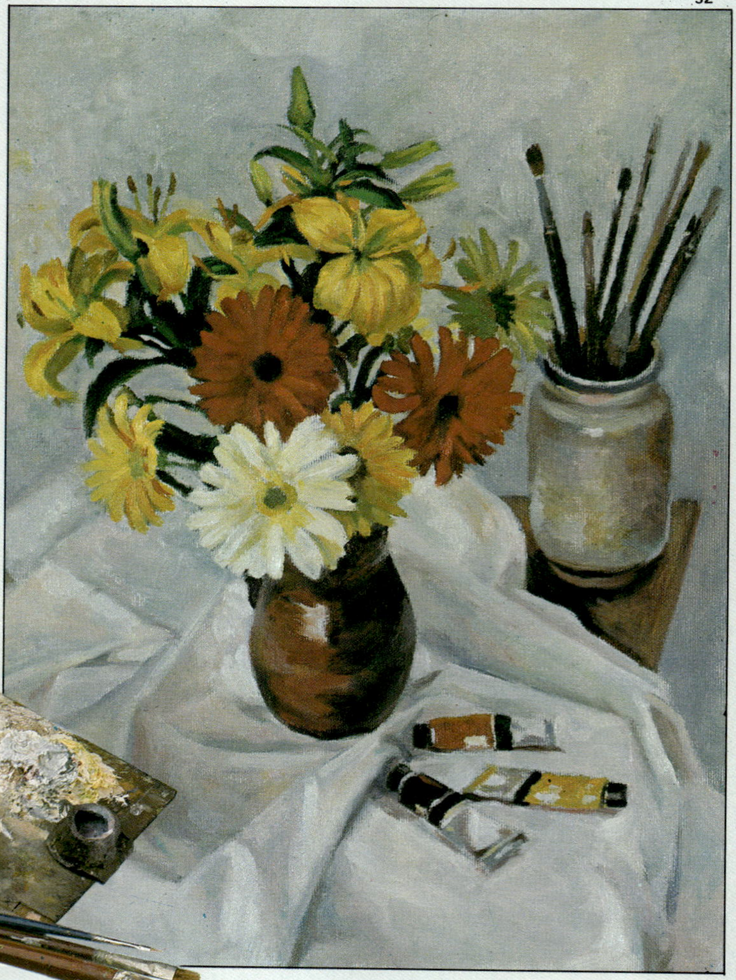

31

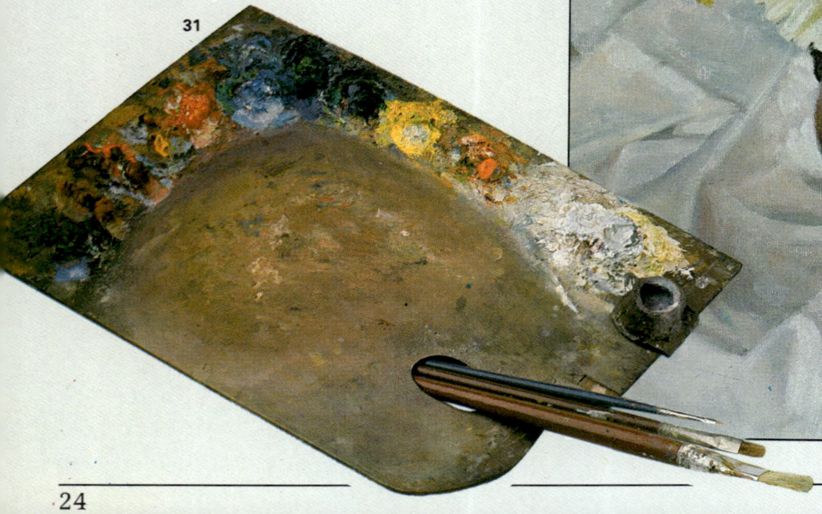

33

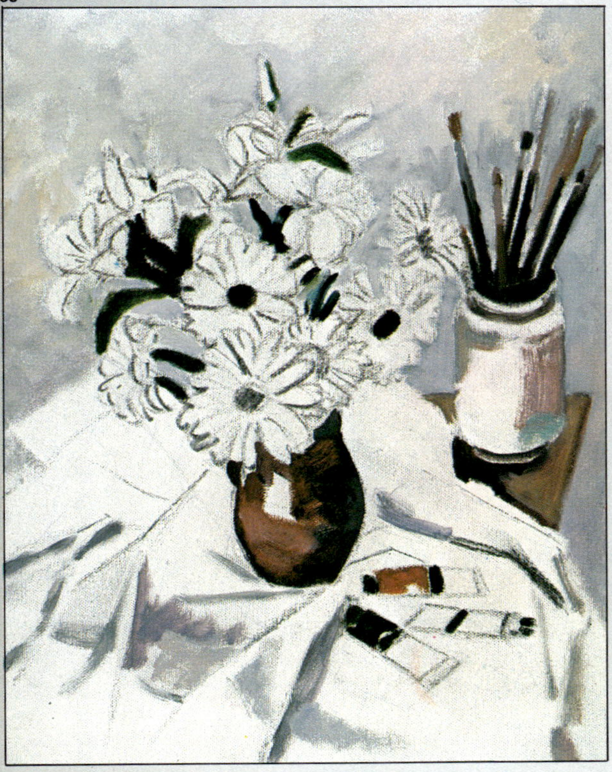

34

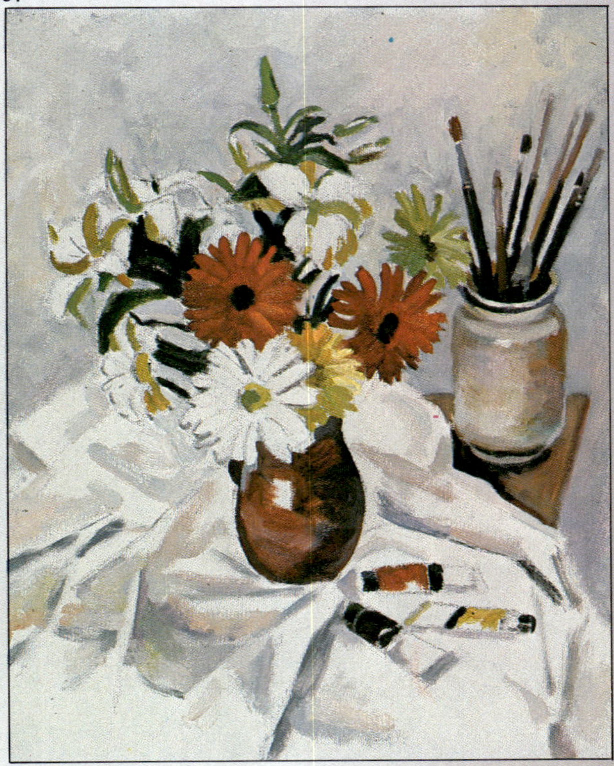

Abb. 33 bis 35: Anhand des schrittweisen Ablaufs dieses Themas erkennen wir, wie dekkend Ölfarben sind, die in zahlreichen Schichten überlagert werden. Nur so ist eine Darstellung des Modells mit seinen zahlreichen Nuancen und Schattierungen möglich.

35

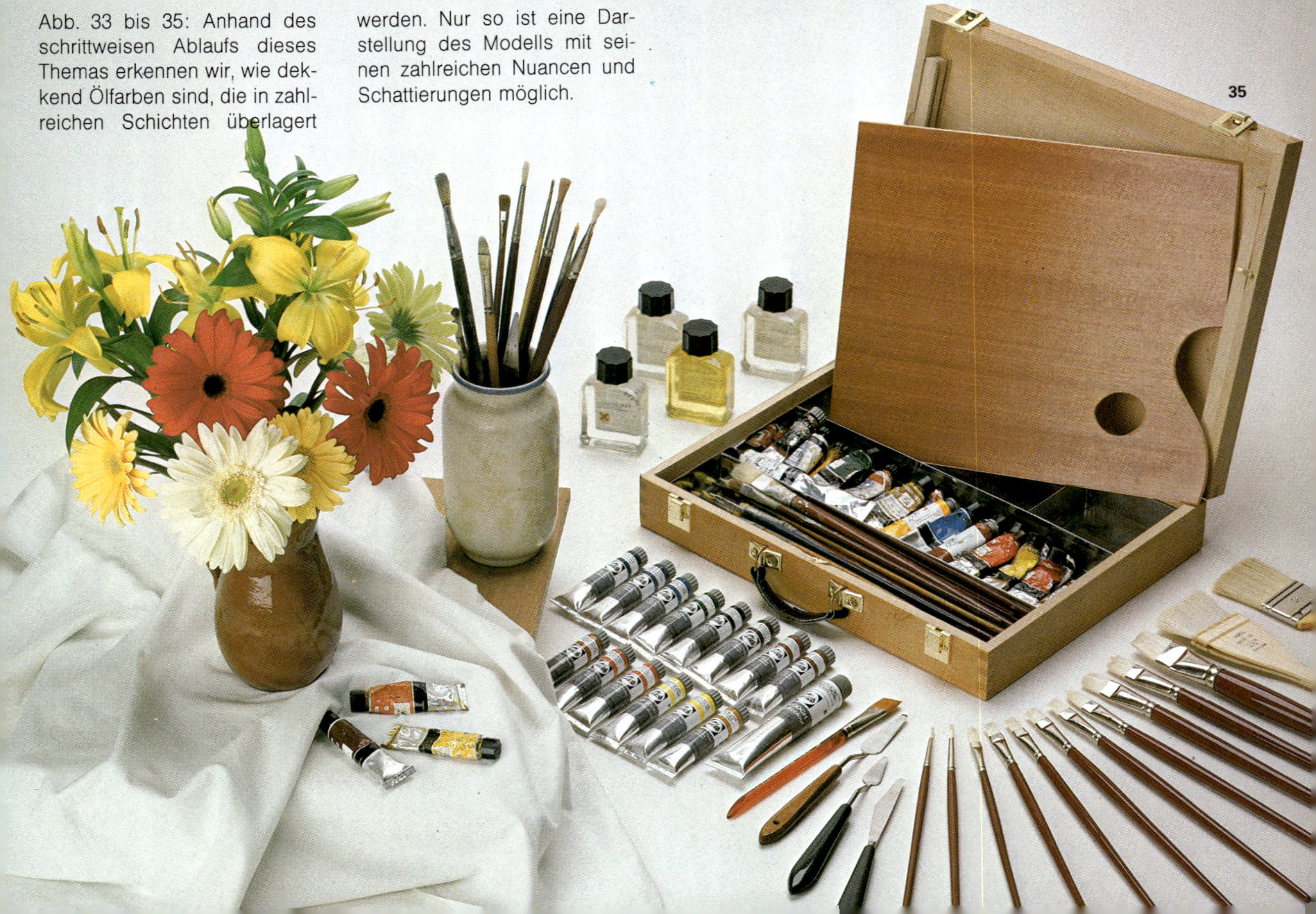

Die Aquarellfarben

Aquarellfarben bestehen aus einem Pigment, das mit Wasser und Gummiarabikum sowie Glyzerin und Honig gebunden wird. Sie werden in mehreren Handelsformen angeboten: Tabletten mit Farben in Studienqualität, Näpfe mit Farben in Künstlerqualität, Tuben mit cremigen Farben und Flaschen mit Flüssigfarben. Kunstmaler verwenden heutzutage fast ausschließlich Aquarellfarben in Künstlerqualität in Näpfen und Tuben.

Der Rotmarderpinsel vereint zweifellos alle für dieses Medium erforderlichen Eigenschaften: der Haarkörper bleibt geschlossen, breitet sich unter dem Druck der Künstlerhand mühelos aus und kehrt anschließend in seine ursprüngliche Form zurück.

Heutzutage bieten alle Hersteller von Aquarellpapier an allen vier Seiten verleimte Blocks zwischen 10 und 25 Blatt an, bei denen sich das Papier beim Malen weder wellt noch verzieht. Malen Sie auf Papier unter 250 g, sollten Sie allerdings lieber zu dem traditionellen Verfahren des Anfeuchtens und Spannens auf einem Zeichenbrett zurückgreifen.

Wie Ihnen bekannt, wird das Weiß beim eigentlichen Aquarell durch die Farbe des Papiers wiedergegeben. Deshalb muß man es zuvor aussparen. Für kleine Stellen – zum Beispiel weiße Margeriten auf dunklem Grund – kann man dafür Rubbelgummi verwenden, der mit einem Kunstfaserpinsel aufgetragen wird. Der Rubbelgummi bildet eine wasserfeste Schicht, die man ohne weiteres übermalen kann. Nach dem Trocknen des Aquarells läßt er sich mühelos mit dem Finger oder einem Radiergummi entfernen. Anschließend können die ausgesparten Formen gemalt werden. Dasselbe Verfahren gilt auch für weiße Wachsfarbe.

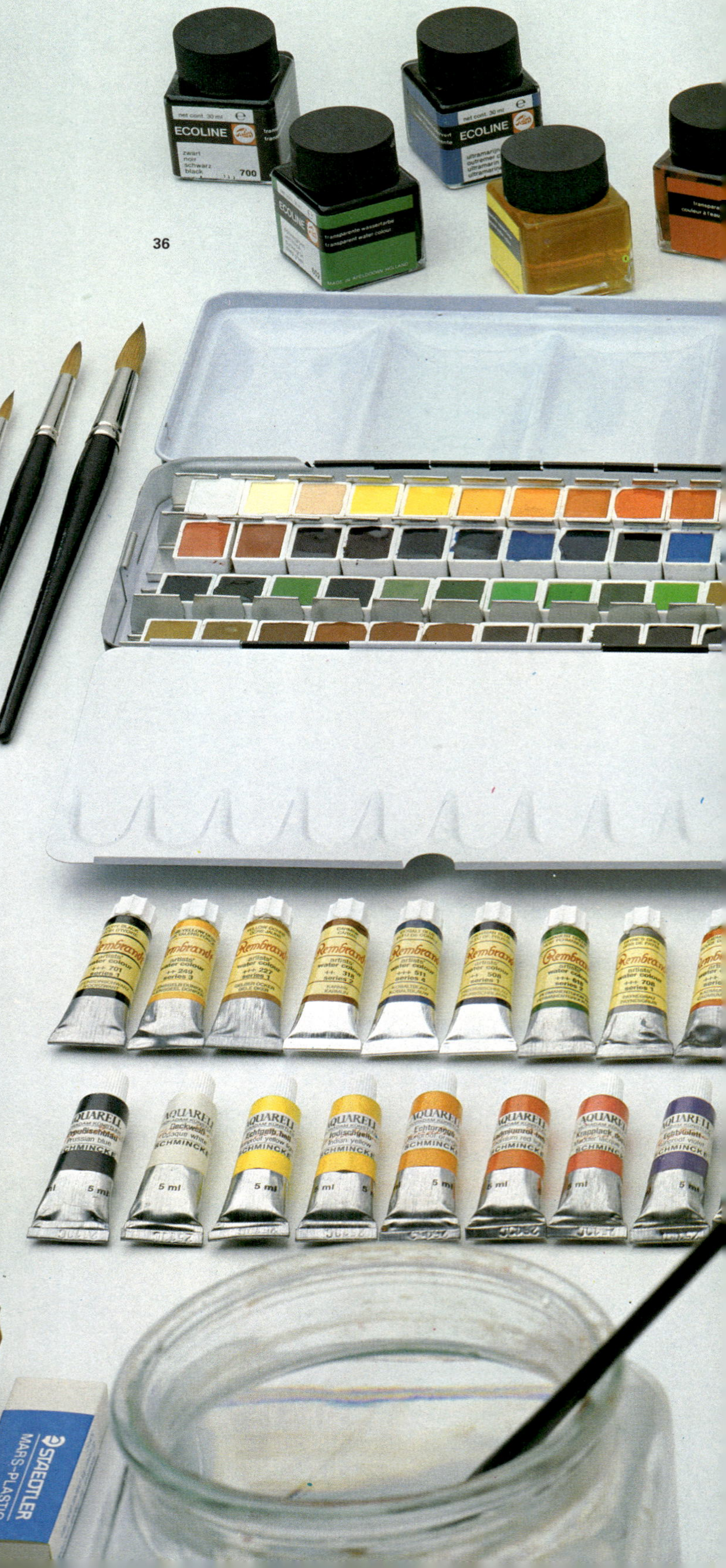

37

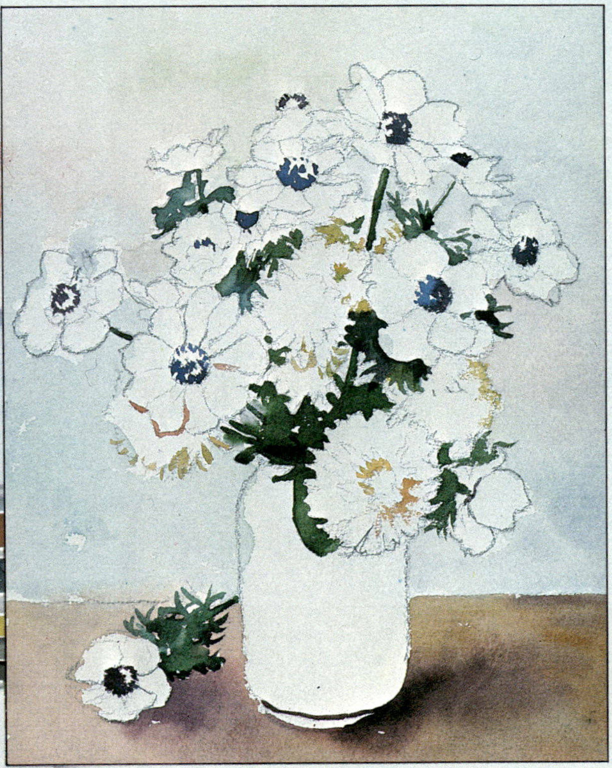

38

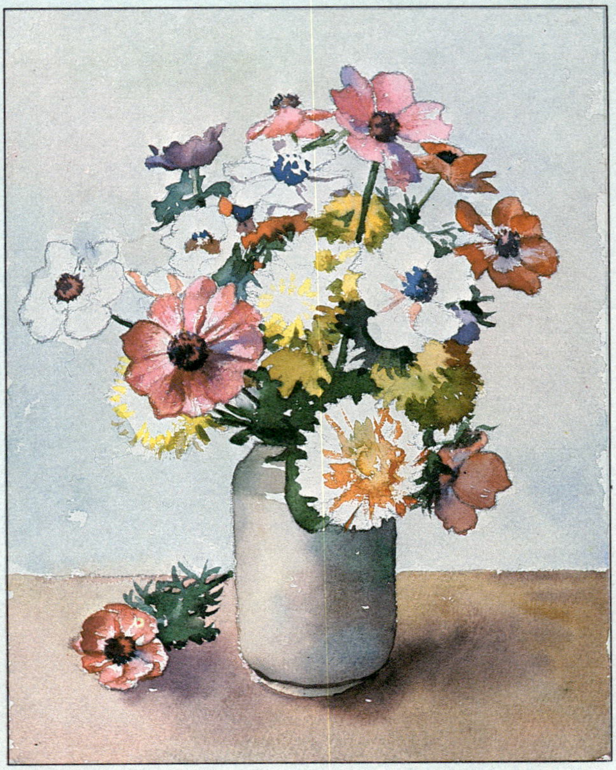

Abb. 36 bis 40: Aquarellfarben mit ihrer außerordentlichen Leuchtkraft und Transparenz, die sich aufgrund des Weiß des Papiers ergibt, eignen sich ideal zum Malen von Blumen.

39

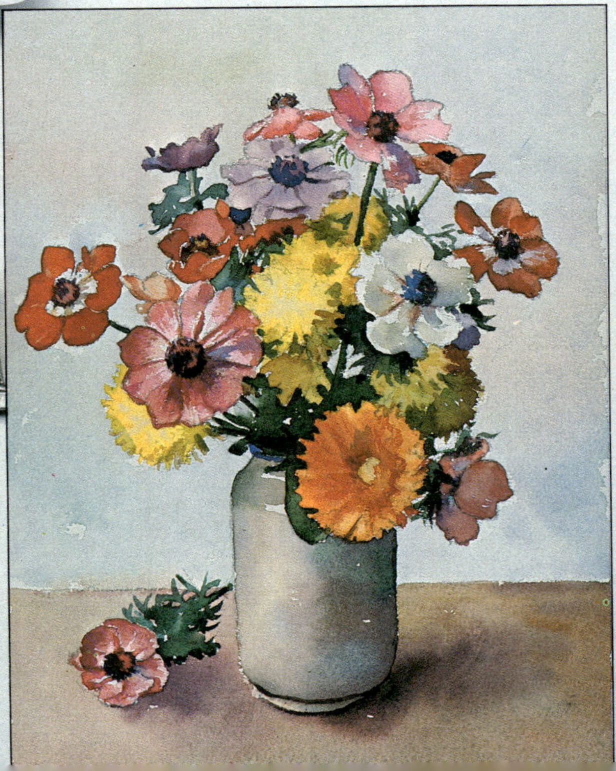

40

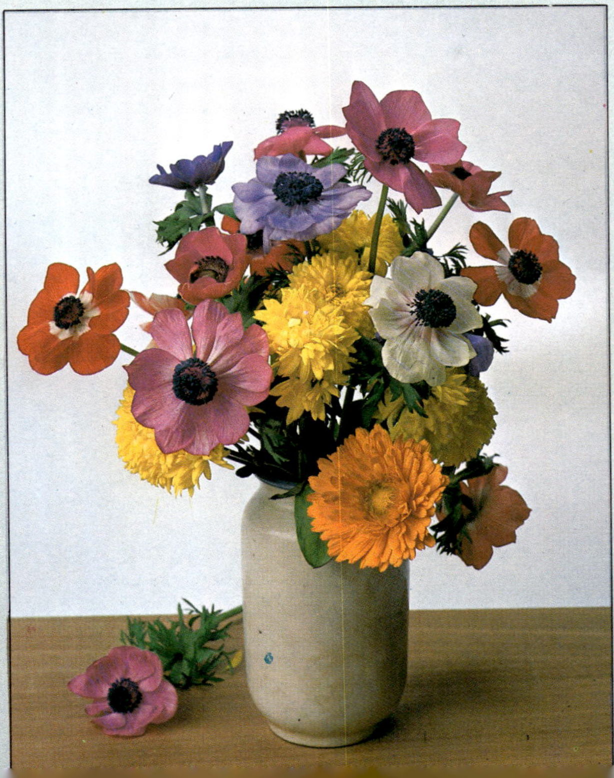

Die Pastellfarben

Pastellstäbchen bestehen aus Farbpigmenten, die mit wenig Gummiarabikum gebunden werden und deckend sind, so daß man mit ihnen hell auf dunkel malen kann. Ihr Hauptmerkmal besteht jedoch darin, daß sich die Farben mühelos mit den Fingern auf dem Malgrund mischen lassen.
Die Skala der Pastellfarben aus Stäbchen und Stiften ist außerordentlich groß. Normalerweise sind Pastellfarben weich, manche Hersteller bieten allerdings auch härtere Sorten an. Der normale Malgrund für Pastellfarben ist ein farbiges Papier mit mittlerem oder grobem Korn vom Typ Canson demi-teintes oder Ingres. Das Papier muß auf einem Zeichenbrett oder einer stabilen Unterlage befestigt werden.
Von Schmincke ist ferner ein Pastellkarton „Sansfix" in acht Farben erhältlich, bei dem sich das Fixieren erübrigt.
Notwendige Hilfsmittel beim Malen mit Pastellfarben sind zwei unterschiedliche Radiergummis: der sogenannte Plastikgummi zum Radieren oder Konkretisieren der Formen und ein knetbarer Radiergummi, der sich mit den Fingern in die notwendige Form bringen läßt, um zeichnerisch radierend einen Strich oder ein Spitzlicht anzulegen. Ferner benötigt man zwei oder drei Wischer – dünn, mittel und stark – für jene Stellen, bei denen der Einsatz der Finger nicht ratsam ist, einen Fächerpinsel aus Schweinsborsten zum Mischen der Farben, einen Lappen sowie eine Rolle Saugpapier zum Auslöschen großer Flächen und für umfangreiche Verschmelzungen.
Bei der Pastellmalerei können ferner zusätzlich weiße Kreide und Farbkreiden – als Stäbchen oder Stift – sowie Rötelkreiden eingesetzt werden.

41

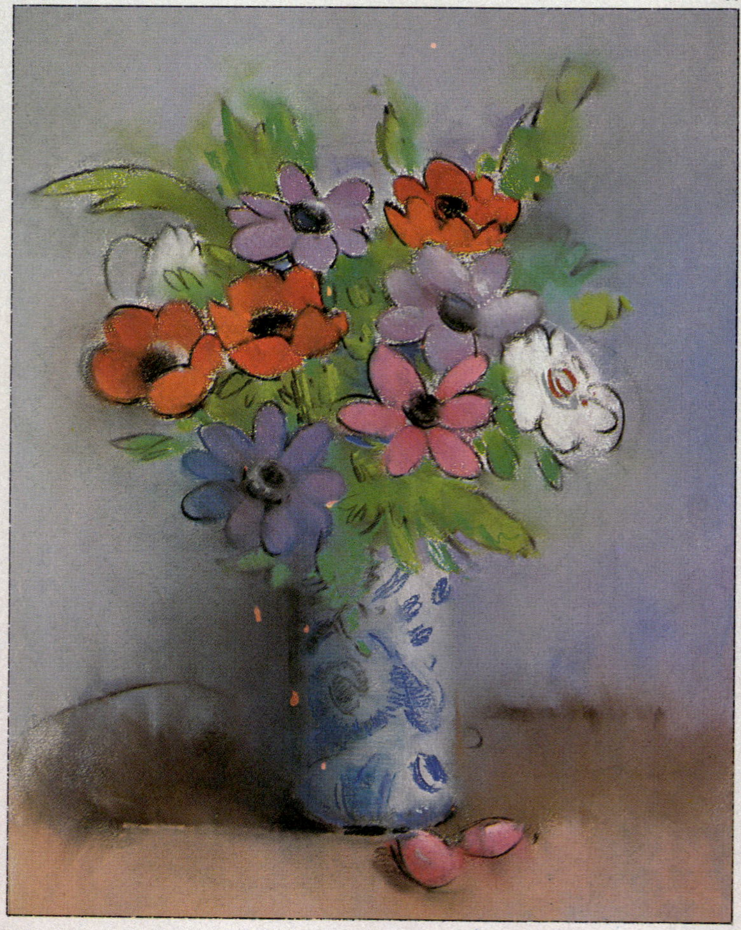

Abb. 41 und 42: Blumen sind ein weitverbreitetes Thema. Alle Künstler haben sich bis in unsere Zeit damit befaßt. Auch der Pastellmaler malt gern Blumenbilder.

42

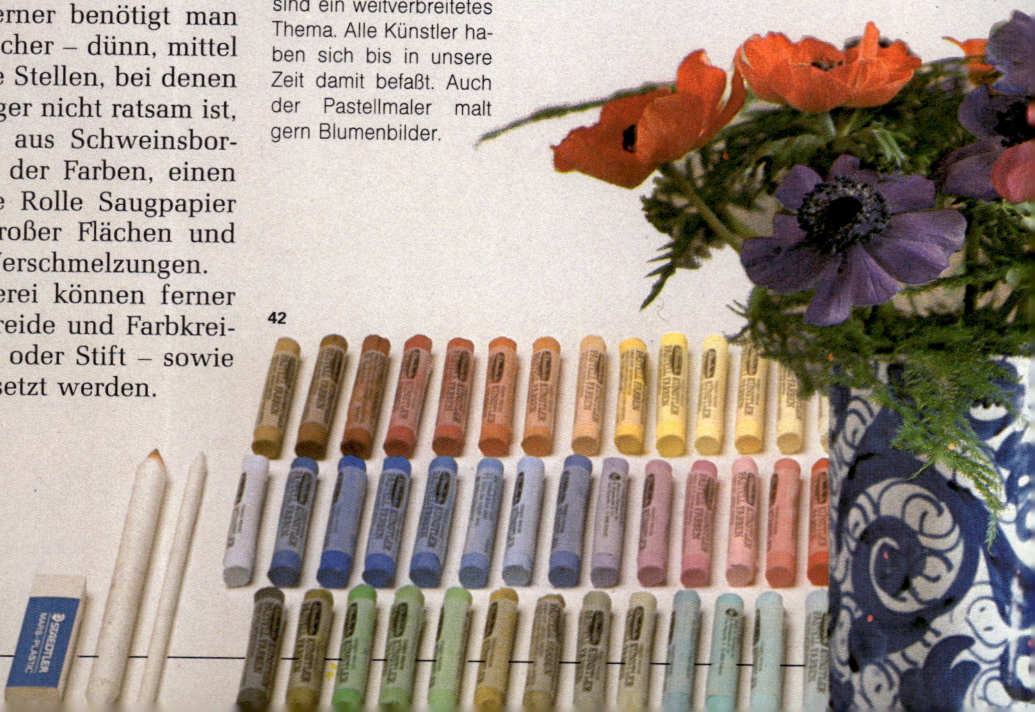

Die Farbstifte

Farbstifte werden genauso hergestellt wie Graphitstifte, mit dem einen Unterschied, daß die Mine der Farbstifte aus Pigmenten besteht, die mit Wachs und Kaolin gebunden werden. Im allgemeinen besitzen alle Farbstifte denselben Härtegrad, allerdings bieten manche Hersteller auch besonders weiche Stifte an.
Farbstifte sind entweder wasserunlöslich oder wasservermalbar. Mit letzteren läßt sich in einer Mischtechnik arbeiten: Man fährt mit einem angefeuchteten Pinsel über die Farbstiftstriche und erhält ein Ergebnis ähnlich dem Aquarell. Allerdings weist die Arbeit mit wasservermalbaren Stiften eine Besonderheit auf: Die Striche bleiben weiterhin leicht sichtbar.
Mit Farbstiften kann man auf jedem Malgrund arbeiten, am geeignetsten ist jedoch weißes oder farbiges Papier, insbesondere Canson demi-teintes mit feinem oder mittlerem Korn. Zwar läßt sich auch auf Papier mit grobem Korn oder satiniertem Papier arbeiten, das ist jedoch nur gerechtfertigt, wenn man eine besondere Strukturwirkung anstrebt.
Zum Malen mit Farbstiften benötigt man ebenfalls einiges Zubehör: u. a. ein Zeichenbrett als Unterlage für das Papier und einige Klemmen zur Befestigung, zwei oder drei Rotmarderpinsel, ein Wassergefäß, einen Schwamm und eine Rolle Saugpapier, falls man mit wassermalbaren Stiften arbeiten will; ferner Schmirgelpapier und einen Cutter, ein Messer oder einen Bleistiftanspitzer, der zweifellos am notwendigsten ist, denn die Spitzen der Farbstifte müssen ständig nachgebessert werden. Aus der auf dieser Seite abgebildeten Zeichnung gehen die malerischen Möglichkeiten der Farbstifte deutlich hervor. Die Technik eignet sich übrigens auch hervorragend zum Erlernen der Farbmischungen.

Abb. 43 und 44: Farbstifte sind nicht gerade ein gebräuchliches Medium zum Malen. Wie hier und im letzten Teil des Buches jedoch zu sehen, lassen sich auch damit gute Ergebnisse erzielen.

43

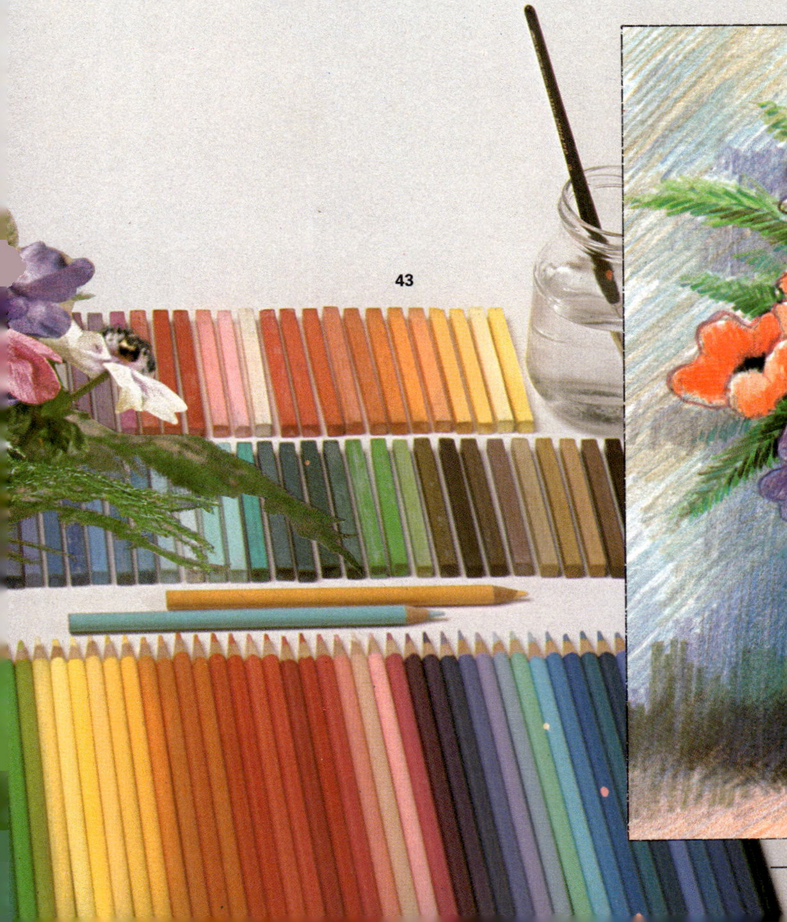

44

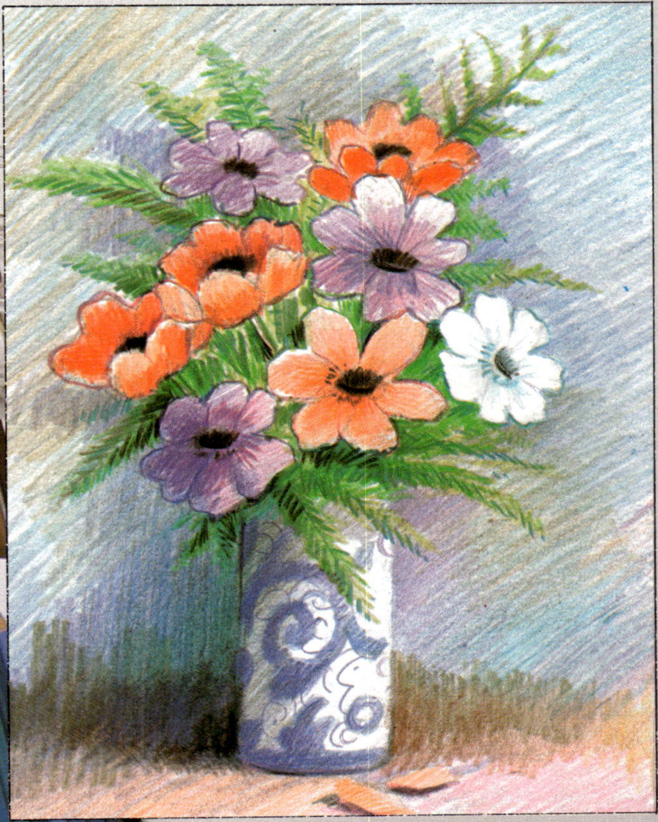

Die Acrylfarben

Die Verbreitung der Acrylfarben begann in den fünfziger Jahren in den Vereinigten Staaten. Es handelt sich um eine synthetische Farbe, die die Techniken der Öl- und der Aquarellmalerei in sich vereint. Acrylfarben sind wie Aquarellfarben leicht wasserlöslich, so daß man damit sehr dünne, beinahe transparente Schichten anlegen kann. Aber auch Impastos wie bei der Ölmalerei sind möglich.

Acrylfarben trocknen relativ schnell und sind nach dem Trocknen in Wasser unlöslich. Allerdings lassen sich sowohl die Löslichkeit als auch die Trocknungszeit mit Hilfe eines Mediums verändern, das je nach Zusammensetzung als Verdickungsmittel dient, um dichtere Farbschichten zu erzielen, oder das Trocknungsvermögen verzögert.

Im Handel ist eine große Farbskala mit Acrylfarben. Sie werden in Zinntuben unterschiedlicher Größe sowie in Glasgefäßen angeboten.

Mit Acrylfarben läßt sich praktisch auf jedem Malgrund arbeiten. Für Holztafeln ist allerdings eine Spezialgrundierung erforderlich, die von den meisten Markenherstellern angeboten wird.

Die Pinsel und Spachteln für die Ölmalerei finden auch bei der Arbeit mit Acrylfarben Verwendung. Bei der Acrylmalerei ist auf besondere Sauberkeit der Pinsel zu achten, die mit Wasser und Seife gewaschen werden. Ist die Farbe doch einmal getrocknet, kann sie mit Aceton wieder gelöst werden.

45

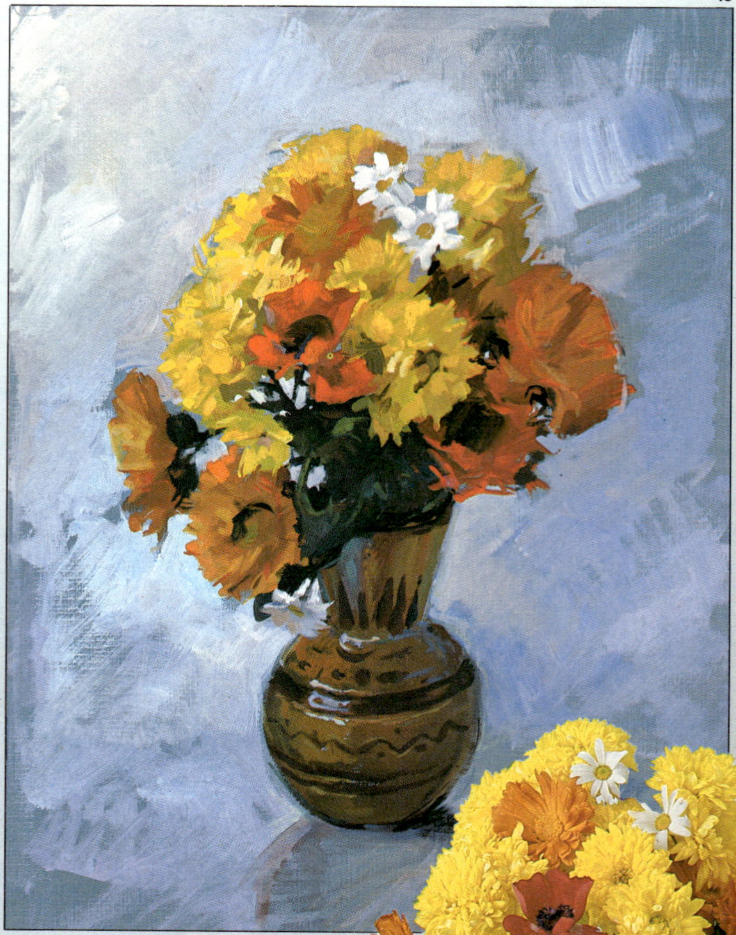

46

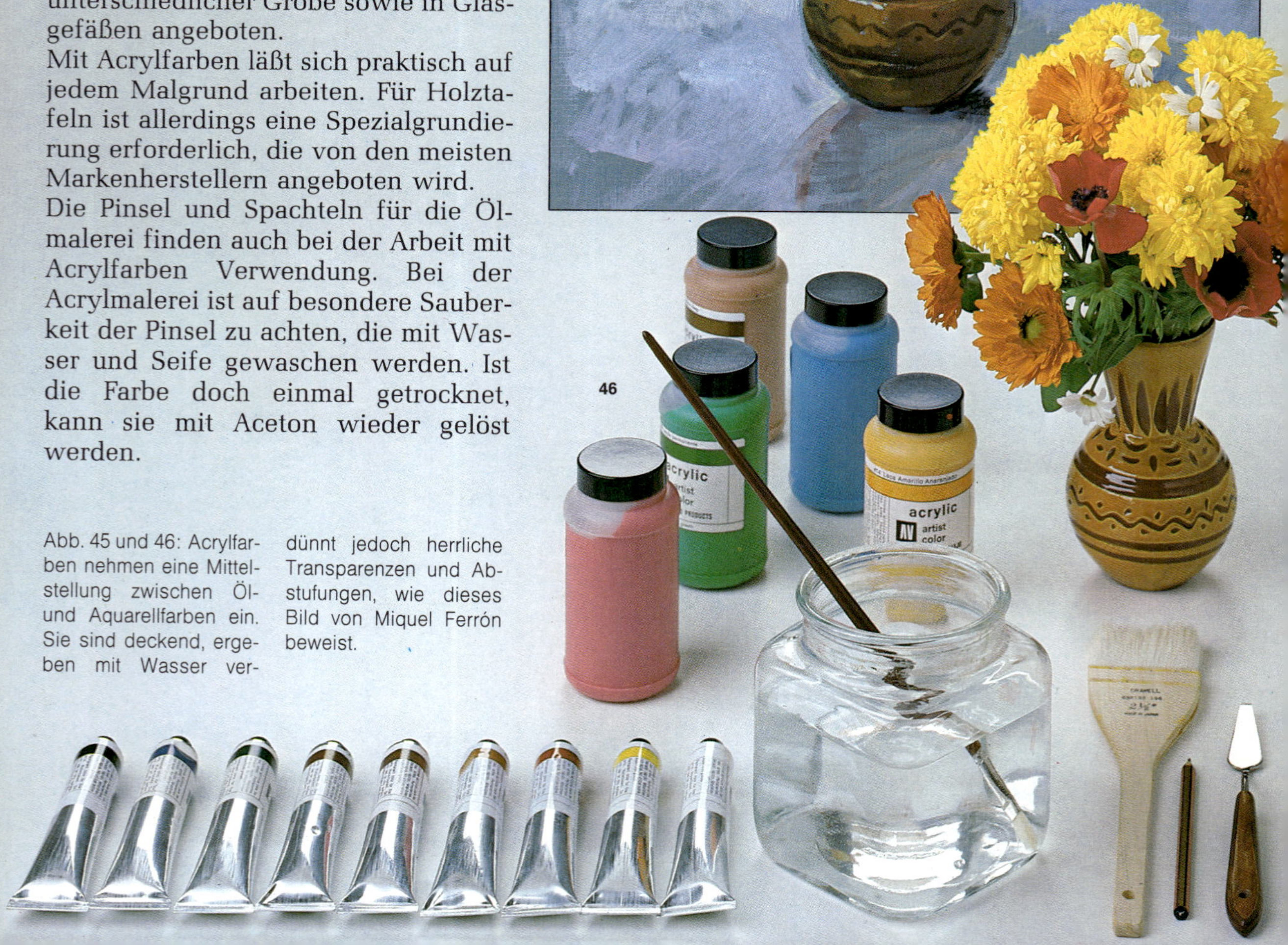

Abb. 45 und 46: Acrylfarben nehmen eine Mittelstellung zwischen Öl- und Aquarellfarben ein. Sie sind deckend, ergeben mit Wasser verdünnt jedoch herrliche Transparenzen und Abstufungen, wie dieses Bild von Miquel Ferrón beweist.

Wachsmalstifte und Ölpastellkreiden

Betrachten wir nun zwei Malverfahren, die zwar hinsichtlich ihres Materials verschieden sind, jedoch ähnliche technische Möglichkeiten besitzen: Die Arbeit mit Wachsmalstiften und Ölpastellkreiden. Für die Wachsmalstifte werden Farbpigmente bei einer bestimmten Temperatur mit Wachs und Fetten gebunden. Bei der Herstellung der Ölpastellkreiden werden die pulverisierten Pigmente wie bei den Ölfarben mit einem Öl und anderen Fetten gebunden.
Die Maltechnik für Wachsmalstifte variiert entsprechend deren Härte. Die Arbeit mit harten Wachsmalstiften ähnelt der Farbstifttechnik, während die Arbeit mit weichen Stiften der mit Pastellstäbchen gleicht, die ihrerseits eine große Ähnlichkeit mit den Ölpastellkreiden besitzen.
Am meisten ähneln sich jedoch die Anwendungstechnik von Wachsmalstiften und Ölpastellkreiden. Bei beiden werden die Farben mit den Fingern gemischt.
Beide sind außerdem deckend, man kann damit also hell auf dunkel malen. Allerdings decken Ölpastellkreiden aufgrund ihrer größeren Geschmeidigkeit etwas stärker.
Löst man kleine Farbspäne der Wachsmalstifte oder Ölpastellkreiden in Balsamterpentin, erhält man eine flüssige Wachsfarbe.

47

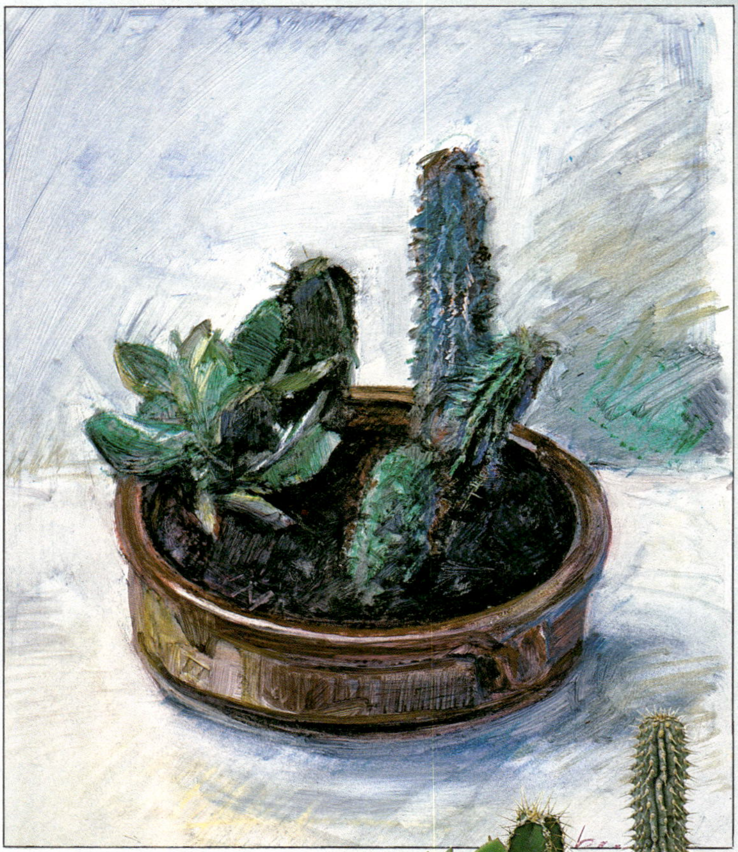

Abb. 47 und 48: Derselbe Künstler hat für diese Kakteenschale Farbkreiden und Ölpastellkreiden verwendet, die mit Balsamterpentin verdünnt wurden.

48

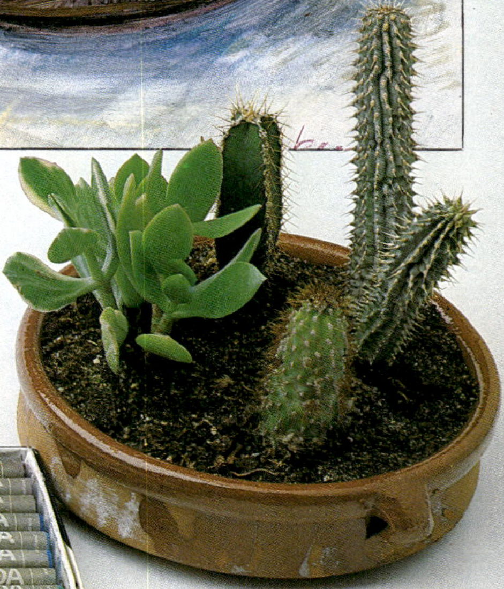

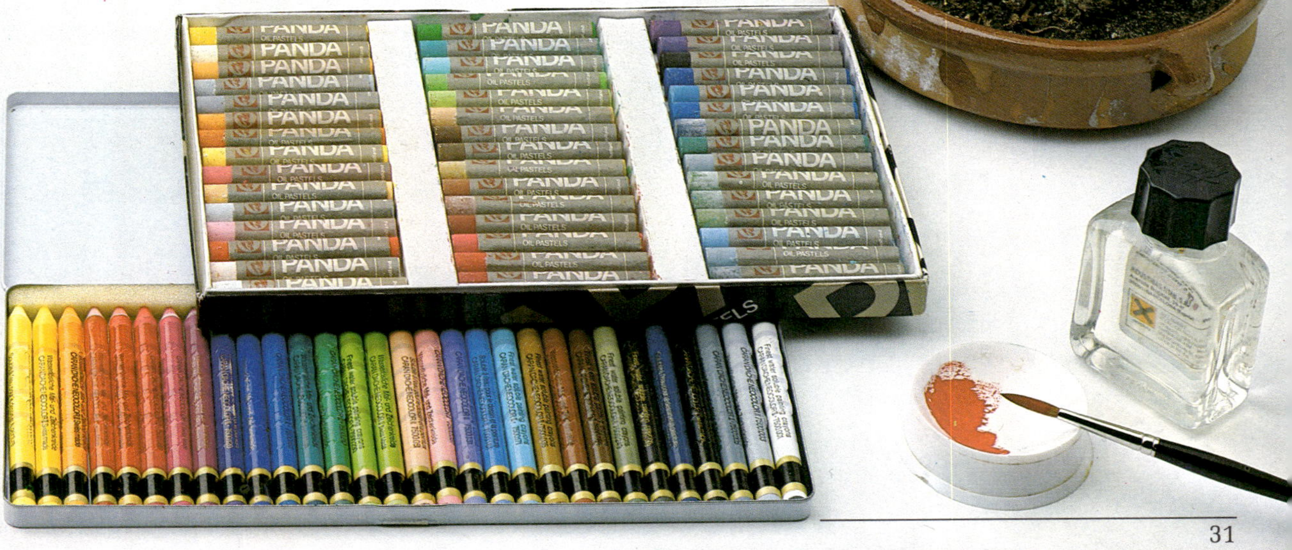

Farbenkarten

Die Farbenkarten der Hersteller enthalten stets eine breite Skala unterschiedlicher Nuancen ein und derselben Farbe. So hat der Künstler beim Malen mit Öl-, Aquarell- oder Acrylfarben die Wahl zwischen zahlreichen Schattierungen, die je nach Hersteller und Material bis zu 27 Gelb oder 25 Rot reichen können.
Bedeutet dies, daß sämtliche Nuancen tatsächlich verwendet werden? Ja, obwohl Sie bereits wissen, daß sich all diese Farben aus einer Mischung der drei Grundfarben Blau, Gelb und Purpur selbst herstellen lassen. Doch das ist weder besonders praktisch noch bequem, wenn man diese Nuancen unmittelbar aus einem breiten Angebot von Farben wählen kann.
Allerdings malen die meisten Künstler, wenn nicht gar alle, mit einem reduzierten Sortiment von zehn oder maximal 12 Farben plus Weiß und Schwarz.
Wozu benötigt der Künstler dann solche umfangreichen Farbenkarten? Der Grund dafür ist einleuchtend: Nicht alle Maler verwenden dasselbe Gelb oder Blau, um ein Beispiel zu nennen. Jeder bevorzugt bestimmte Töne und stellt sich seine persönliche Palette zusammen.
Die Sternchen in der auf dieser Seite abgebildeten Farbenkarte geben die Lichtechtheit an, die von absoluter Echtheit einschließlich in Mischungen bis zu Farben reicht, die ebenfalls haltbar sind, solange sie nicht in Mischungen auftauchen. Diese Hinweise gelten auch für andere Farbenarten (Ölfarben, Acryl, Gouache etc.).

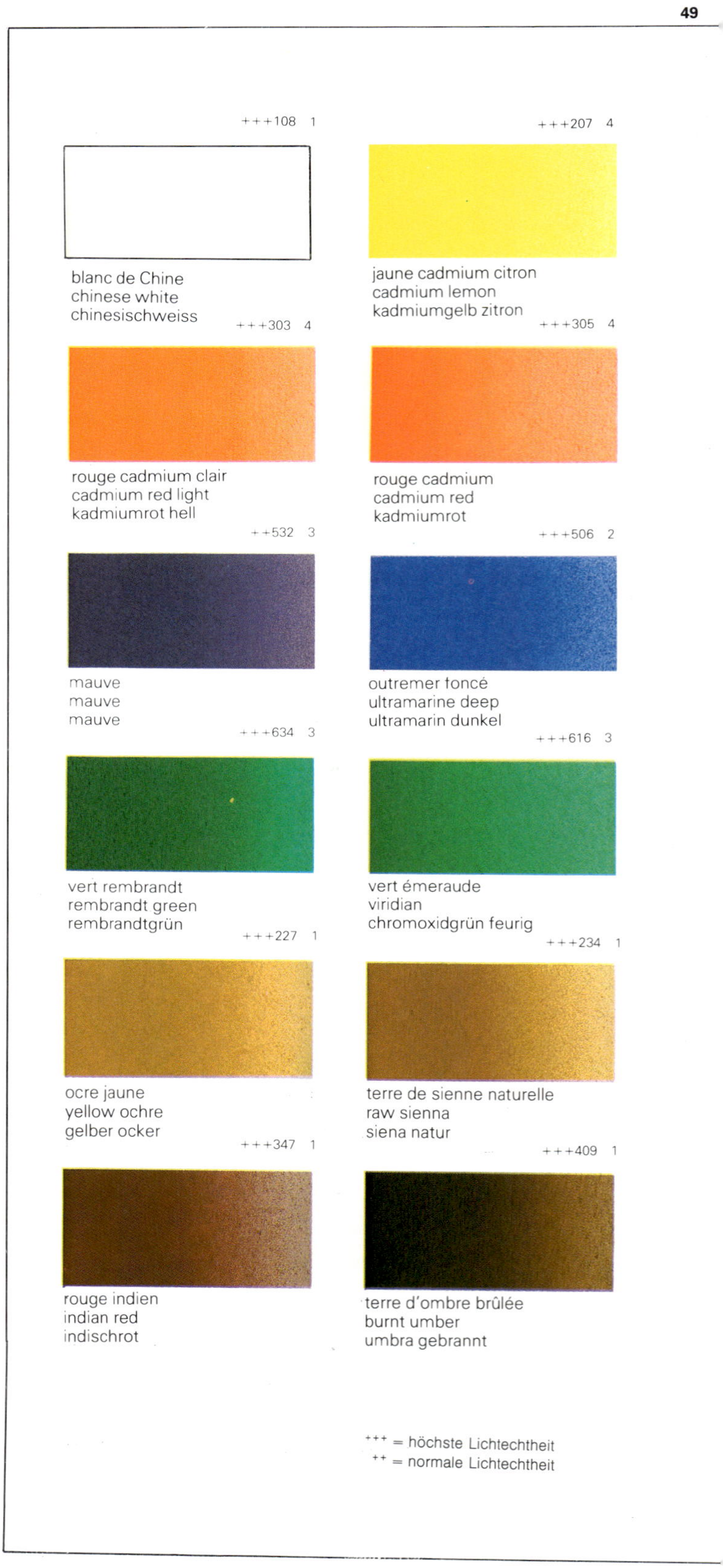

Abb. 49: Farbkarte für Aquarellfarben.

+++208 4 jaune cadmium clair cadmium yellow light kadmiumgelb hell	++238 2 gomme-gutte gamboge gummigutt	+++210 4 jaune cadmium foncé cadmium yellow deep kadmiumgelb dunkel	+++211 4 orange cadmium cadmium orange kadmiumorange
+++306 4 rouge cadmium foncé cadmium red deep kadmiumrot dunkel	++318 2 carmin carmine karmin	++331 2 laque de garance foncée madder lake deep krapplack dunkel	+++539 4 violet de cobalt cobalt violet kobaltviolett
+++511 4 bleu de cobalt cobalt blue kobaltblau	+++534 4 bleu ceruleum cerulean blue cölinblau	+++520 3 bleu rembrandt rembrandt blue rembrandtblau	++508 1 bleu de Prusse prussian blue preussischblau
+++645 3 vert de hooker foncé hooker's green deep hookergrün dunkel	+++623 3 vert de vessie sap green saftgrün	++620 2 vert olive olive green olivgrün	+++629 2 terre verte terre-verte grüne erde
+++408 1 terre d'ombre naturelle raw umber umbra natur	+++339 1 rouge anglais light oxide red englischrot	+++411 1 terre de sienne brûlée burnt sienna siena gebrannt	+++333 2 laque de garance brunâtre (aliz.) brownish madder (alizarin) alizarin-krapplack bräunlich
+++416 1 sépia sepia sepia	+++708 1 gris de payne payne's grey paynesgrau	+++533 1 indigo indigo indigo	+++701 1 noir d'ivoire ivory black elfenbeinschwarz

Das Stilleben gehört zu jenen Bildthemen, die dem Künstler größte Freiheit lassen: Er kann Form und Farbe seiner Blumen, deren Arrangement sowie die Einbeziehung weiterer Gegenstände – Vase oder Krug – nach eigenem Geschmack wählen. Auch die Richtung und die Qualität des Lichtes ist leichter als bei anderen Bildthemen zu verändern. Für die Auswahl des Modells sollte man allerdings die Tonwert- und Farbkontraste kennen. Im folgenden Kapitel ist davon die Rede, wo und wie man Blumen malt, wie man sie beleuchtet und wie man ihre Lebhaftigkeit und ihre Farbkontraste unterstreicht.

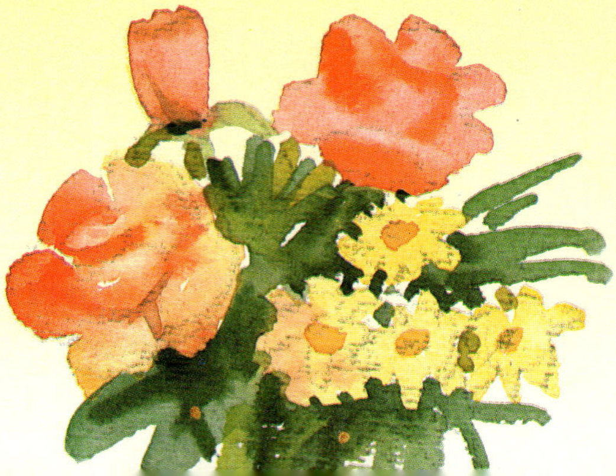

50

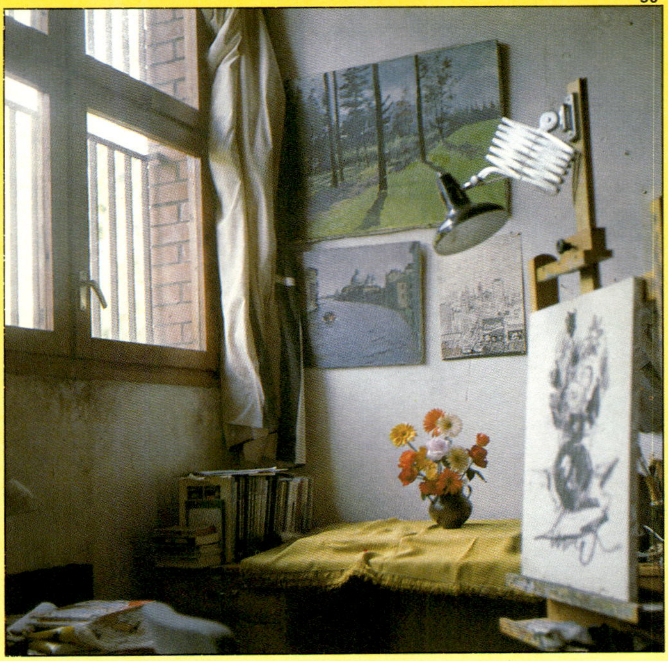

Das Modell und seine Beleuchtung

Blumen gibt es überall

Blumen kann man praktisch das ganze Jahr über malen. Der Blumenmaler findet sein Modell an den unterschiedlichsten Orten und heutzutage auch zu jeder Jahreszeit. Vom traditionellen Blumenstrauß bis zur im Topf gezogenen Pflanze, von der Gartenblume bis zu den Blumen und Pflanzen in Gewächshäusern steht uns ein weites Feld zur Verfügung. Nicht zu vergessen sind die Trockenblumen, mit denen sich ebenfalls Stilleben zusammenstellen lassen. Es handelt sich also um ein äußerst vielseitiges Modell.
Trotzdem sollte man von Zeit zu Zeit ein Blumengeschäft aufsuchen, um sich mit den unterschiedlichen Blumensorten und deren schönster Blütezeit vertraut zu machen. Auf diese Weise erhält man größere Sicherheit bei der Auswahl und Planung der eigenen Projekte.
Die Abbildungen auf Seite 37 zeigen, wie drei zeitgenössische Künstler Blumenbilder malten, deren einzige Gemeinsamkeit das Thema ist. Es handelt sich um unterschiedliche Blumen, die zu Bildern mit ebenfalls unterschiedlicher Aussage geführt haben.
Beachten Sie auch, daß unabhängig von der Spezialisierung eines Künstlers auf eine Thematik, die völlig legitim, wenn auch nicht ratsam ist, die Technik den eigentlichen Charakter des Werkes bestimmt. Das heißt, jedes Motiv oder Thema kann nicht nur je nach Temperament des Künstlers auf sehr verschiedene Weise behandelt werden, sondern auch mit den unterschiedlichsten Materialien. Aus diesem Grund sollte man zunächst die verschiedenen Techniken üben, um schließlich die einem am meisten zusagende herauszufinden.

Abb. 51 bis 54: Blumen zum Malen findet man überall: auf dem Lande, im Park, im Garten und im Haus und natürlich in Blumengeschäften und Gärtnereien, angefangen von wildwachsenden Blumen bis zum Blumenstrauß und Trockenblumen wie die auf der Abbildung 54.

51

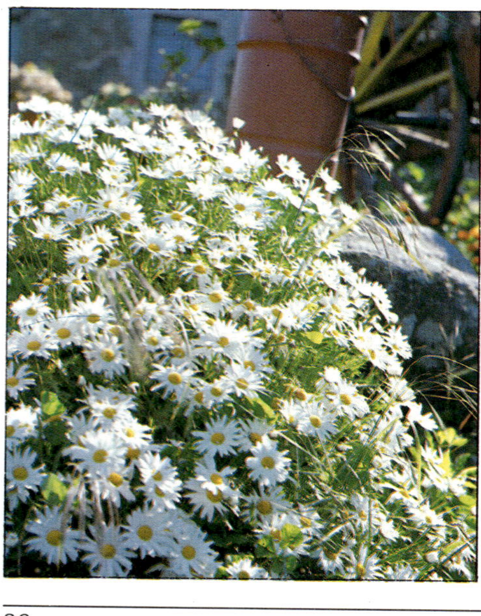

52

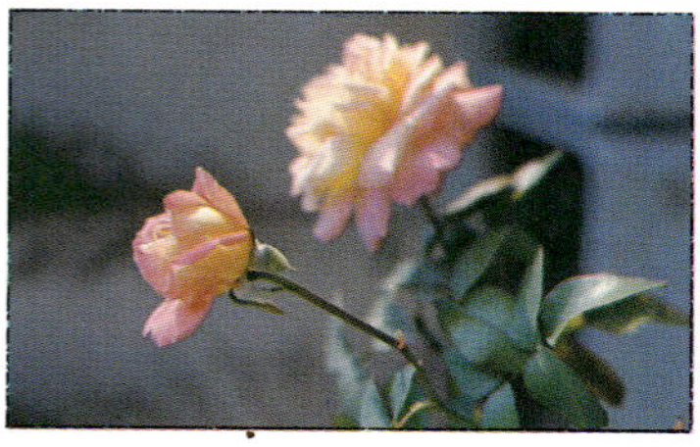

53

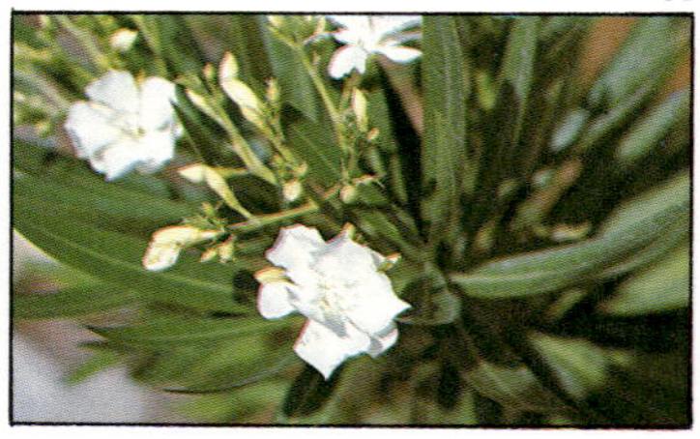

54

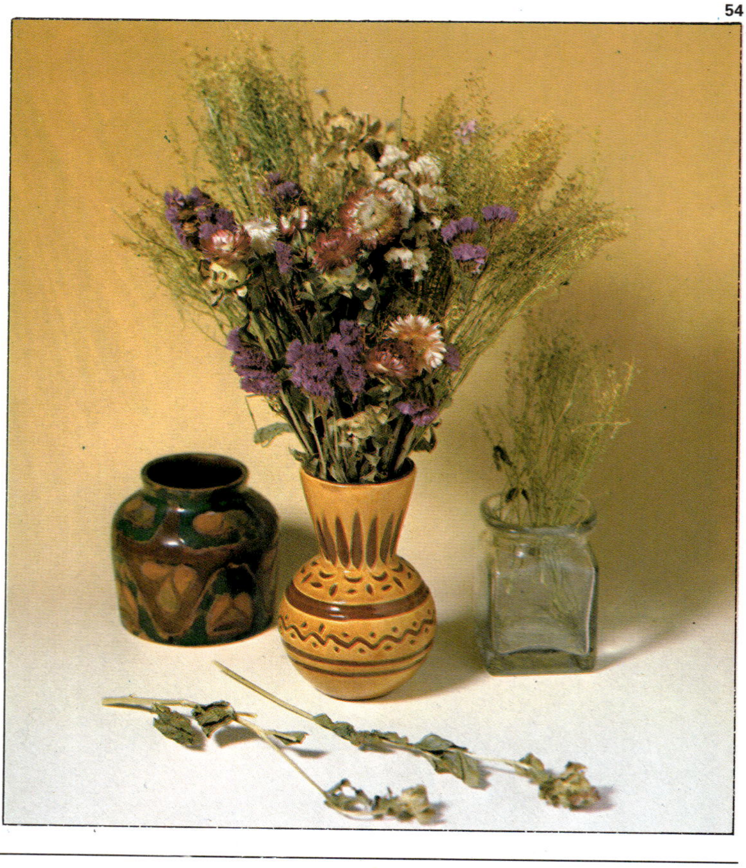

55

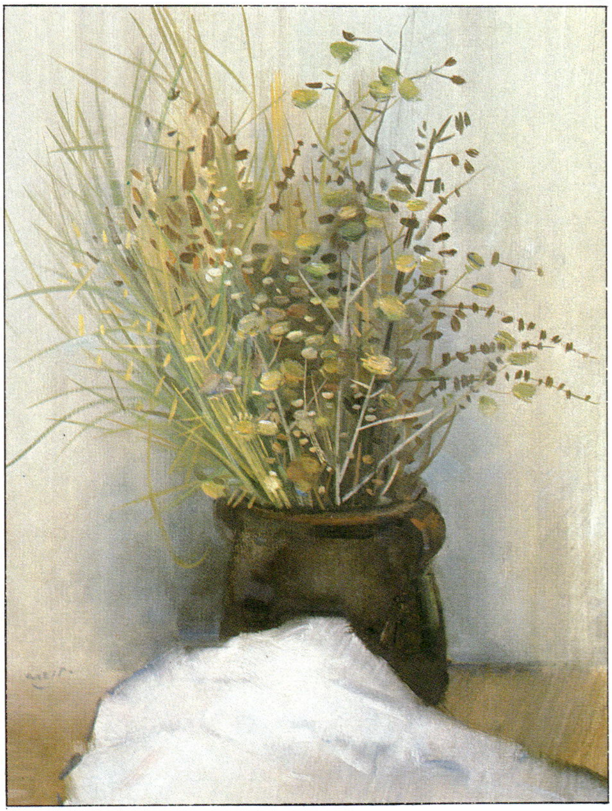

56

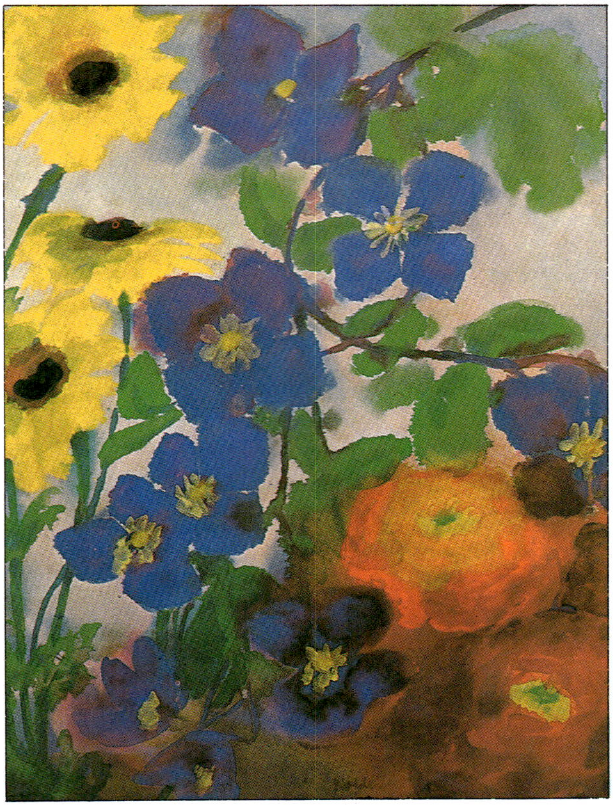

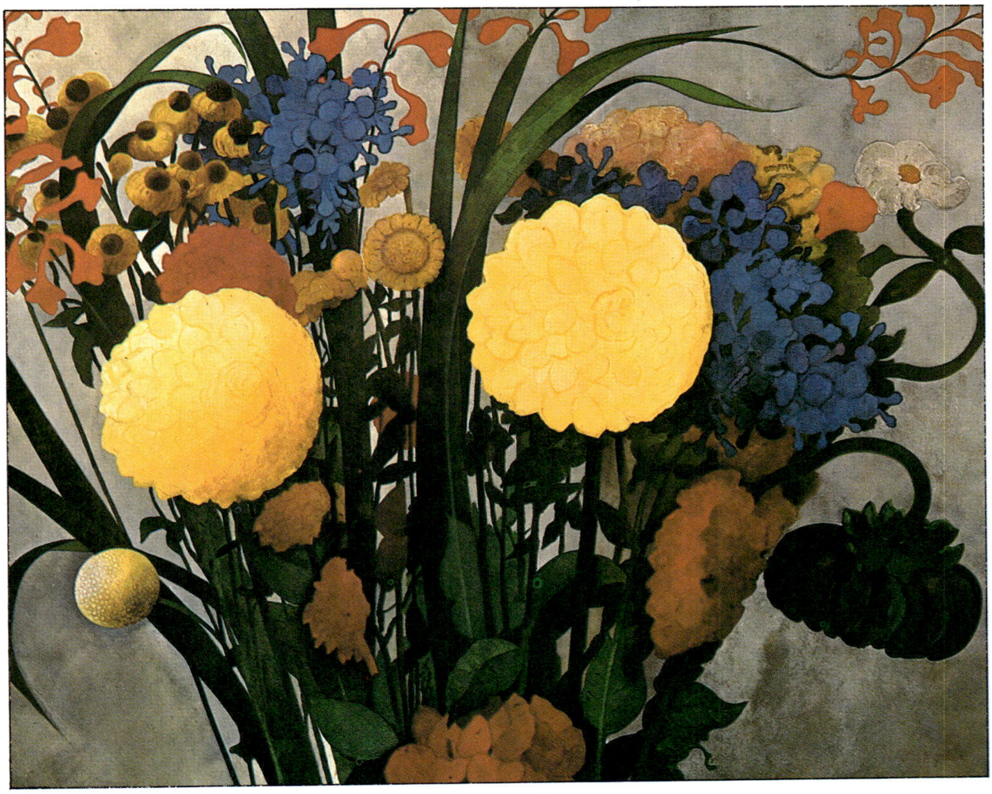

57

Abb. 55: Francesc Crespo, *Trockenblumen*, Privatsammlung.

Abb. 56: Emil Nolde (1867–1956), *Blumen*, Privatsammlung, London.

Abb. 57: Edward Burra (1905–1976), *Blumen*, Privatsammlung.

Blumen in ihrem natürlichen Umfeld

Eine der attraktivsten und interessantesten Übungen der Blumenmalerei besteht darin, Studien und endgültige kleinformatige Bilder unmittelbar auf der Wiese oder in Parks und Gärten anzufertigen. Viele Blumen wirken in ihrer natürlichen Umgebung am schönsten, wo man nichts zu arrangieren braucht. Umgeben von Pflanzen und Büschen, bilden sie fast immer ein harmonisches Ganzes.

Hier können wir Skizzen und Entwürfe mit Aquarell- und Pastellfarben, Wachsmalstiften, Farbstiften etc. anfertigen, die anschließend im Atelier in ein Bild umgesetzt werden. Mit einer vollständigen Ausrüstung lassen sich allerdings vor Ort auch fertige Bilder herstellen. Das ist eine Frage des persönlichen Geschmacks, bei der im Grunde nur das Endergebnis zählt.

Vergessen Sie nicht, einige Farbfotos von Ihrem Motiv oder den wichtigsten Einzelheiten aufzunehmen.

58

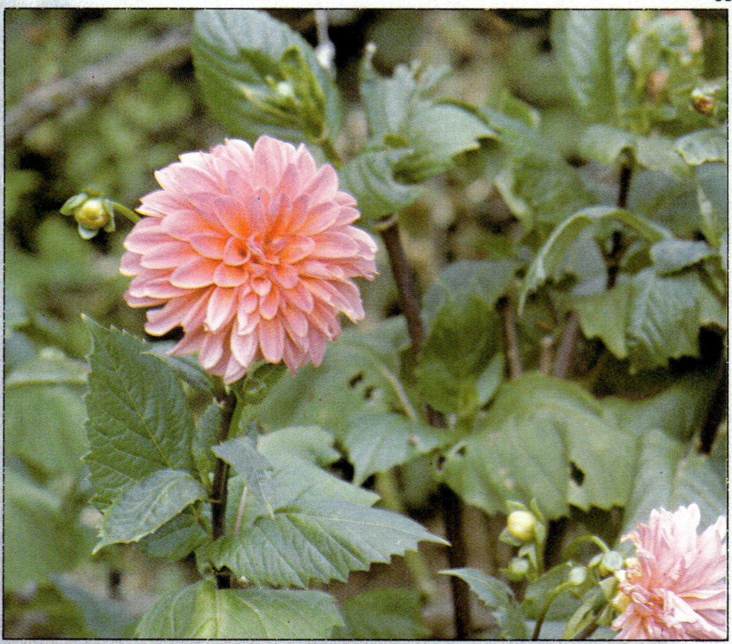

Abb. 58: In Parks und öffentlichen oder privaten Gärten findet man hübsche Blumen und Pflanzen, die sich als Modell für ein Bild nach der Natur eignen.

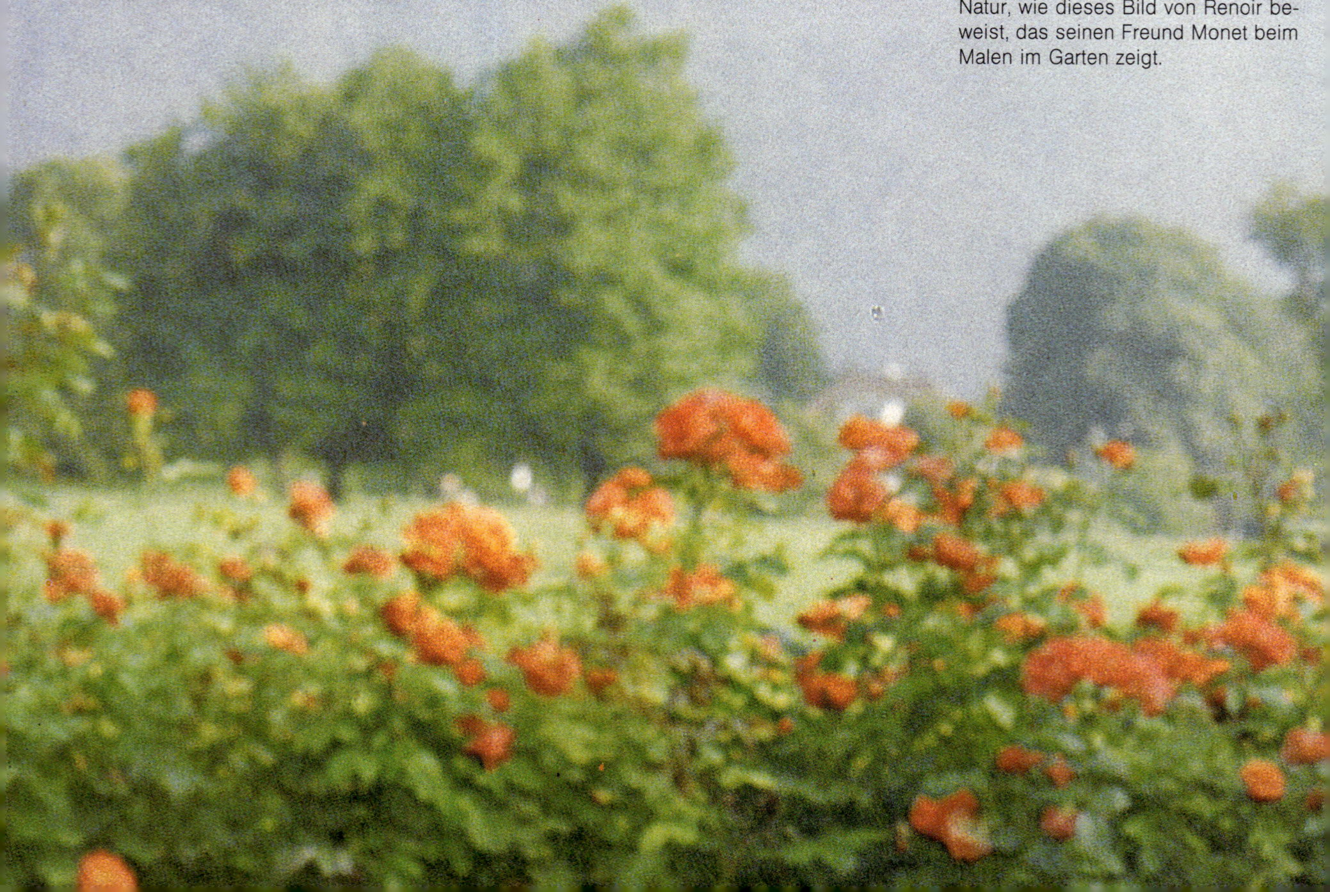

Abb. 59: Pierre-August Renoir (1841–1919), *Monet beim Malen in seinem Garten*, The Wads Worth Athenaeum. Die Impressionisten malten Pflanzen und Blumen nach der Natur, wie dieses Bild von Renoir beweist, das seinen Freund Monet beim Malen im Garten zeigt.

59

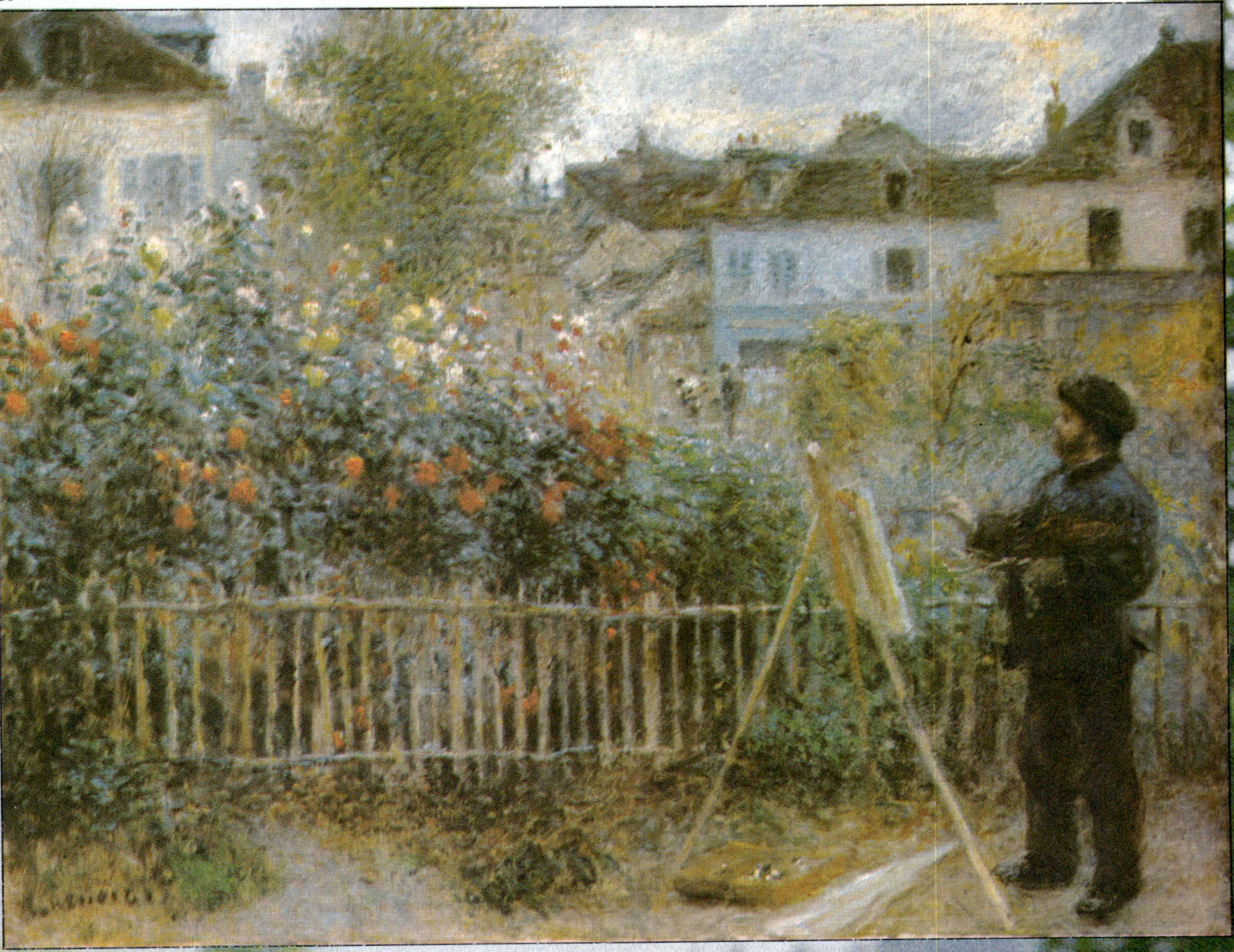

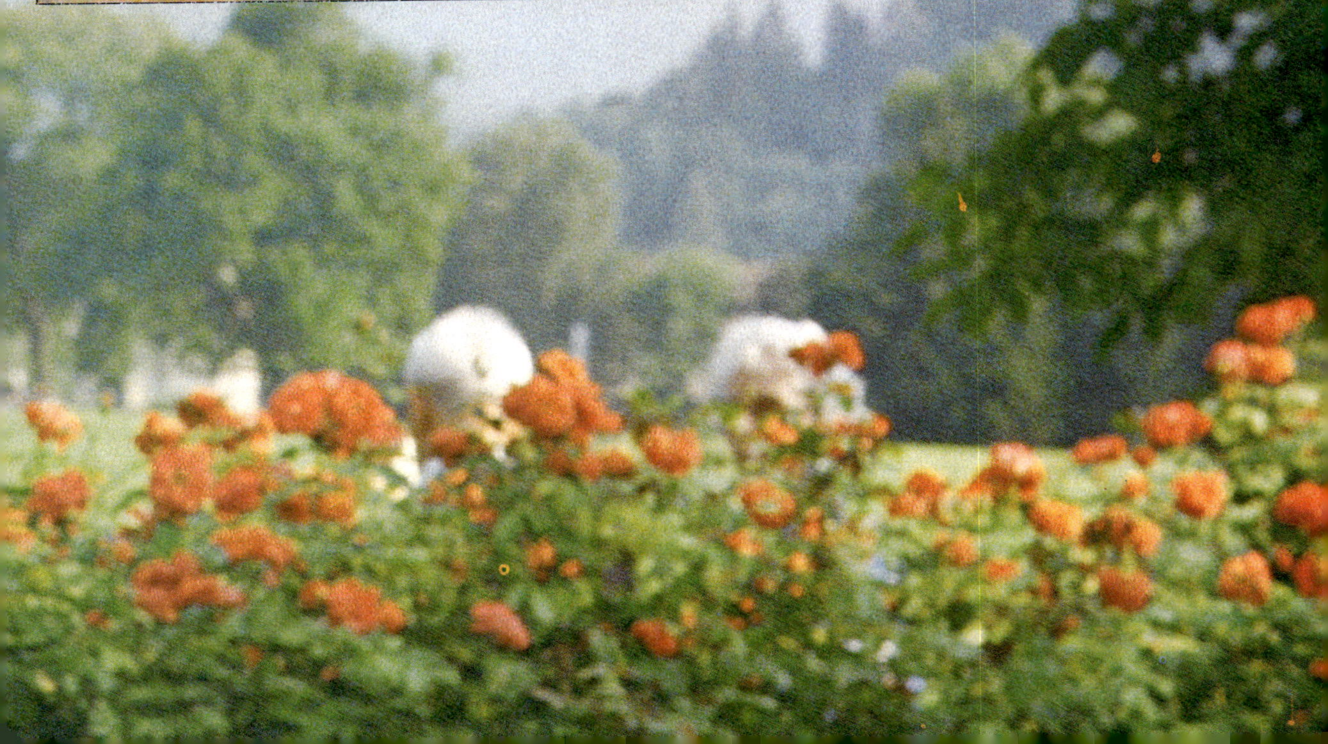

Blumen im Atelier

60

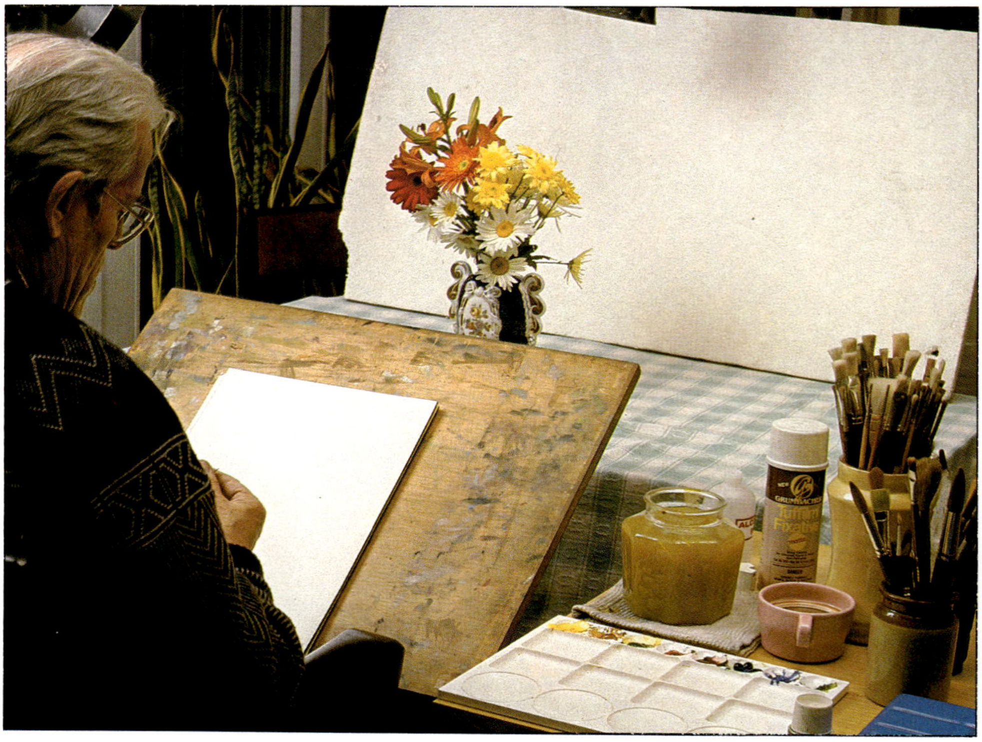

Abb. 60: Blumen werden meistens im Atelier gemalt. Das ist am bequemsten und praktischsten, denn hier kann der Künstler in Ruhe die Beleuchtung, die Komposition, die Harmonisierung der Farben sowie die technischen Aspekte seines Bildes untersuchen.

Auch wenn die Feld- und Gartenblumen sowie die exotischen Blüten im Winter die Künstler schon immer inspirierten, so haben sich faßt alle auch mit Blumensträußen befaßt. Da Blumensträuße leicht zu besorgen sind und ihre Größe beliebig zu variieren ist, kann man sie ganz nach Wunsch in Krügen und Gefäßen aller Art arrangieren. Außerdem kann man sie beinahe überall malen, was in vielen Fällen die Entscheidung und die Aufgabe, ein derartiges Thema darzustellen, erheblich erleichtert. Normalerweise ziehen Künstler von ihnen selbst geschnittene und in natürlichen Gruppen arrangierte Blüten von Floristen gebundenen Sträußen vor.

Blumen verwelken rasch, und sie verändern ihr Aussehen – Sie wissen, daß sich manche Blüten abends schließen und am Morgen wieder öffnen. Doch es gibt mehrere Tricks, um ihre Lebensdauer zu verlängern. Man kann zum Beispiel das Stielende flachdrükken oder einschneiden, damit die Blume mehr Wasser aufnimmt, oder man löst eine Aspirintablette im Wasser, wodurch sie sich angeblich ebenfalls länger hält. Manche verdrahten die einzelnen Blüten und Stengel auch, damit sie besser in ihrer ursprünglichen Position bleiben. Eines ist trotzdem gewiß: Blumen müssen rasch gemalt werden. Man darf höchstens zwei Sitzungen – also zwei Tage – dafür vorsehen, um ihre ganze Fülle und Leuchtkraft einzufangen. Bei weiteren Sitzungen verdirbt das Bild ebenfalls.

61

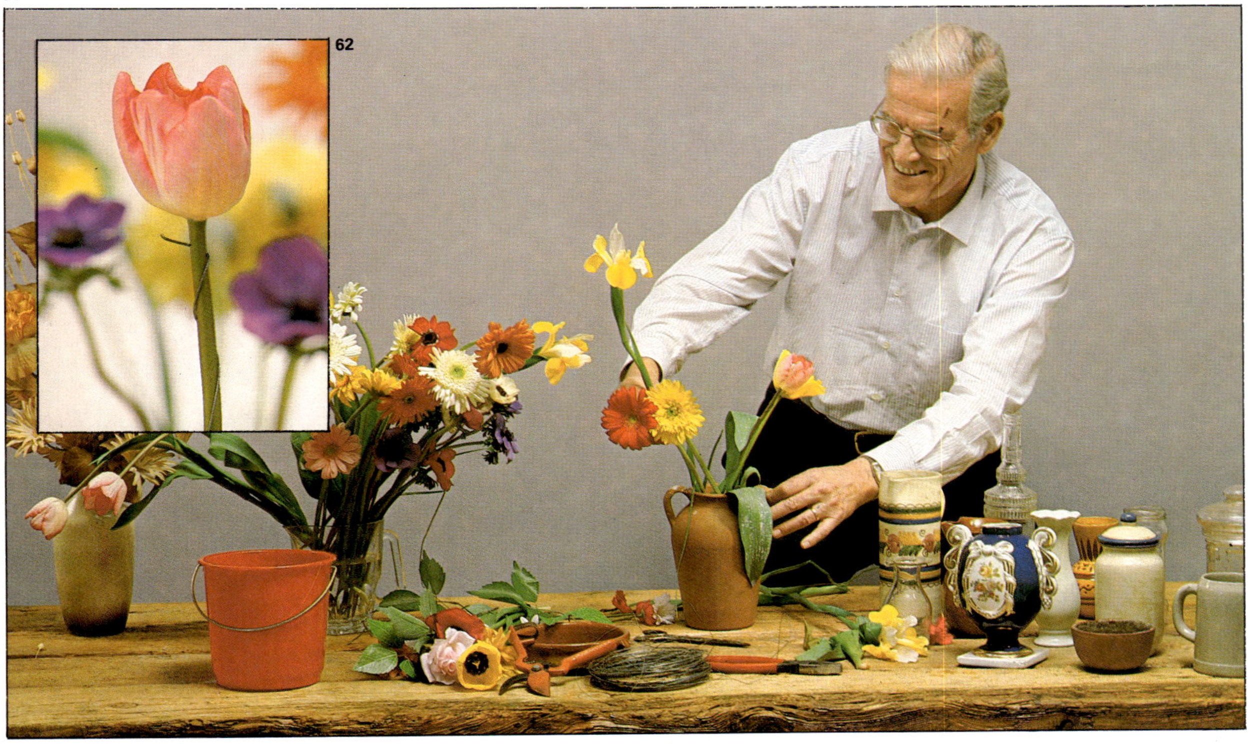

62

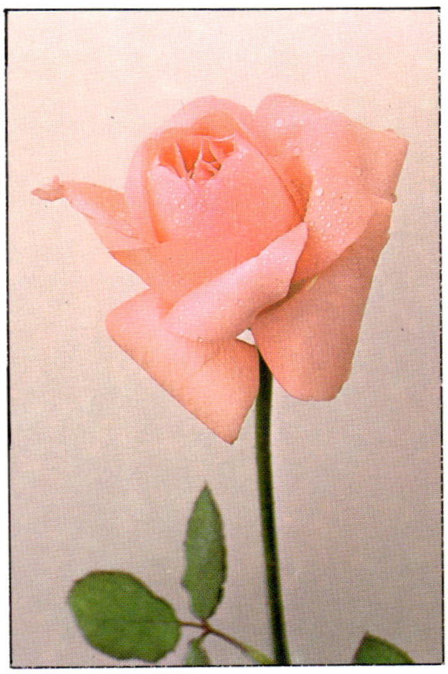

63

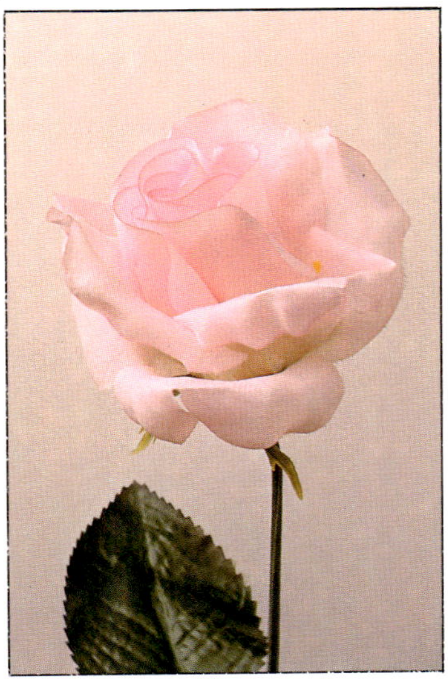

64

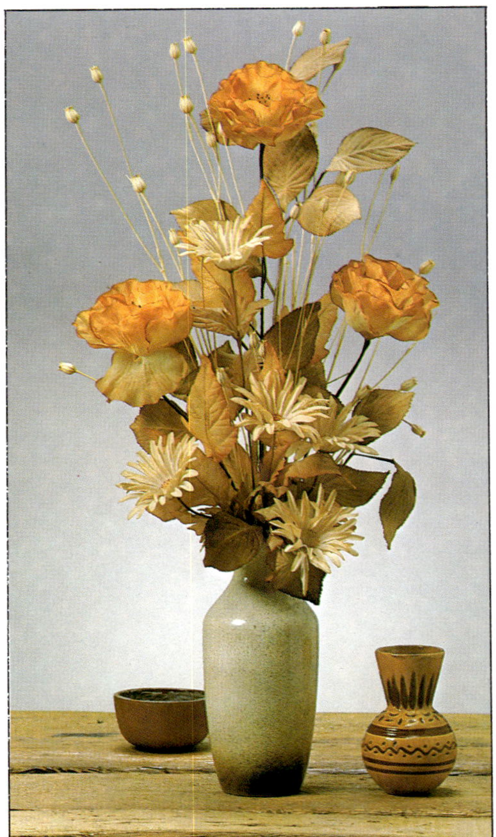

65

Abb. 61 bis 65: Das Malen eines Blumenbildes im Atelier erfordert einige Vorbereitungen. Die einzelnen Elemente müssen ausgewählt und der Strauß geordnet werden. Dazu benötigt man gelegentlich einige Tricks, wie zum Beispiel das Stützen eines Stengels mit einem dünnen Draht (Abb. 62).

Tageslicht und Kunstlicht

Bei der Arbeit mit einem Modell kommt der Beleuchtung eine außerordentliche Bedeutung zu. Sie ist bei der Konzeption unseres Werkes mit als erstes zu lösen. Starkes, direktes Licht ruft intensive Kontraste zwischen Licht und Schatten hervor und kann Freude und Kraft ausdrücken. Durch Gardinen gedämpftes oder schwaches Licht erlaubt uns ganz zarte, weiche Töne und Nuancen, die einer intimen, melancholischen Stimmung entsprechen.

Für unsere künstlerischen Zwecke gibt es zwei Lichtsorten: Tageslicht und Kunstlicht.

Tageslicht ist durch nichts zu ersetzen, denn es erzeugt eine einzigartige Atmosphäre um das Modell, und die beleuchteten Gegenstände oder Formen weisen reiche Tonwerte und Abstufungen auf. Ein etwas größeres Fenster oder eine Balkontür, durch die ein Zimmer intensiv beleuchtet wird und mit deren Hilfe man das Licht beliebig regeln kann, wäre ideal. Sie ermöglicht unzählige Arbeitsmöglichkeiten im Laufe des Tages.

Doch auch bei einer guten Elektroanlage – also bei Kunstlicht – kann man ausgezeichnet arbeiten. Für Abschlußarbeiten im Atelier ist es manchmal sogar vorteilhafter, denn die Konzentration eines ausgerichteten, immer gleichbleibenden Lichtstrahls auf das Modell vereinfacht die Töne und Werte und hebt die Umrisse oder Profile der Formen sauber hervor. Man sollte zwei bewegliche Lampen besitzen: eine für die Beleuchtung des Modells und die andere für die Leinwand oder das Zeichenpapier. Sie kann sich auch an der Staffelei befinden und sollte eine 100 oder 125 Wattbirne besitzen. Das hängt weitgehend davon ab, wie stark das Modell beleuchtet wird.

66

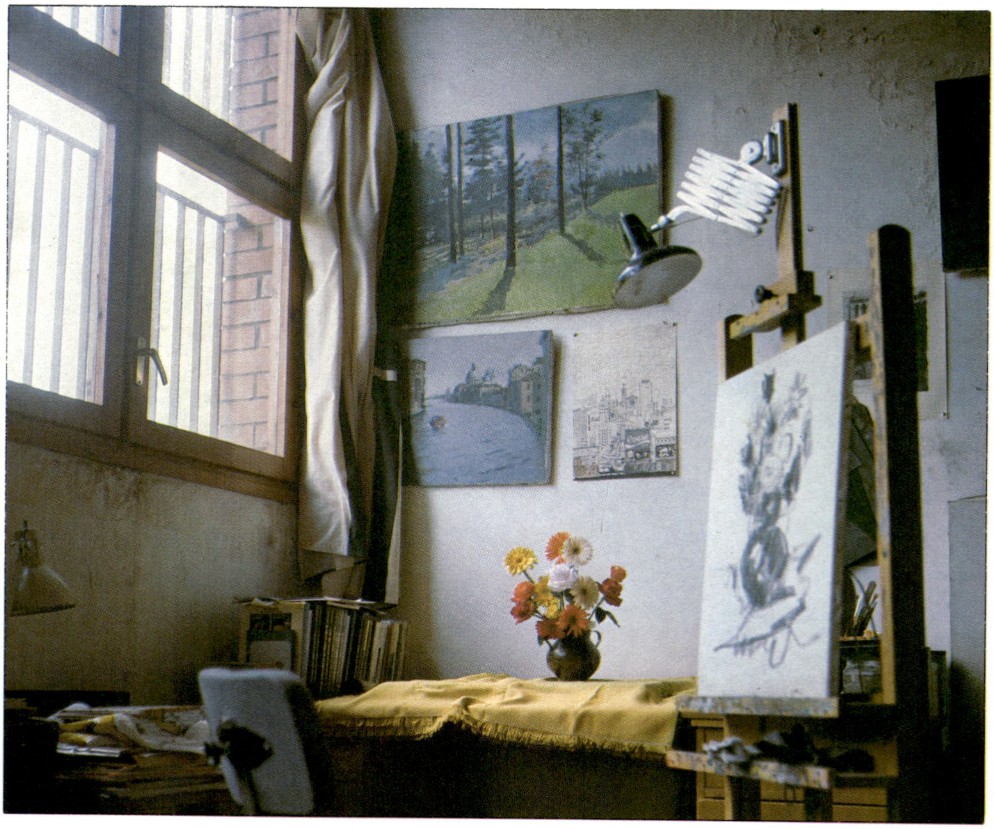

Abb. 66: Hier ein Winkel von Parramóns Atelier in seinem Landhaus. Es besitzt große Fenster, die sich 1,50 m über dem Boden befinden, und Vorhänge, mit denen sich die Lichtrichtung und -stärke regulieren lassen. Es handelt sich um das klassische Zenitallicht, bei dem das Licht von oben kommt.

67

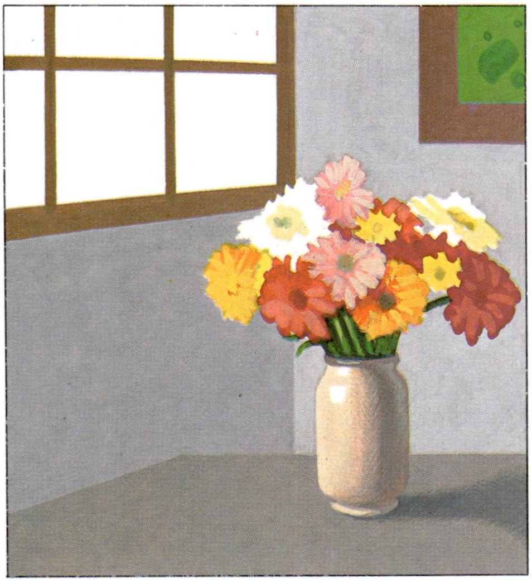

68

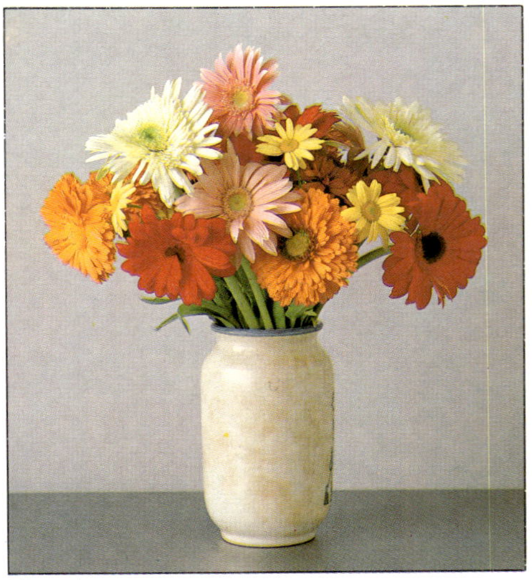

69

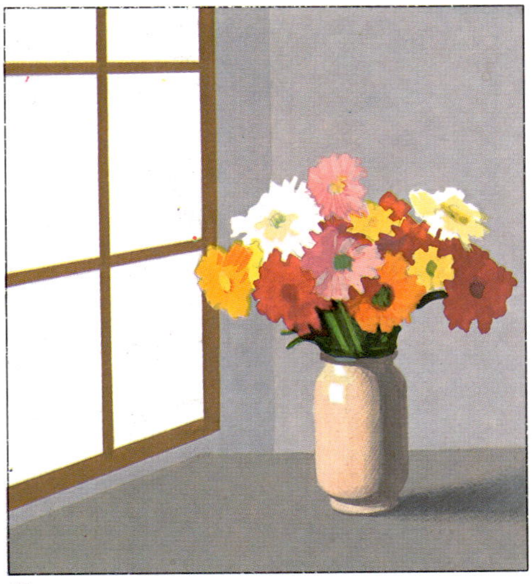

70

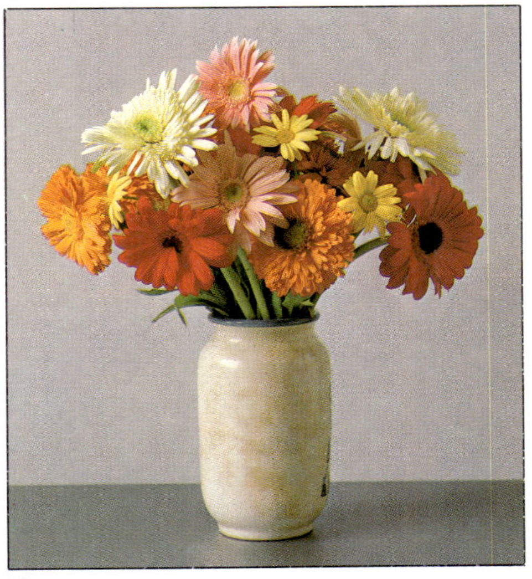

71

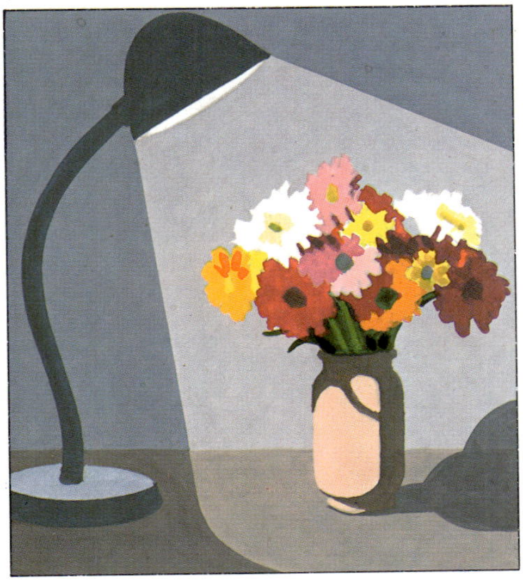

72

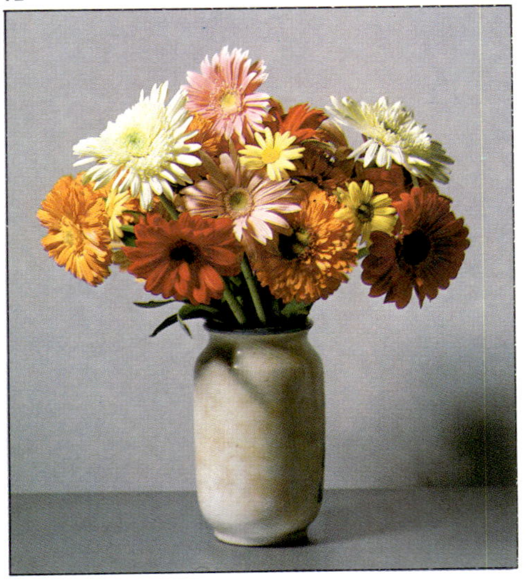

Abb. 67 bis 72 (von oben nach unten): Beleuchtung seitlich von oben aus einer natürlichen diffusen Lichtquelle. Sie ergibt ein weiches, klassisches Bild ohne große Kontraste zwischen Licht und Schatten (Abb. 68). Seitliches direkteres Licht als zuvor. Es sorgt für stärkere Kontraste zwischen den beleuchteten und den unbeleuchteten Stellen (Abb. 70). Und schließlich das Ergebnis mit Kunstlicht aus einer Schreibtischlampe, bei dem die Kontraste am größten und der Übergang von Licht und Schatten am härtesten ausfallen (Abb. 72). Zwischen diesen drei Lichtquellen kann der Künstler wählen und sein Modell nach eigenen Kriterien weich oder kontrastreich interpretieren.

Die Lichtrichtung

Die zweite Frage betrifft natürlich die Lichtrichtung, gleichgültig ob es sich um Tageslicht oder Kunstlicht handelt. Bei der Entscheidung über die Richtung des Lichtes kann der Künstler bereits den Charakter seines Werkes festlegen, denn der Stand der Lichtquelle beeinflußt erheblich die Erscheinungsform der Körper und daher die Stimmung des Bildes. Grundsätzlich gibt es vier Beleuchtungsarten für ein Modell: Frontallicht, Gegenlicht, seitliches Licht und Licht seitlich von vorn.
Zahlreiche Künstler bevorzugen Zenitallicht, das heißt eine Beleuchtung durch das Dach oder sonstwie von oben. Eine Variante davon ist seitlich von oben einfallendes Licht, zum Beispiel aus einem rund zwei Meter über dem Boden gelegenen Fenster. Je größer es ist, desto besser. Diese Beleuchtung schafft beinahe optimale Arbeitsbedingungen.

73

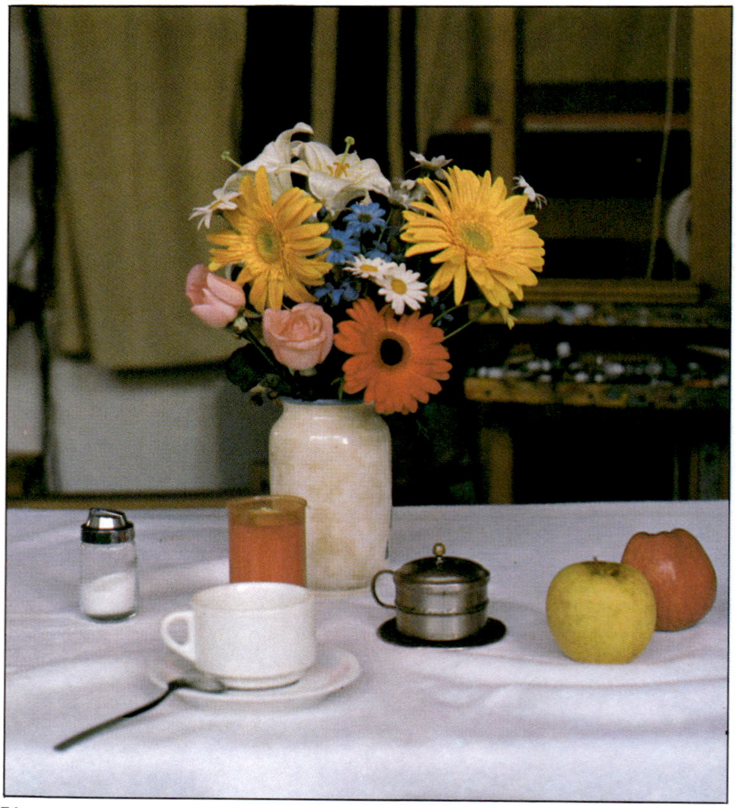

74

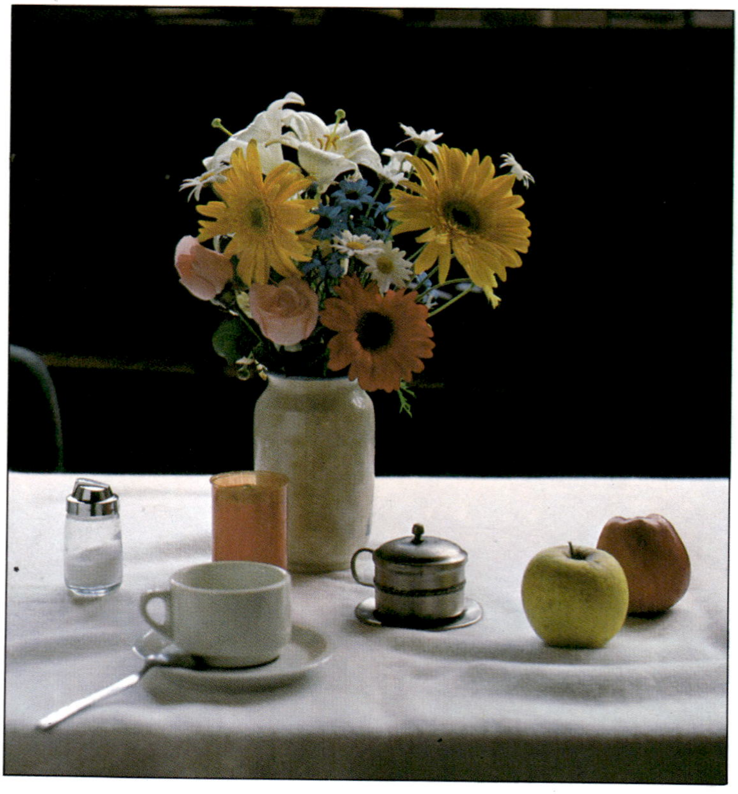

Abb. 73 (Oben): *Frontales Licht*: Dies ist das koloristischste Licht. Die moderne Malerei bevorzugt es seit den Fauves. Dabei werden die Formen durch Farben wiedergegeben, und es entstehen eine außerordentliche Leuchtkraft und kräftige Kontraste, vor allem wenn der Künstler den Hintergrund mit lebhaften, gesättigten Farben anlegt.

Abb. 74: *Seitliches Licht*. Dabei kann es sich um seitlich frontales oder eindeutiges Seitenlicht handeln. Bei dieser Lichtrichtung kommen die Struktur und die Formen der Körper am besten zur Geltung. Es ist die Beleuchtung der Valoristen, die die Formen mit Licht und Schatten wiedergeben, und eignet sich in jedem Fall sehr gut für die Blumenmalerei.

75

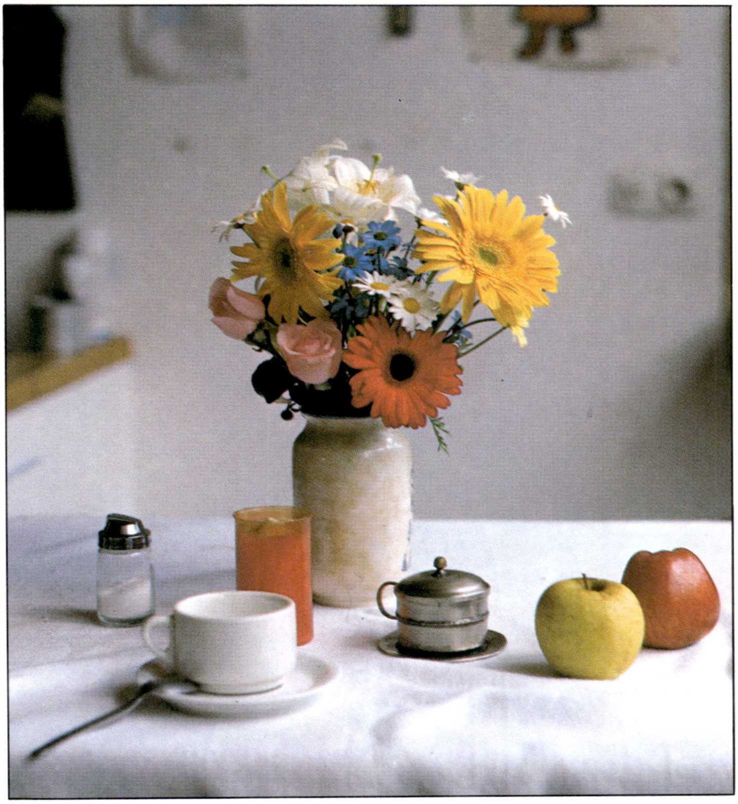

76

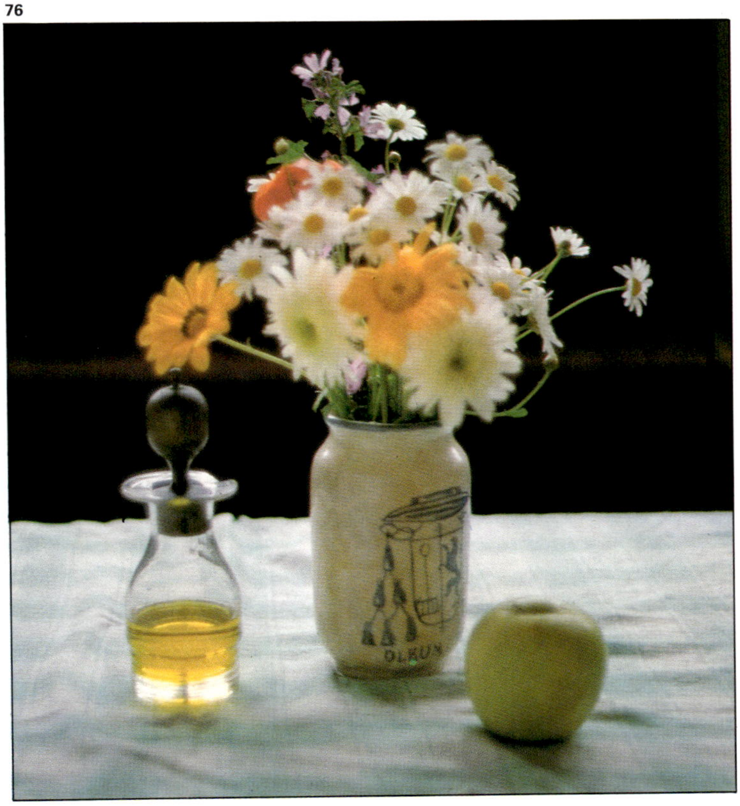

Leider ist es heutzutage nicht einfach, ein Atelier mit Zenitallicht zu finden. Das braucht jedoch kein Nachteil zu sein, denn wir können unsere künstlerische Arbeit in jedem beliebigen Raum unserer Wohnung ordentlich ausführen.

Frontales Licht findet sich in zahlreichen Bildern mit starken Farben, in denen die Formen von den Farben wiedergegeben werden, da dieses Licht praktisch keine Schatten wirft. Die moderne Malerei greift seit dem Impressionismus und insbesondere seit den Fauves immer wieder darauf zurück. Vor allem wird es von jenen Malern verwendet, die die Farbe in den Mittelpunkt ihres Bildes stellen, und eignet sich deshalb auch für einfache Krüge mit Blumen.

Seitliches oder seitlich frontales Licht ergibt dagegen Licht und Schatten, die das Volumen und die Formen des Modells ausdrücken. Es ist das ideale Dokumentationslicht.

Gegenlicht erzeugt eine große Wirkung. Vorsichtig und einfühlsam eingesetzt, eignet es sich vielleicht am besten für ausgesprochen poetische, intime, melancholische Stimmung und ist ebenfalls ständig in der modernen Malerei zu finden. Bei Blumenbildern kann Gegenlicht eine außerordentliche Wirkung erzeugen.

Abb. 75: *Halbes Gegenlicht.* Dies ist eine zarte, poetische Beleuchtung, die sich für die Synthese der Farben und Formen anbietet und zu sehr guten Ergebnissen führt, vor allem, wenn die Schattenpartien durch das Gegenlicht nicht zu stark abgedunkelt werden.

Abb. 76: *Gegenlicht.* Hier fällt das Licht unmittelbar von vorn auf das Modell und erzeugt intensive Schatten, die man mit einem Reflektionsschirm oder einer zusätzlichen Lichtquelle weicher gestalten muß. Ebenso wie das halbe Gegenlicht läßt sich damit eine romantische, poetische Stimmung ausdrücken.

Tonwert- und Farbkontraste

Auch die Farbe selbst besitzt eine gewisse Leuchtkraft, die bei richtiger Ausnutzung bestimmte Tonwert- und Farbkontraste von großer malerischer Wirkung hervorruft. Insbesondere bei der Blumenmalerei sollte man gewisse Eigenschaften der Farben nicht außer acht lassen, denn sie begegnen einem mit ziemlicher Sicherheit in der Praxis.
Das Gesetz der sogenannten *Simultankontraste* besagt, daß *eine Farbe um so dunkler erscheint, je heller der sie umgebende Ton ist, und daß umgekehrt eine Farbe um so heller wirkt, je dunkler ihr Umfeld ist.*
Der maximale Kontrast ergibt sich durch Nebeneinanderstellung zweier Komplementärfarben.*) Interessant und gelegentlich sehr nützlich ist *die Induktion von Komplementärfarben*, die folgendes bedeutet: *Um eine bestimmte Farbe zu verändern, braucht man nur den sie umgebenden Hintergrund zu verändern.* Das Grün der Abbildungen Nr. 82 und 83 wirkt auf gelbem Grund bläulich, auf blauem Grund dagegen gelbstichig.
Außerdem sollte man die allgemeine Wirkung der Farbgebung nicht außer acht lassen. Das will jedoch nicht heißen, daß sich innerhalb einer warmen Farbenharmonie nicht auch kalte Farben befinden können und umgekehrt. Der Charakter eines Bildes wird in jedem Fall vom Ausmaß und der entsprechenden Verteilung der Töne innerhalb eines Werkes bestimmt. Es versteht sich von selbst, daß der Künstler diese Entscheidung nach eigenem Ermessen treffen muß.

*) Wir verweisen in diesem Zusammenhang auf den Band „Der Maler und seine Farben“, der sich speziell mit den Farbbeziehungen befaßt und ebenfalls in dieser Reihe erschienen ist.

77

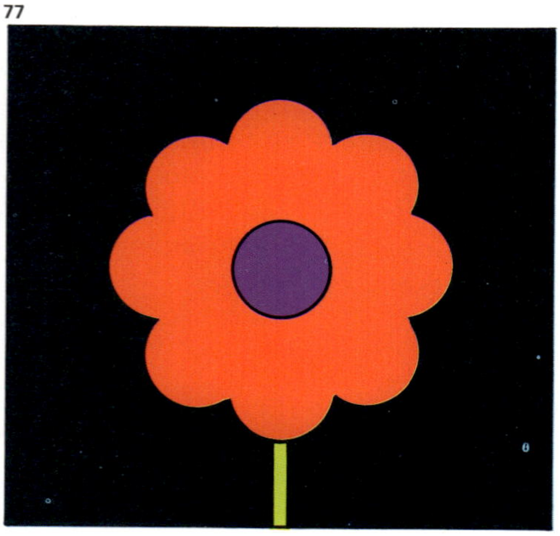

78

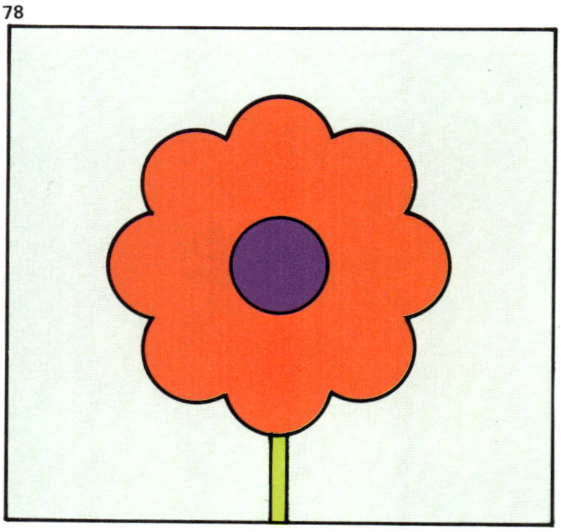

79

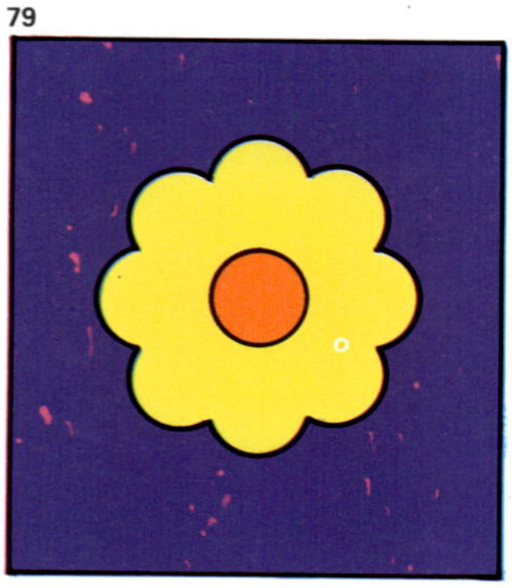

80

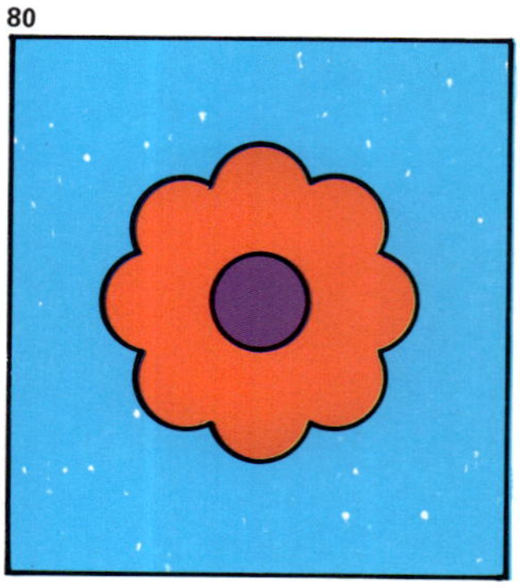

81

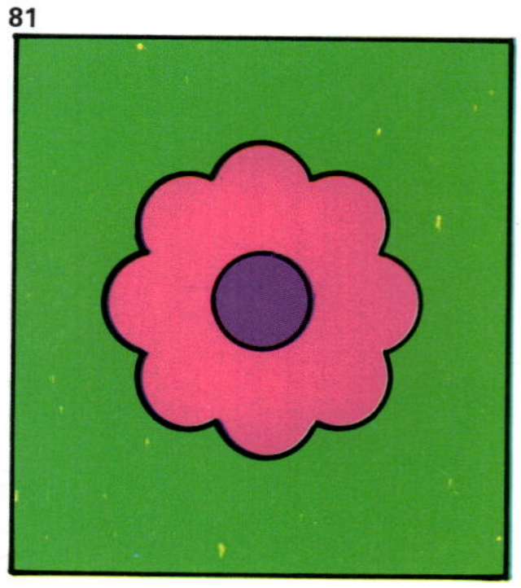

Abb. 77 und 78: Auf diesen beiden Abbildungen erkennen Sie die Wirkung des Simultankontrastes. Beide Blüten sind gleich rot, doch wirkt die Blüte auf dunklem Grund heller als jene auf hellem Grund.

Abb. 79 bis 81: Den maximalen Farbkontrast erhält man aus der Nebeneinanderstellung zweier Komplementärfarben, zum Beispiel Gelb und Dunkelblau, Rot und Zyanblau oder Purpur und Dunkelgrün.

82

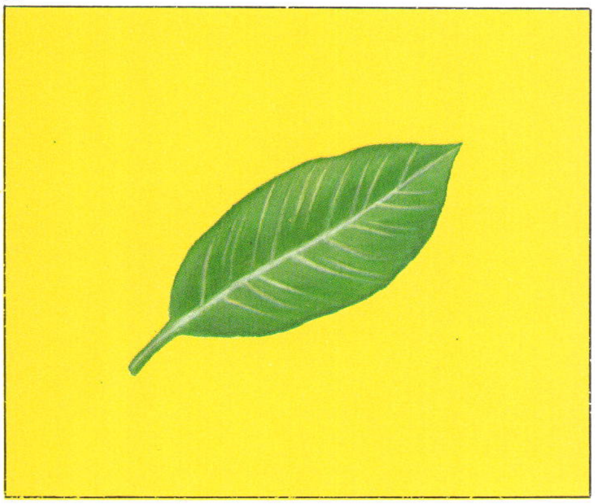

83

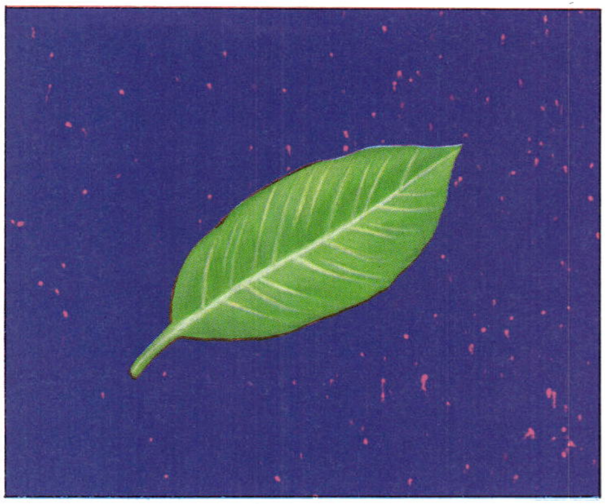

84

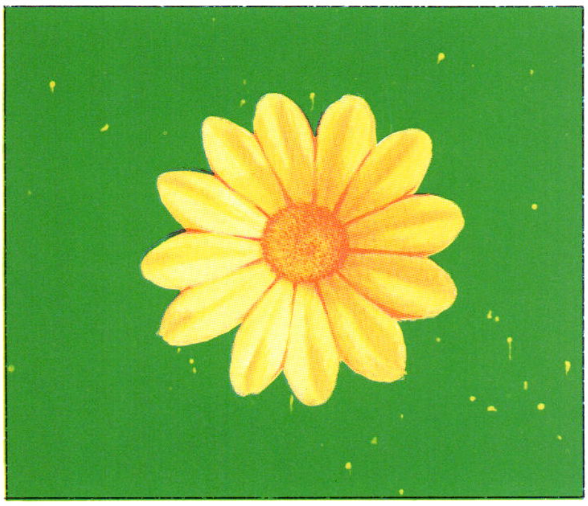

85

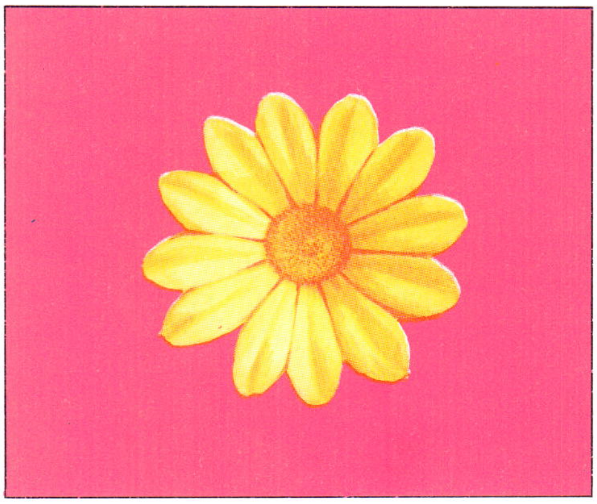

Abb. 82 bis 85: Hier erkennen Sie die Wirkung der sogenannten Induktion von Komplementärfarben, nach der man eine Farbe bereits verändert, indem man deren Hintergrund verändert. Wie zu erkennen, wirkt das grüne Blatt auf gelbem Grund bläulicher, während es auf blauem Grund gelblicher erscheint.

Abb. 86 und 87: Anne Vallayer-Coster, *Blumen in einer blauen Porzellanvase*, Privatsammlung, Paris. Charles Reid, *Blumen als Aquarell*, Abbildung aus dem *Großen Buch des künstlerischen Ausdrucks* desselben Autors (mit freundlicher Genehmigung des Künstlers sowie Watson-Guptill Publications).

86

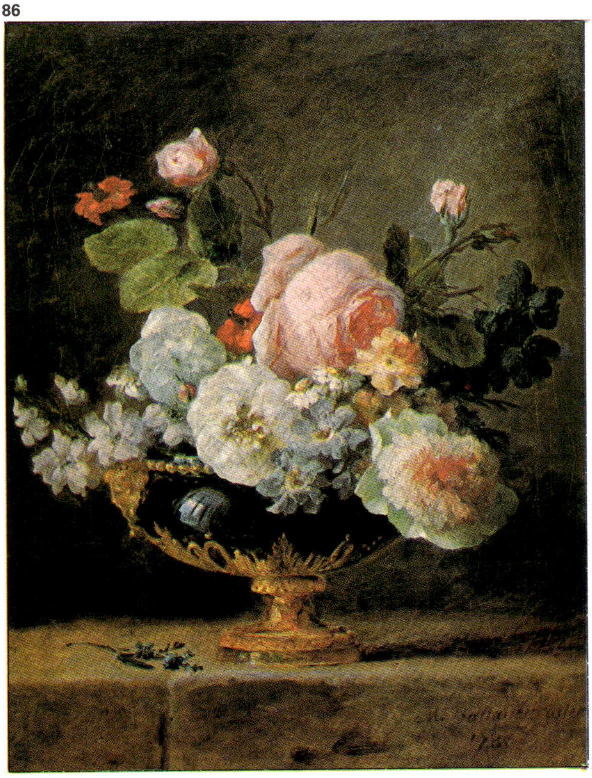

87

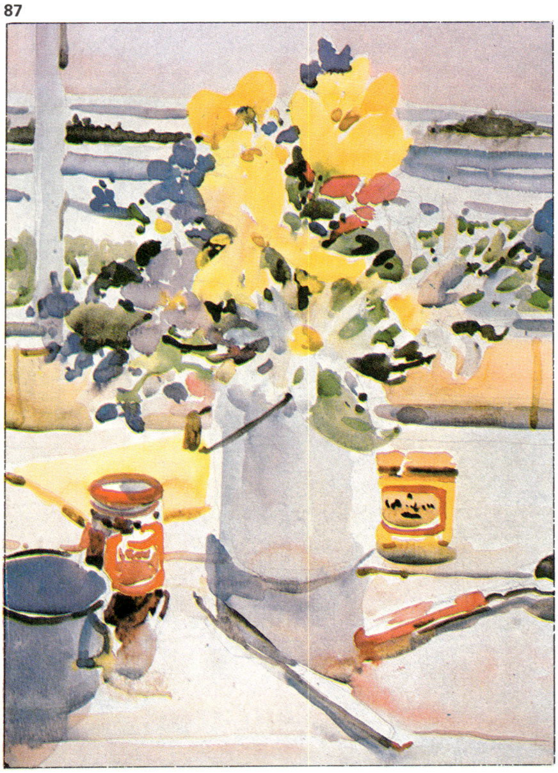

Alle großen Blumenmaler waren auch große Zeichner. Jede Blüte besitzt ihre ganz besondere Form, eine bestimmte Struktur, an der sie zu erkennen ist: die Margerite besitzt ein gelbes Inneres, das von weißen Blütenblättern umgeben ist; die Rosenknospe ist geschlossen, und die Hortensie besteht aus Dutzenden kleiner Blüten, die sich zu einer Halbkugel zusammenschließen . . .
Alle Blüten können nach einem Rat Cézannes auf ihre Grundstruktur reduziert werden. Außerdem müssen die Bilder auf ihre künstlerische Komposition untersucht werden, bei der man zwischen der symmetrischen und der asymmetrischen Komposition unterscheidet und Platons Regel des Goldenen Schnitts berücksichtigen sollte. Davon wird im folgenden Kapitel die Rede sein.

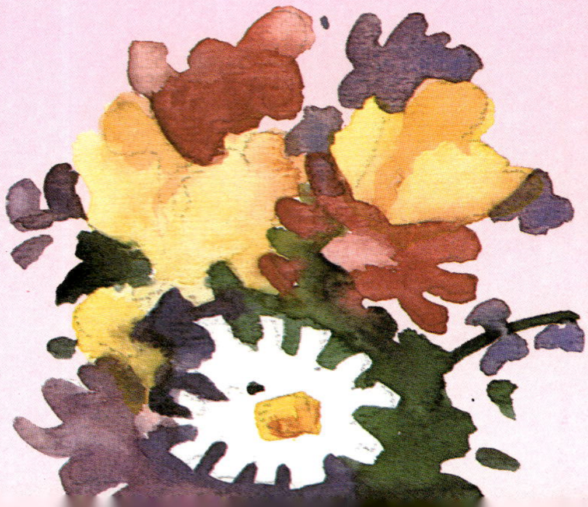

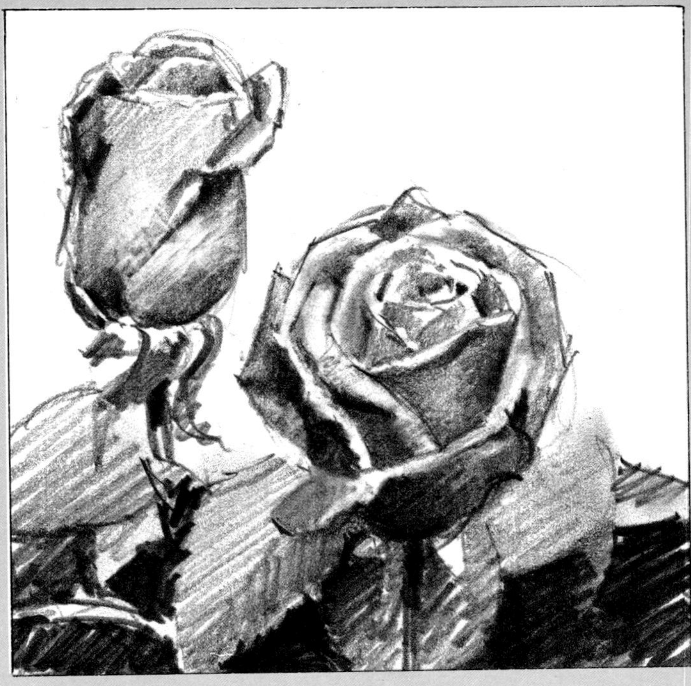

Zeichnung und Komposition

Die Bedeutung der Zeichnung

Trotz aller Wechsel und Veränderungen, trotz aller „Revolutionen" in der Kunst und insbesondere der Malerei bleibt die Zeichnung unbestritten die Grundlage der künstlerischen Aktivität.
Mit Hilfe der Zeichnung wird eine Idee oder ein Gedanke visuell festgehalten; mit wenigen Linien oder Strichen können wir jede Form der Natur oder unseres Vorstellungsvermögens und unserer Fantasie vereinfacht zu Papier bringen. Auf diese Weise „sehen" wir innerhalb weniger Augenblicke, wie unser späteres Werk wirken wird. Deshalb fertigen wir ein oder mehrere Vorskizzen der Hauptbestandteile oder wichtigsten Merkmale seiner einzelnen Formen an.
Die Zeichnung gehört unabdingbar zur Malerei, denn die Farben passen sich auf die eine oder andere Weise der Formenstruktur an, und die allgemeine Struktur des Werkes bildet ein unauflösliches Ganzes. Wer daher zeichnen kann, legt auch die Farben nachdrücklicher und sicherer an, und diese verleihen dem Bild letztendlich Charakter und Persönlichkeit.
Um einen Blumenstrauß zu malen, sollte man die Blüten unbedingt zuvor einzeln und als Ganzes zeichnen können und sich mit ihrer zarten Struktur vertraut machen. Die empfindliche Beschaffenheit der Blumen ändert nichts an der Tatsache, daß jede Blüte ihr eigenes, für sie typisches Volumen besitzt, das man unterscheiden lernen muß. Deshalb werden wir uns auch mit dem Wachstum und der Veränderung der Blüten befassen, die zweifellos ein Grund für unsere Liebe zu ihnen sind.
Es gibt zahlreiche Zeichentechniken und unterschiedlichstes Zeichenmaterial, das allesamt nützlich und verlokkend ist. Doch die traditionellen Verfahren mit Kohle, Bleistift, Feder etc. reichen für unsere Zwecke völlig aus.

Abb. 89 bis 94: Blumen lassen sich mit jedem Medium zeichnen oder malen. Diese Abbildungen zeigen vier verschiedene Skizzen, die mit Chinatusche und Aquarellfarben, Bleistift und Kreiden, Pastellfarben und Wachskreiden und mit Farbstiften angelegt wurden.

89

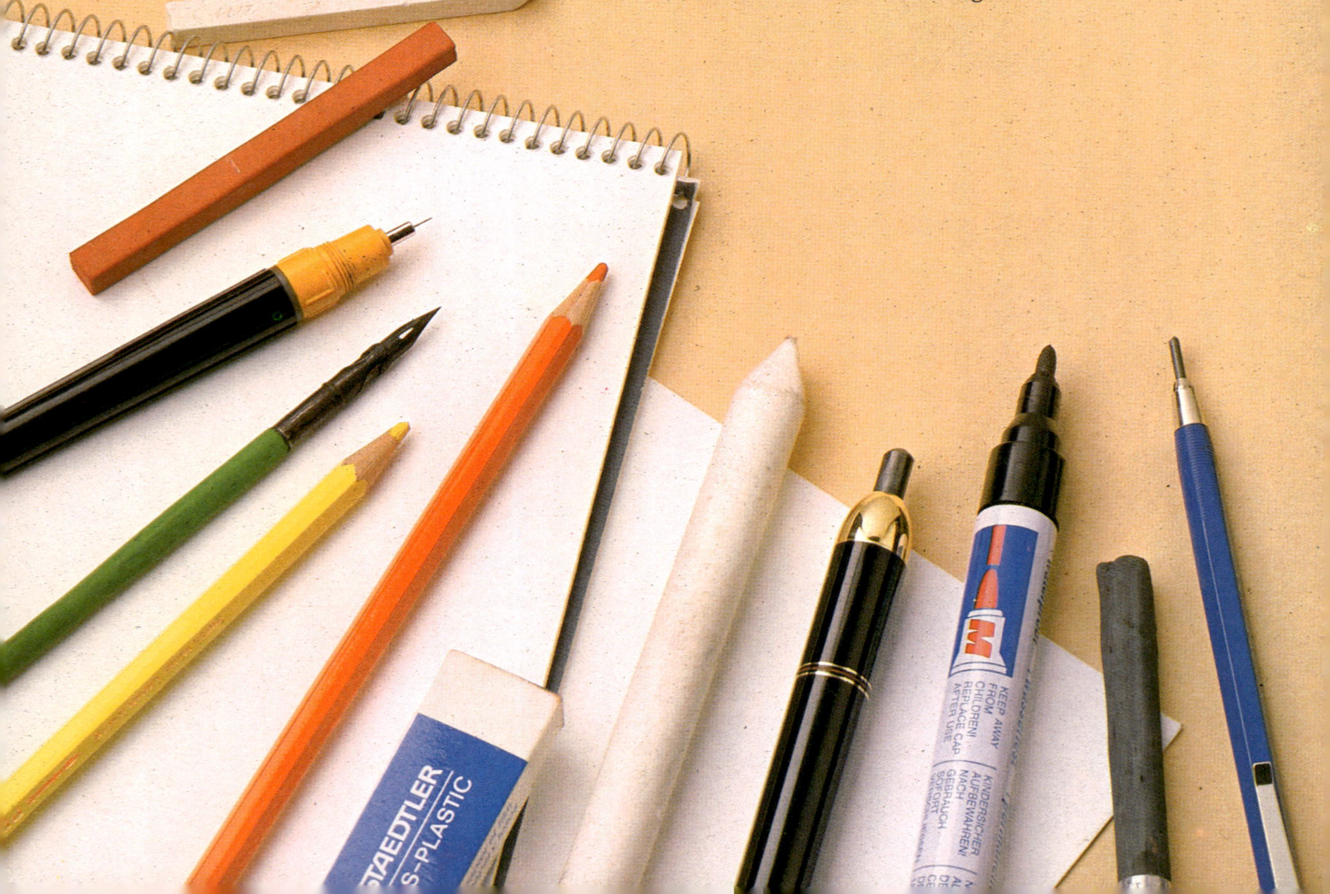

91

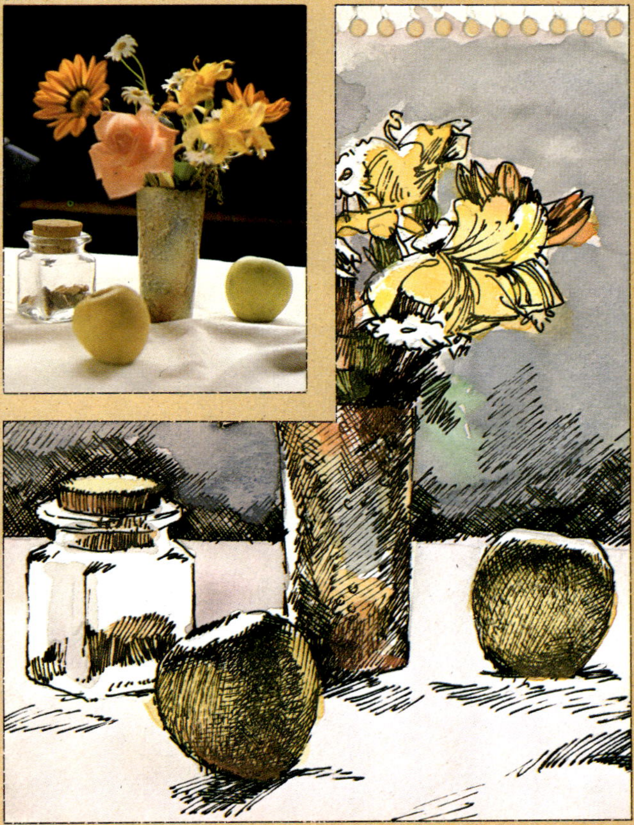

92

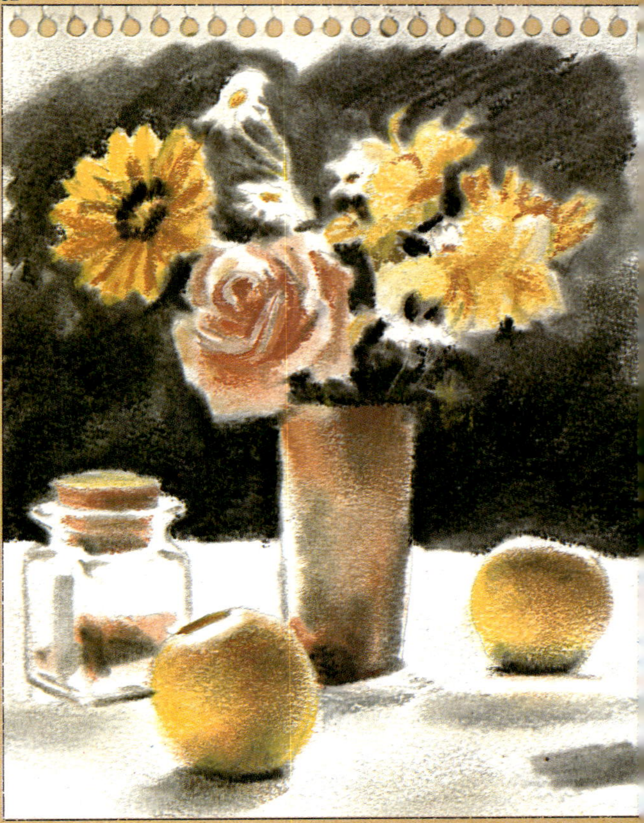

93

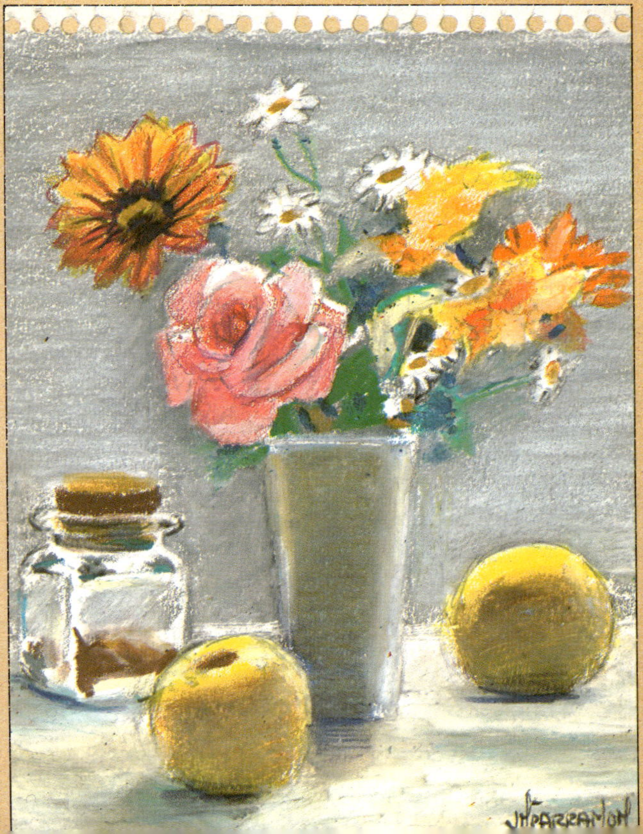

94

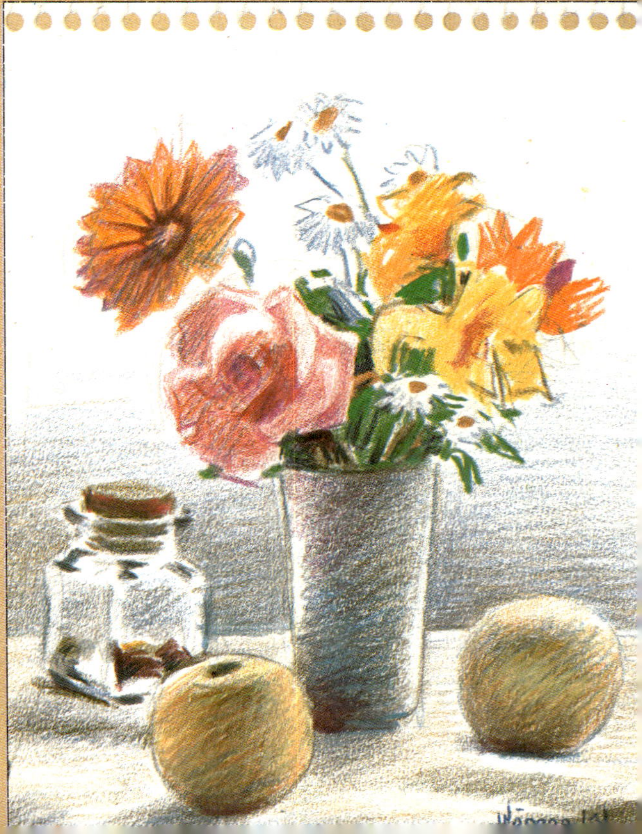

Formen und Grundstrukturen

95

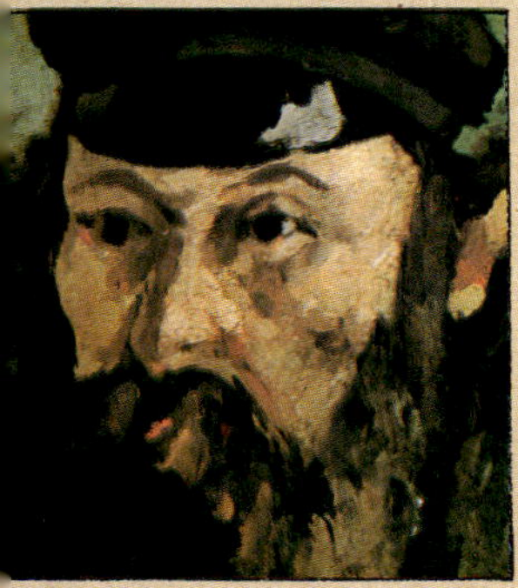

Cézanne sagte: „In der Natur läßt sich alles aus einem Würfel, einem Zylinder oder einer Kugel entwickeln. Man muß auf der Grundlage derartiger Formen zeichnen lernen, dann gelingt einem anschließend alles.“

Betrachten wir aufmerksam die natürlichen Formen, erkennen wir, daß grundsätzlich alle in einen geometrischen Körper – Würfel, Prisma, Zylinder, Kegel oder Kugel – eingeschlossen werden können. Desgleichen läßt sich die Oberfläche der Körper zu Quadraten, Kreisen, Dreiecken etc. reduzieren und damit vereinfachen.

Führen wir diesen Gedanken weiter, können wir alle Formen in zwei große Gruppen unterteilen, nämlich in Körper mit prismaartigen Flächen und Körper mit gebogenen Flächen.

Zur ersten Gruppe zählen die Formen mit geraden Seiten und jene, deren Volumen darin eingeschlossen werden kann. Im wesentlichen handelt es sich dabei um würfel- bzw. prismaförmige Körper: Tische, Möbel aller Art, diverse Bauten und eine unendliche Anzahl weiterer Gegenstände. Auch Körper, deren Form auf der Pyramide oder deren Ableitungen beruht, gehören dazu. Diese tauchen zweifellos auf die eine oder andere Weise in unseren Blumenmotiven auf.

Bei Körpern mit geraden Seiten ist der abrupte Übergang von Licht und Schatten gut zu erkennen. Die beleuchteten und die unbeleuchteten Flächen sind klar begrenzt, ihre Tonwerte sind gleichförmig und präzise.

Die zweite Gruppe setzt sich natürlich aus allen runden Körpern und Gegenständen zusammen. Die Formen entsprechen dem Zylinder, dem Kegel oder der Kugel bzw. deren Ableitungen: Blumen, Bäume und Pflanzen,

96

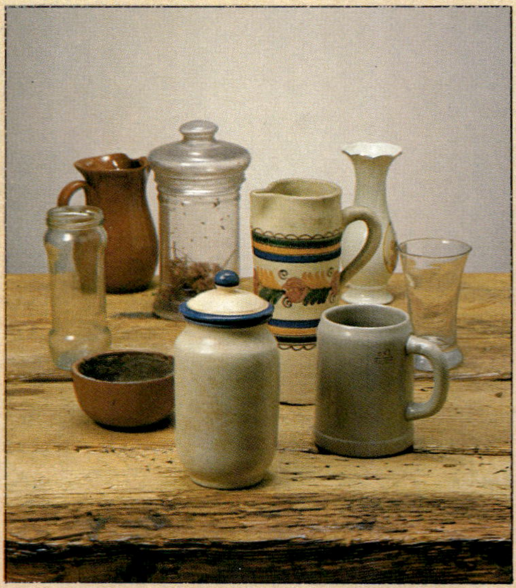

Krüge und sonstige Keramikgefäße, Flaschen etc. Bei ihnen erfolgt der Übergang von Licht und Schatten in einer bruchlosen, langsamen Abstufung über hell, mittel nach dunkel.

Es versteht sich von selbst, daß sich in dieser Gruppe jene Formen befinden, die in ihrer Mehrheit unsere Blumenmotive ausmachen. Um Blumen – auch die scheinbar kompliziertesten – sowie die unterschiedlichsten Pflanzen mit ihren Stengeln und Blättern zeichnen und malen zu können, müssen wir sie zuvor aufmerksam betrachten und ihre Gesamtform bzw. Grundstruktur erkennen, um uns später nicht in unnützen Details zu verlieren.

Zusammengefaßt: Es geht nicht ohne Kenntnis und Verständnis der morphologischen Struktur aller Formen, die wir darstellen oder interpretieren möchten, da wir sonst das Modell oder Motiv nur kopieren und dadurch ein künstlerisch völlig uninteressantes Werk schaffen.

Abb. 95: Paul Cézanne (1839–1906), *Selbstporträt*, Louvre, Paris.

Abb. 96: Blumen und Blumenvasen besitzen nach Cézannes Theorie über die Grundstruktur zumeist die Form eines Kreises oder Zylinders.

Abb. 97: Hier sehen Sie die Anwendung von Cézannes Regel auf unterschiedliche Elemente, die wir für die Komposition eines Blumenbildes benötigen.

97

Formen und Grundstrukturen

98
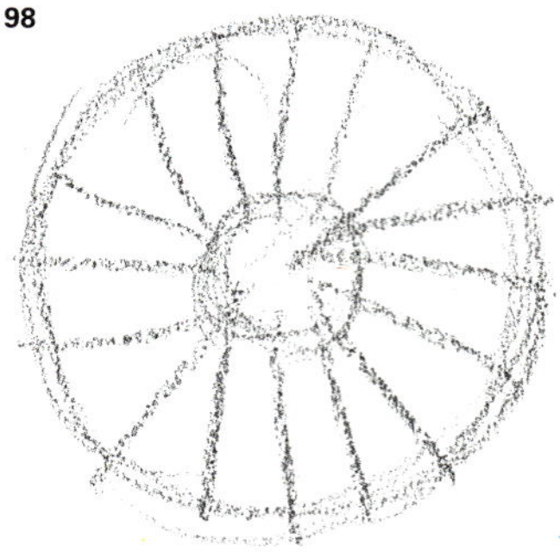

99
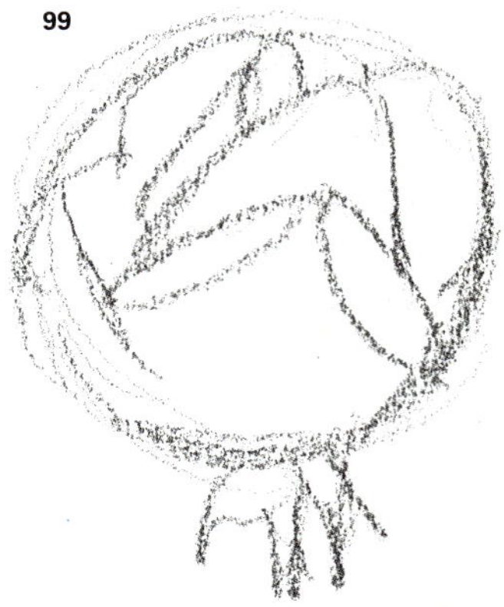

100
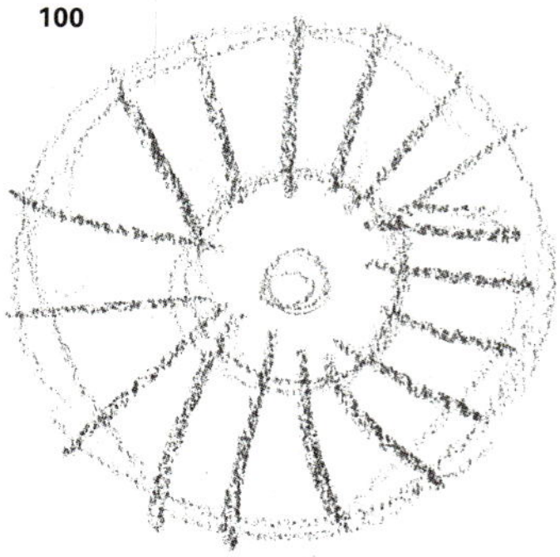

101
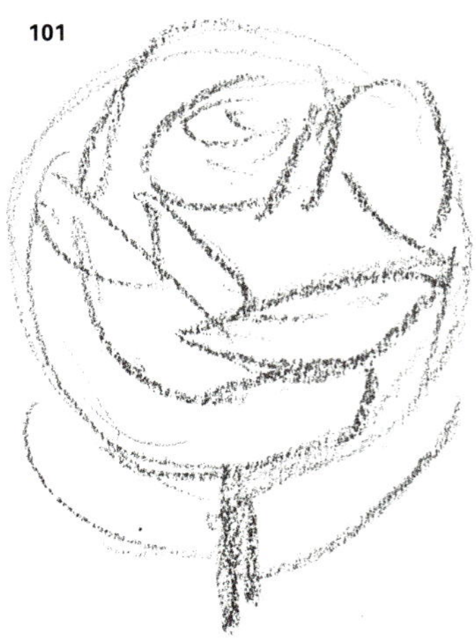

102
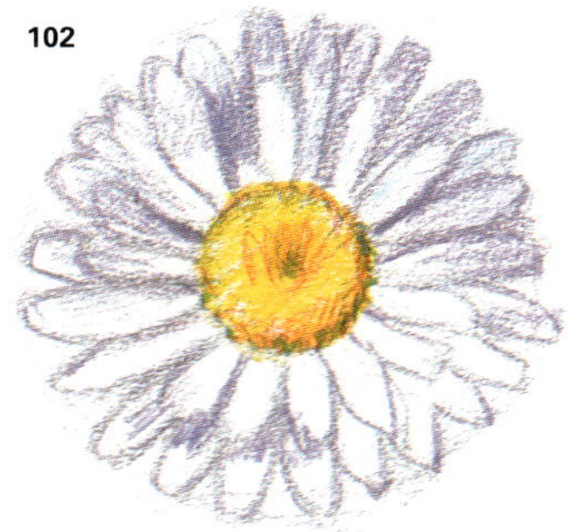

103
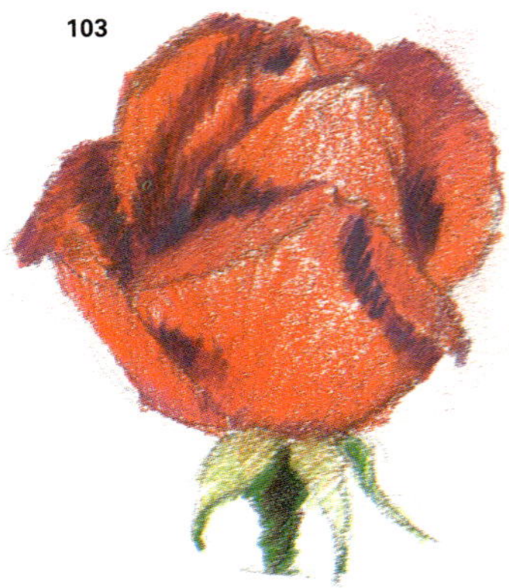

104
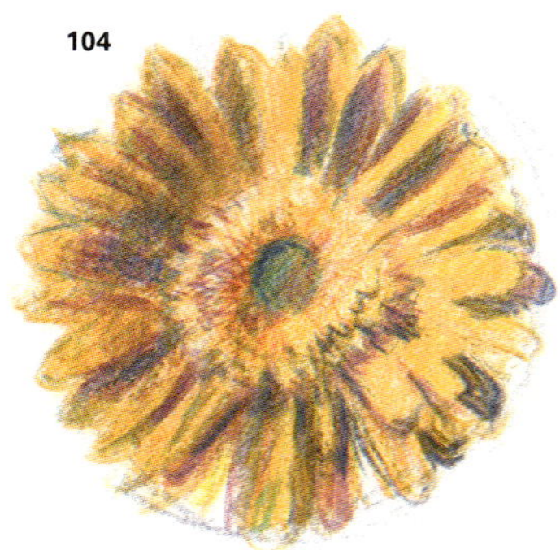

105
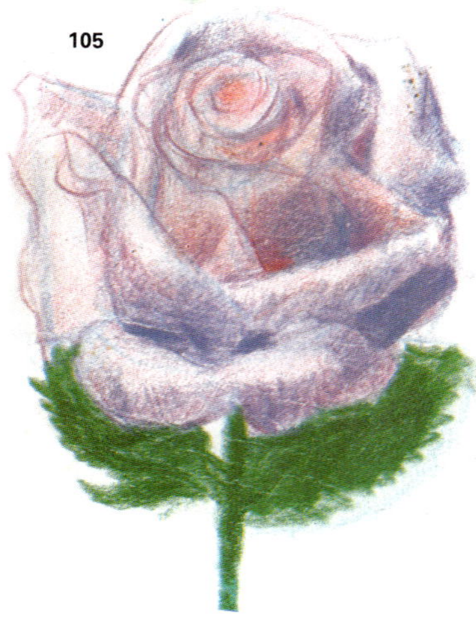

Abb. 98 bis 105: Die Zeichnung ist wichtig, um jedes Modell sauber malen zu können. Das gilt insbesondere für die Blumen mit ihren ganz bestimmten Formen und Merkmalen. Wie aus den Abbildungen hervorgeht, kann die Struktur mit wenigen Linien auf eine Grundform zurückgeführt werden, wobei man sich stets an Ingres Ausspruch erinnern sollte, der zu seinen Schülern sagte: „Man malt, wie man zeichnet." Man muß also die Zeichnung beherrschen, die Probleme der Maße und Proportionen gründlich untersuchen und die Struktur der Formen genau darstellen, denn zum Zeitpunkt des Malens muß man die sichtbaren exakten Formen, die Blütenblätter, an denen man die jeweilige Blume erkennt, korrekt wiedergeben.
Erst wenn er die Zeichnung wirklich beherrscht, darf der Künstler die Formen zusammenfassen und mit wenigen Pinselstrichen die gesamte Farbgebung und den Reichtum einer jeden Blume darstellen.

107

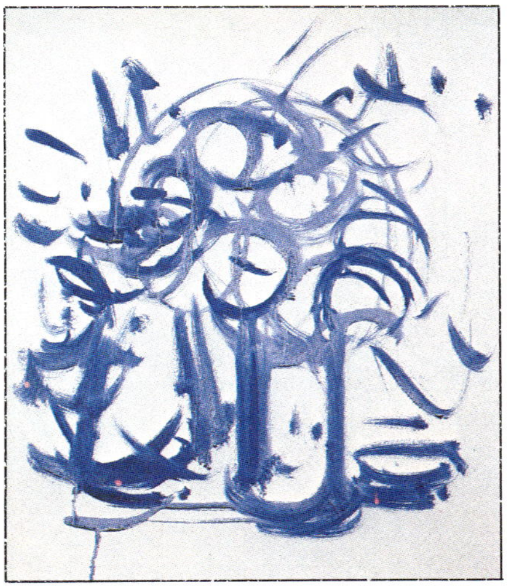

106

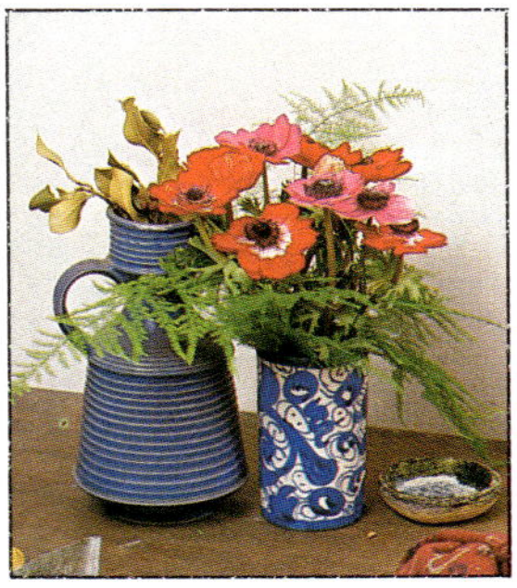

108

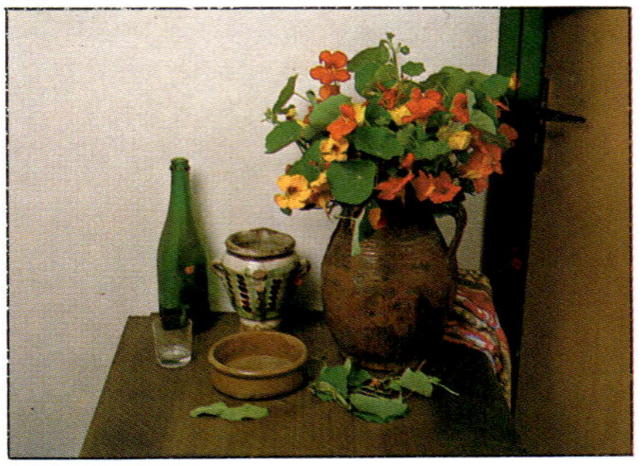

Abb. 106 bis 111: Wie anhand dieser Beispiele zu erkennen, kann die Eingangszeichnung eines Blumenstraußes aus wenigen Formen und Grundlinien bestehen (Abb. 107) oder praktisch abstrakt die Lage der einzelnen Elemente angeben, die anschließend mit Pinsel und Farbe ausgeführt werden (Abb. 109). Außerdem läßt sich die Grundstruktur des Straußes mit einer Reihe von Farbflecken unterschiedlicher Tonalität angeben, auf deren Grundlage man später ebenfalls gleichzeitig zeichnet und malt.

109

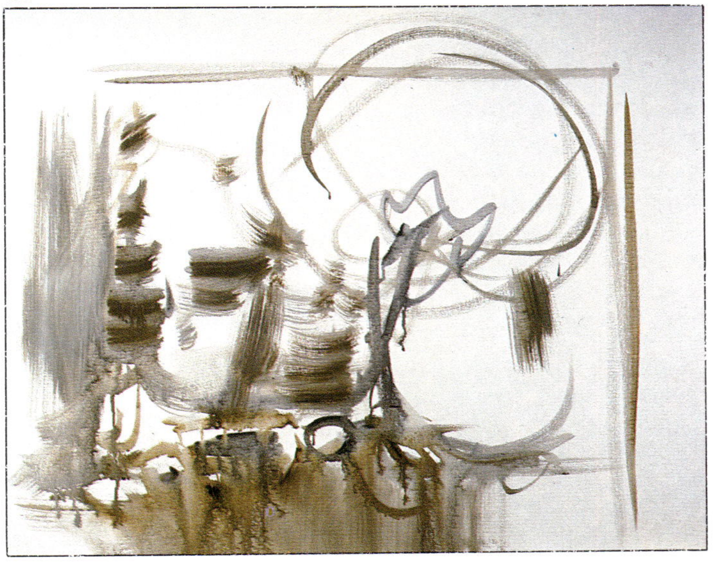

110

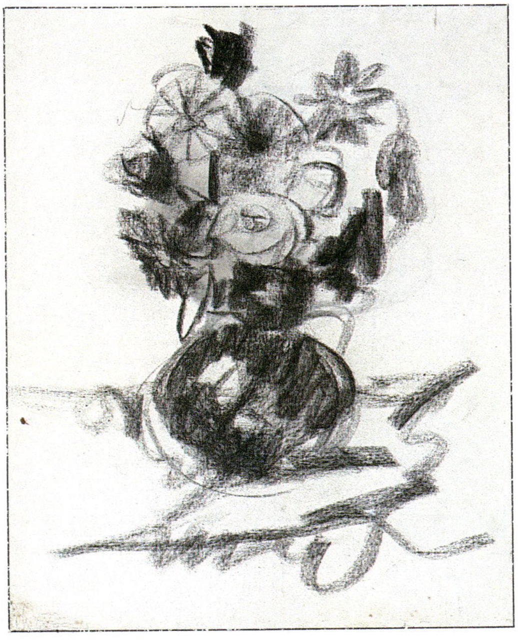

111

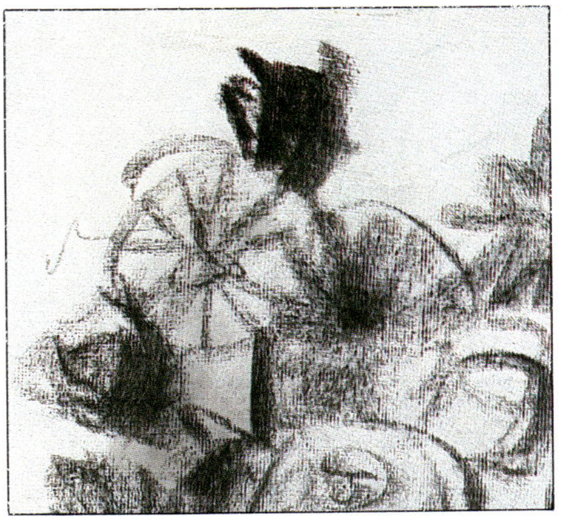

Maße und Proportionen

Für Bilder mit einem eigenständigen Blumenmotiv eignet sich kein allzugroßes Format. Normalerweise werden Blumen in ihrer Originalgröße oder etwas kleiner dargestellt. Der Gigantismus, die unnatürliche Größe scheint nicht zu den schlichten, bescheidenen Blumen und der Schönheit und Harmonie ihrer Formen zu passen, die nach einem intimeren, poetischeren Rahmen verlangen.
Trotzdem darf die Interpretations- und Konzeptionsfreiheit des Künstlers nur durch die Eigenstruktur und die Formen der Blüte eingeschränkt werden, deren Charakter an Attraktivität oder Verständlichkeit verlöre, würde man ihn übermäßig verzerren. Die nordamerikanische Malerin Georgia O'Keeffe vergrößerte bewußt ihre stark vereinfachten, in einem präzisen Stil gemalten Blumen und schuf so einen Naturalismus, der über das rein Beschreibende hinausgeht. Der belgische Maler René Magritte bezog Blüten von ungewöhnlicher Größe, aber mit genauen, realistischen Formen in seine einzigartigen Szenarios ein, die einen bezwingenden Surrealismus aufweisen.
Wichtig ist auf jeden Fall, daß man die Proportionen der Blumen seines Modells genau berechnet, gleichgültig, ob sie das Hauptmotiv, also den Blickpunkt, oder einen Teil des Ganzen bilden. Die Blumen behalten stets ihre charakteristischen Proportionen bei, an denen sie nicht selten zu erkennen sind. Deshalb müssen auch bei einem schlichten Bild mit einem Blumenstrauß in der Vase Form, Farbe und Struktur der Vase oder des sonstigen Gefäßes unbedingt proportional korrekt und harmonisch zum Strauß wiedergegeben werden, denn davon hängt das Endergebnis ebenso ab wie von den Blumen selbst.

112

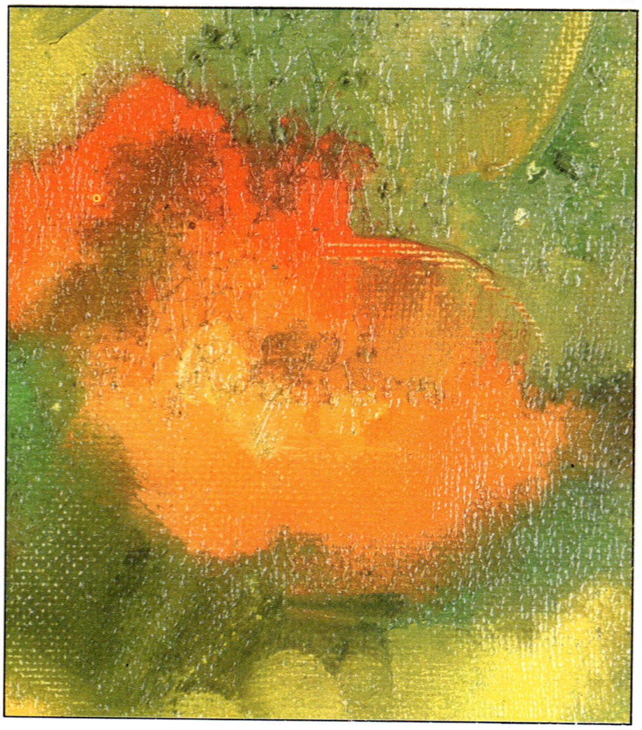

113

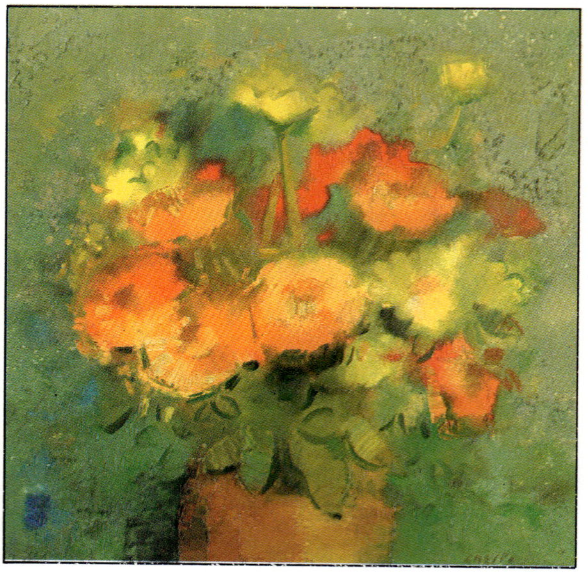

Abb.112 und 113: Normalerweise stellt der Künstler die Blumen in der Originalgröße dar, wie dieses Bild von Crespo zeigt, das wir rechts vollständig und links als Ausschnitt in der Originalgröße wiedergeben.

114

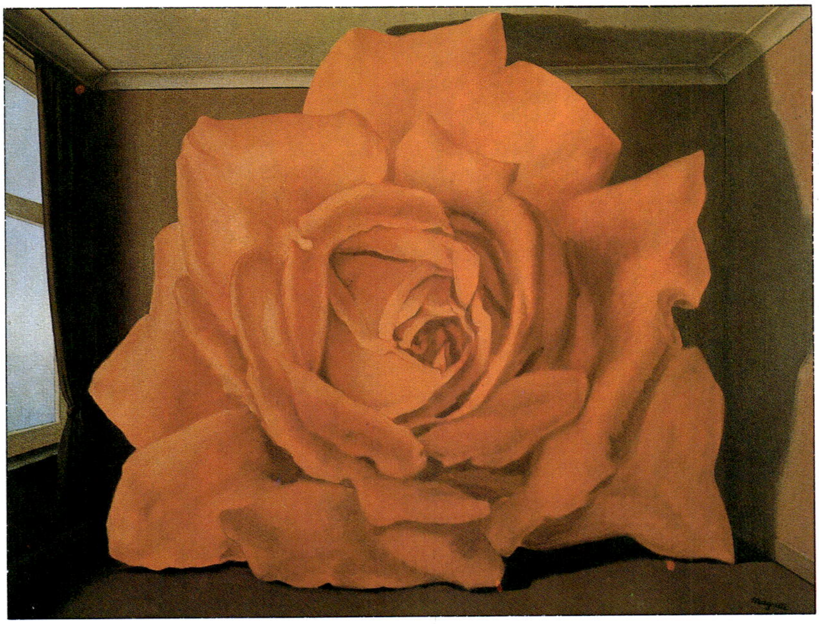

Abb. 114 und 115: René Magritte (1898–1967), *Das Grab der Kämpfer*, Sammlung Harry Torczyner, New York (oben); Georgia O'Keeffe (1887–1927), *Roter Mohn*. Beide Bilder wurden in Öl gemalt. Das von Magritte mißt 89 × 117,2 cm, der Mohn von Georgia O'Keeffe 18,4 × 22,8 cm.

115

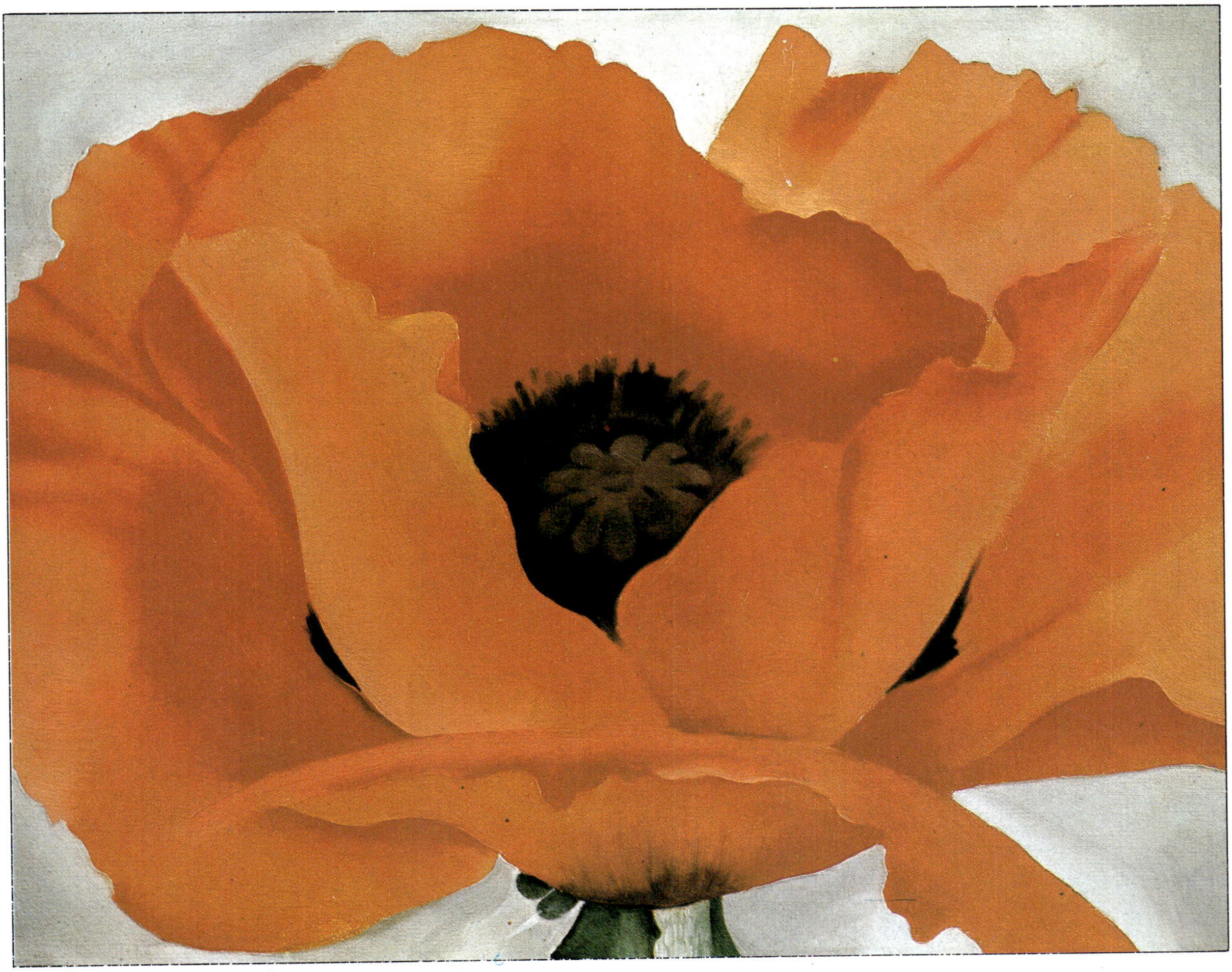

Eine Komposition ist immer vorhanden

Unter der Komposition versteht man in der Malerei die Verbindung der Bildelemente zu einem zufriedenstellenden visuellen Ganzen.
Auch bei der schlichtesten Blumenvase oder bei der Darstellung der bescheidensten einzelnen Blüte stellen wir bewußt eine Beziehung zwischen den einzelnen Teilen – Blütenblättern, Stengeln, Blättern, dem Gefäß, in dem sie sich befindet, und dessen Untergrund bzw. Umfeld etc. – und der Größe unserer Leinwand bzw. unseres Papiers her und führen damit eine Komposition durch.
Offensichtlich besitzt die Komposition eine erhebliche Bedeutung und verdient unsere volle Aufmerksamkeit. Andererseits ist kein Faktor der modernen Malerei seit dem Impressionismus derart relativ. Zweifellos beruht ein großer Teil der Originalität und des Charakters eines Werkes auf der Komposition. Deren Studium und Durchführung laufen bei jedem Künstler logisch und natürlich ab.
Als der griechische Philosoph Platon (4. Jahrhundert v. Chr.) von seinen Schülern gefragt wurde, was für ihn das Hauptmerkmal einer guten Komposition sei, antwortete er schlicht:

Einheit in der Vielfalt und
Vielfalt in der Einheit.

Das ist wahrscheinlich noch heute die beste Definition der künstlerischen Komposition. In der Praxis würde ich sagen, daß die Lage der einzelnen Bildelemente, ihre Formen und Farben, der Hintergrund etc. eine solche Vielfalt und einen derartigen Reichtum aufweisen sollten, daß sie genügend Interesse beim Betrachter wekken, so daß dieser sich ganz dem Genuß des Werkes hingeben kann. Diese Vielfalt entsteht allerdings nicht von allein. Ohne unser Zutun erreichen wir beim Betrachter höchstens Verwirrung. Nein, wir müssen die Formen und Farben vielmehr intelligent und geschickt ordnen, bis wir eine Einheit des Ganzen erzielt haben.

116

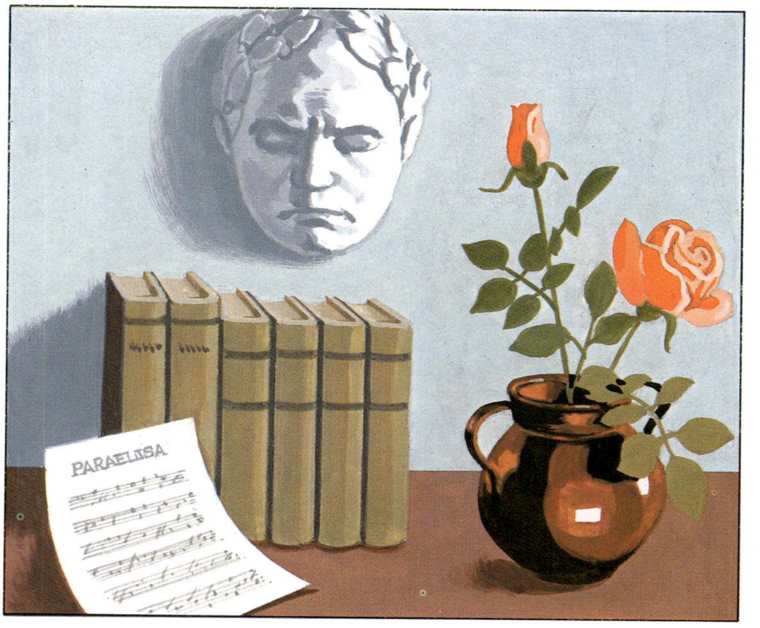

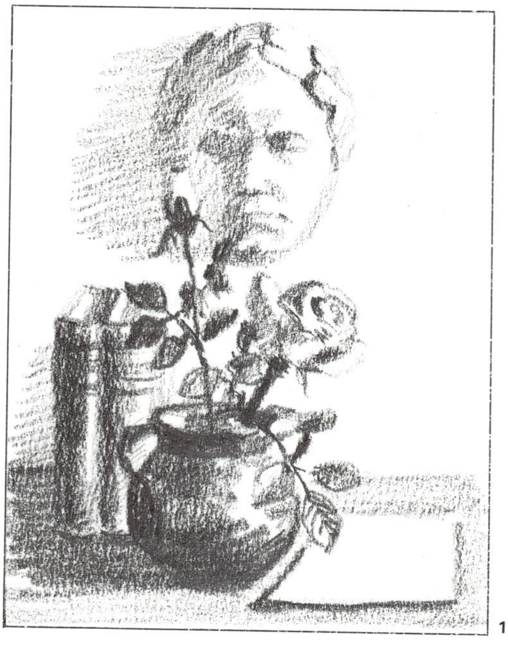

117

Abb. 116: Auf der Grundlage der hier schematisch wiedergegebenen Elemente – Beethovens Totenmaske, einige Bücher, eine Partitur und eine Vase mit roten Rosen – wollen wir jetzt die Komposition eines Bildes untersuchen, das den Titel *Hommage à Beethoven* erhielt.

Abb. 117: Ein erster Kompositionsversuch, der eine übermäßige Einheit und Symmetrie aufweist, die dem Bild schadet.

118

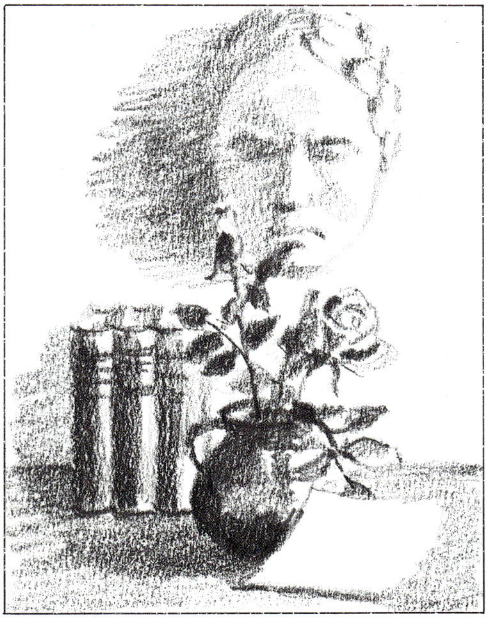

119

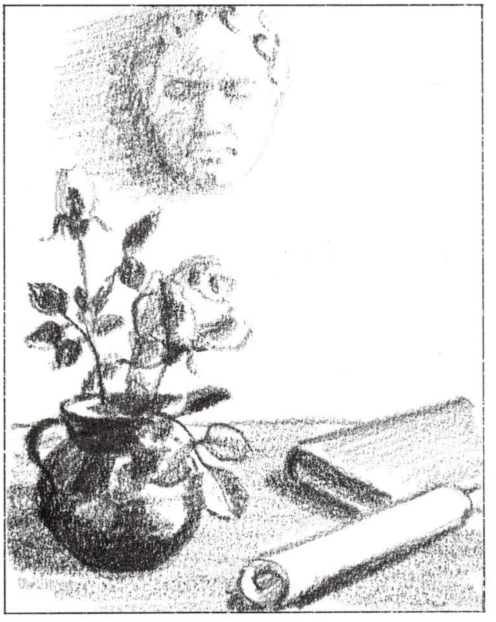

Abb. 118 bis 121: Diese Bleistiftskizzen zeigen drei Kompositionsmöglichkeiten, wobei die Bücher schließlich fortgelassen wurden. Der Gedanke „Hommage à Beethoven“ wird nur durch die Maske des Komponisten, die Blumen in der Vase und die dahinterliegende Partitur ausgedrückt. Das fertige Bild wurde so ausgeführt.

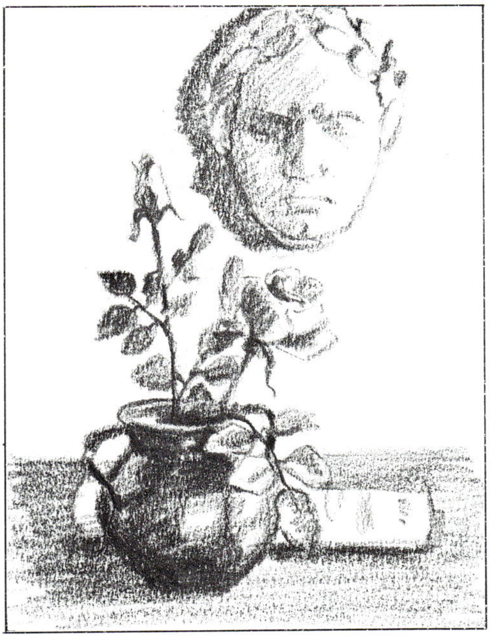

120

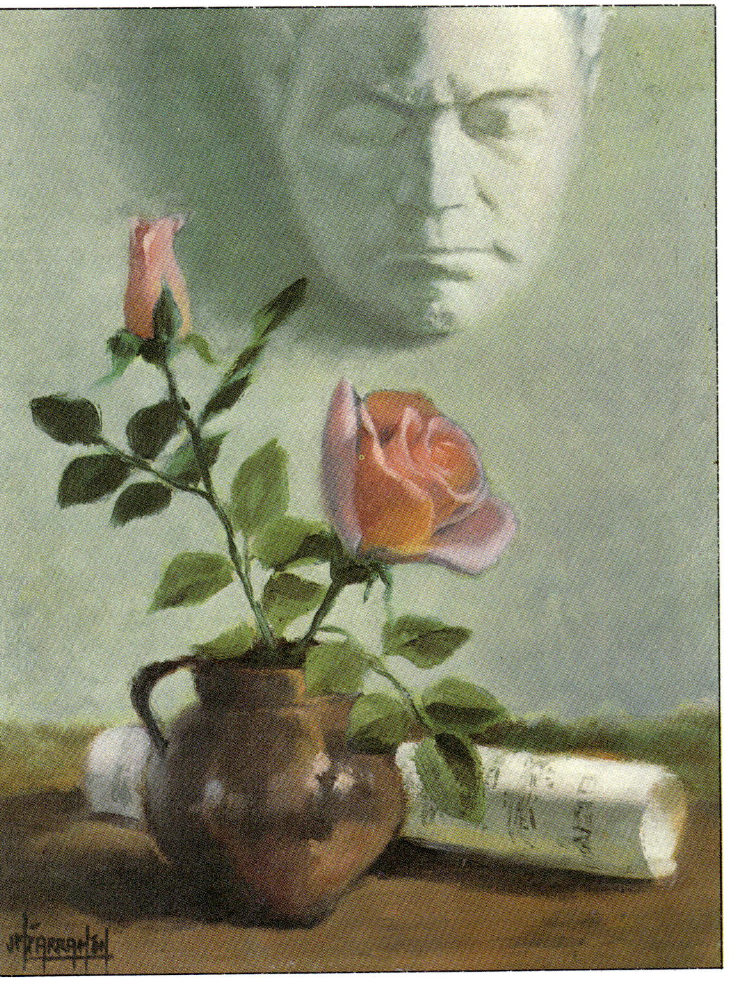

121

Cézanne und die Kunst der Komposition

Der große Maler Paul Cézanne, den viele für den „Vater" der modernen Malerei halten, bereitete seine Kompositionen äußerst sorgfältig vor und ließ sich bei dieser wichtigen Aufgabe viel Zeit. In seinen Stilleben, seinen Bildern mit Blumen und Früchten, berücksichtigte er einfach alles: Unzählige Male verschob er die Elemente auf dem Tisch, führte Gegenstände oder Formen in den Komplementärfarben ein, um eine höchstmögliche Vibration zu erhalten, berechnete die Wirkung der Tischtuchfalten etc.

Cézanne war ein wahrer Meister der Kunst der Komposition. Als man ihn einmal fragte, wie er es mache, welche Kompositionsregeln oder -normen er verwende, erklärte er rundheraus: „Keine."

Wie bereits erwähnt, ist die Komposition Bestandteil des ursprünglichen Impulses, aus dem ein Bild entsteht, wenn man sich bereits intuitiv vorstellt, wie die Formen des Bildes aussehen werden oder, besser gesagt, wie sie nach den eigenen Wünschen aussehen sollen. Die Komposition hängt ferner von sehr persönlichen Gefühlen und Empfindungen ab; sie muß frei und übertragbar sein. Im reinsten, streng künstlerischen Sinne ist die Komposition daher nicht zu lehren.

Abb. 122 und 123: Paul Cézanne (1839–1906), *Stilleben mit Karaffe*, Tate Gallery, London. Man weiß, daß Cèzanne ausgiebig die Formen, die Farbe und die genaue Lage eines jeden Elementes seiner Stilleben untersuchte. Sicher ist auch, daß er das Bild vor Beginn des Malens strukturierte und seine Komposition anhand einer linearen Vorskizze überprüfte.

122

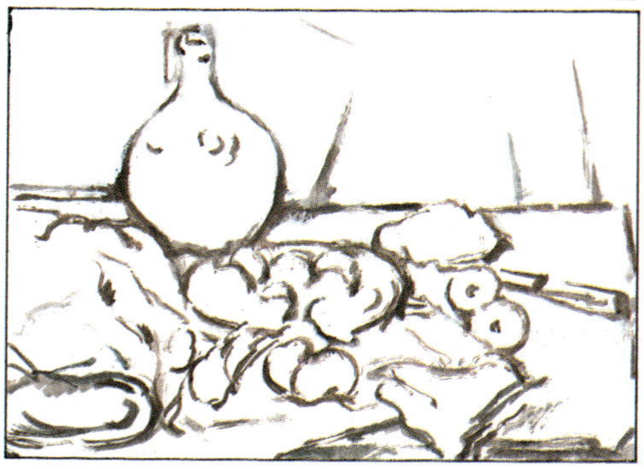

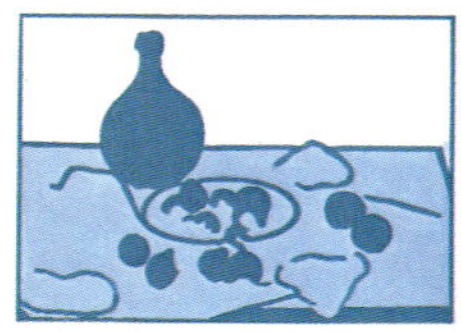

123

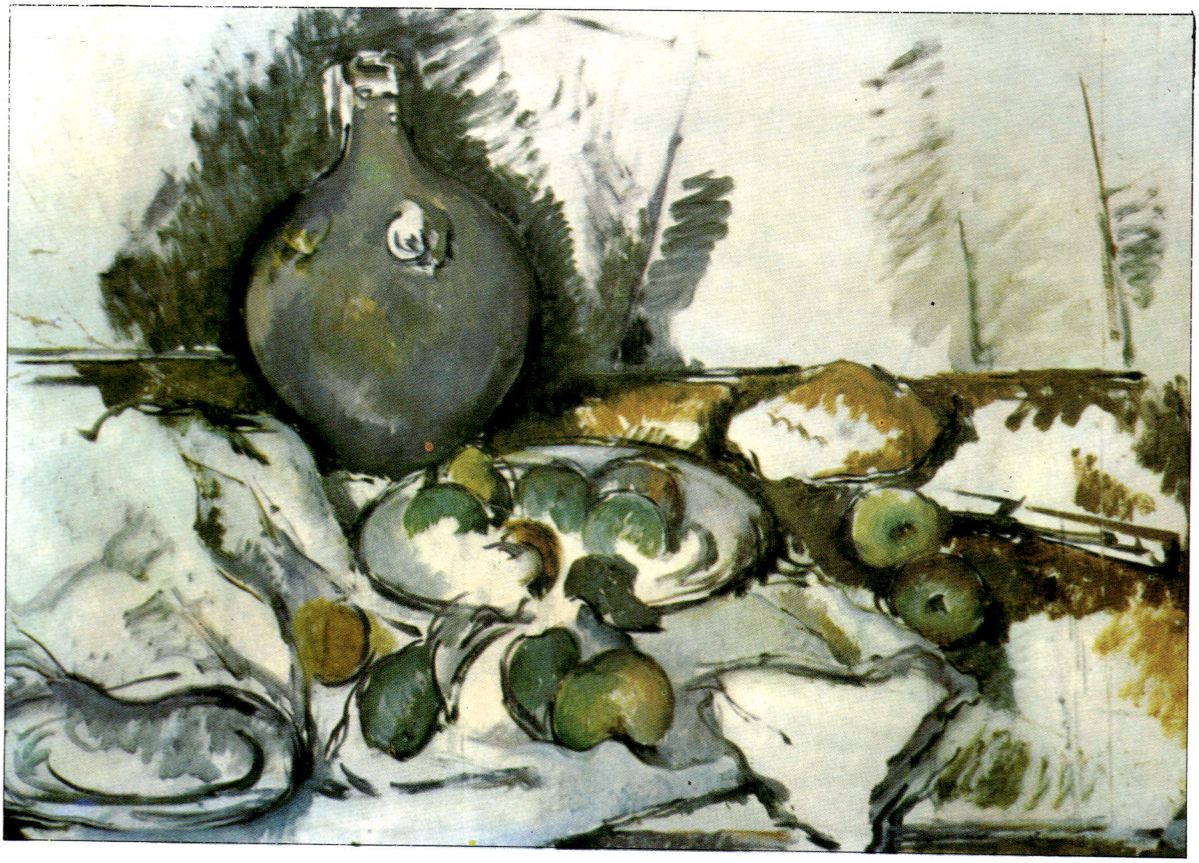

Die Symmetrie

Abb. 124 und 125: Ein Bild ist symmetrisch, wenn es sich wie auf Abbildung 124 um eine Mittelachse aufbaut; denkbar ist aber auch eine freiere Komposition, bei der zwar der Gedanke einer Mittelachse erhalten bleibt, jedoch weitere Elemente hinzugefügt werden. Zu dieser Lösung hat Francesc Crespo bei dem Bild unten auf dieser Seite gegriffen.

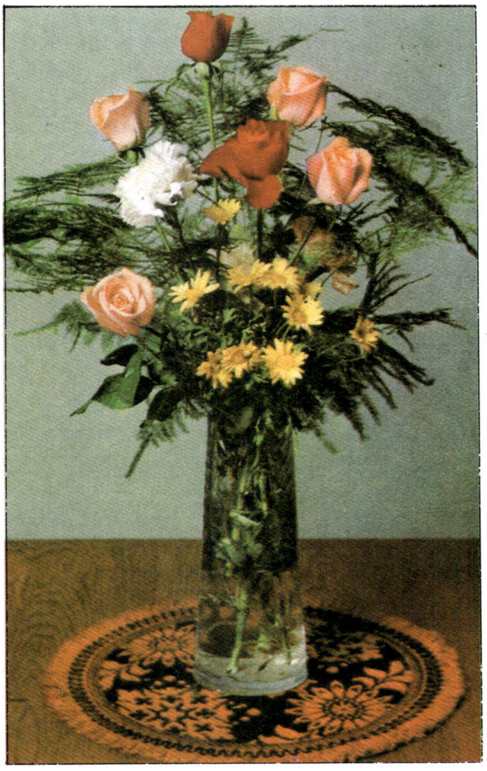

124

125

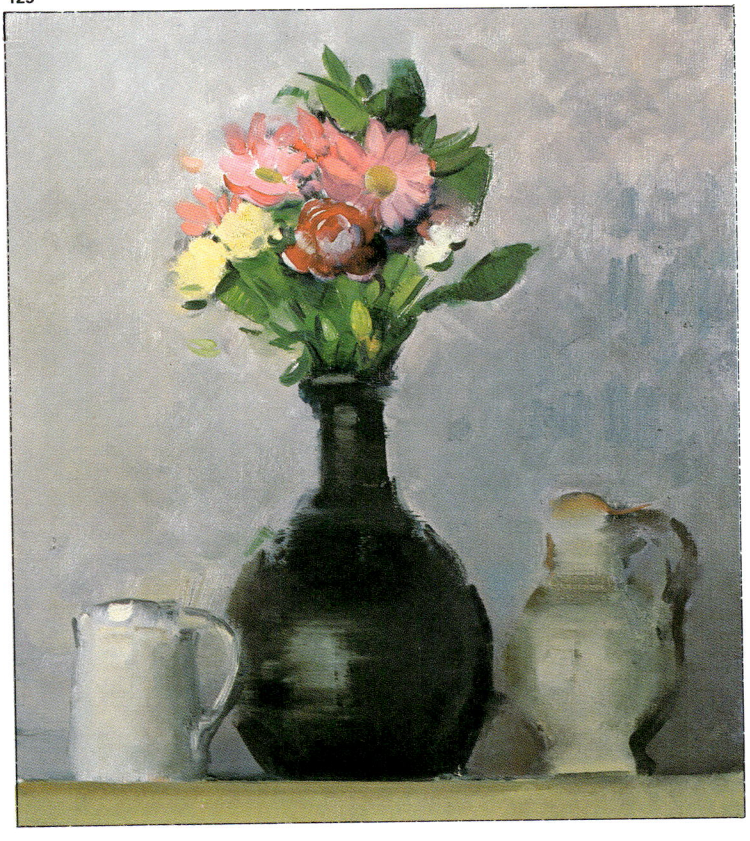

Symmetrie bedeutet die gleichmäßige Verteilung der Bildelemente beiderseits eines Punktes oder der Mittelachse, so daß beide Seiten sich entsprechen.

Zahlreiche bedeutende Werke der Kunstgeschichte weisen eine symmetrische Komposition auf. Erinnern wir uns, daß die Symmetrie die wichtigste intelligente Anordnung der antiken griechischen Kunst war und daß die großen Meister der Renaissance – Michelangelo, Leonardo da Vinci, Raffael – sie uneingeschränkt verwendeten. Sie ist eine ziemlich sichere Methode, da das Gleichgewicht der Massen und Volumen garantiert ist und sich somit die gewünschte harmonische Wirkung immer einstellt. In gewissem Sinne kann man die symmetrische Komposition als überholt oder altmodisch betrachten. Die moderne Malerei setzt sie trotzdem häufig ein – unter den Blumenmotiven finden sich etliche Beispiele dafür.
Dabei wirken die Ergebnisse durchaus nicht kalt oder langweilig. Die Farbenvielfalt der Blumen, die Verteilung der Blüten, Stengel und Blätter sowie die entsprechenden Schattierungen des Hintergrundes – bei Vermeidung gleichförmiger, einfarbiger Flächen – schließen dieses Risiko praktisch aus. Außerdem besteht immer die Möglichkeit, neben dem Hauptmotiv weitere dazu passende Gegenstände und Formen einzufügen: Töpferwaren, Gläser, Bücher, Blätter und Zweige, großzügig auf den Untergrund verteilt etc. Die symmetrische Komposition muß also nicht zwangsläufig streng sein, und sie braucht auch nicht buchstabengetreu ausgeführt zu werden.

Asymmetrie und Goldener Schnitt

Unter Asymmetrie versteht man die freie, intuitive Verteilung der Elemente zu beiden Seiten einer gedachten Mittelachse, so daß ein Gleichgewicht herrscht und eine Einheit des Ganzen entsteht.

Die asymmetrische Komposition wurde schon immer von vielen bedeutenden Künstlern geschätzt, die in ihr eine Möglichkeit sehen, ihre Vorstellungen auszudrücken, ohne sich irgendwelchen Regeln oder Gesetzen unterwerfen zu müssen. Trotzdem muß die Vorstellung eines Gleichgewichtes, das zur Einheit des Ganzen führt, in der Anlage der Formen und Farben auf der Leinwand oder dem Papier erkennbar sein. Nichts widerspräche dem Geist und der Daseinsberechtigung eines Werkes stärker als die totale Anarchie und Regellosigkeit, bei der der Künstler darauf vertraut, daß die Pinselstriche allein für ein annehmbares Ergebnis sorgen.
Jede Komposition erfordert ein Gleichgewicht ihrer Bestandteile, sonst wird das Ziel – ein visuell befriedigendes Ganzes – nicht erreicht. Und das ist ohne die geringste Einschränkung der schöpferischen Freiheit durchaus möglich.
Bei der asymmetrischen Komposition erzeugt die Überlagerung verschiedener Formen ein Gefühl von Tiefe auf den nachfolgenden Ebenen. Auch dadurch entsteht Einheit.

126

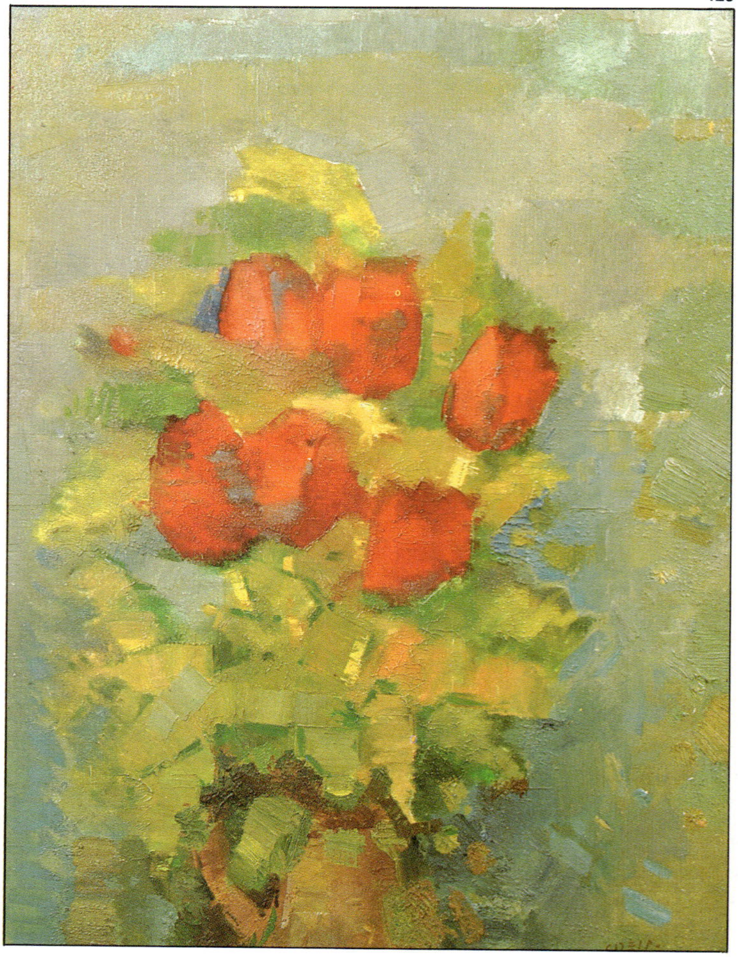

127

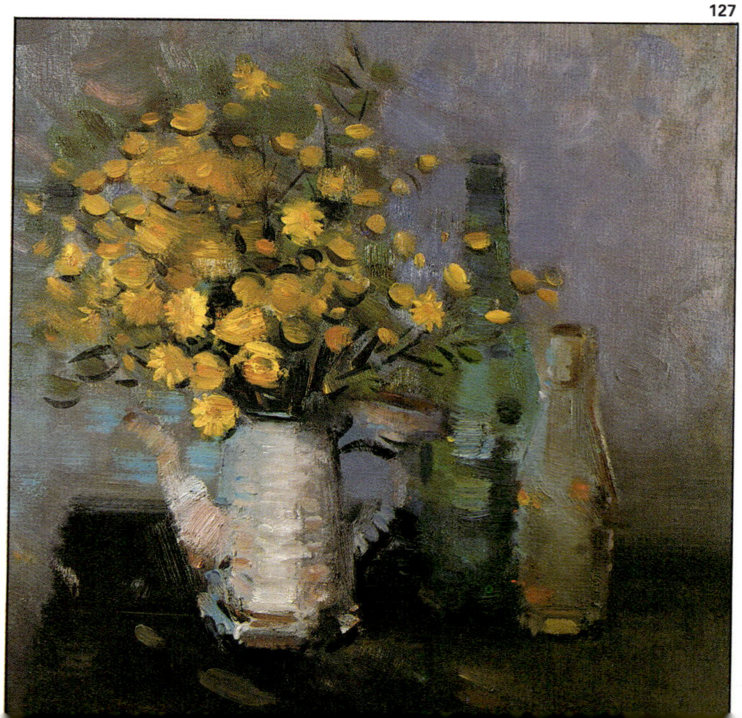

Abb. 126 und 127: Bei diesen beiden Bildern hat Francesc Crespo eine asymmetrische Komposition gewählt und das Hauptmotiv aus dem Blumenstrauß in der Vase auf eine Seite verlegt.

Das Gesetz des Goldenen Schnitts
Das Gesetz des Goldenen Schnitts stammt von dem griechischen Mathematiker Euklid. Daraus folgt:
Multipliziert man die Höhe und die Breite einer Leinwand mit 0,618, erhält man im Schnittpunkt der beiden Senkrechten (A und B) das Interessenszentrum der Komposition. Dieser Punkt kann sich oben, unten, rechts oder links im Bild befinden (C).

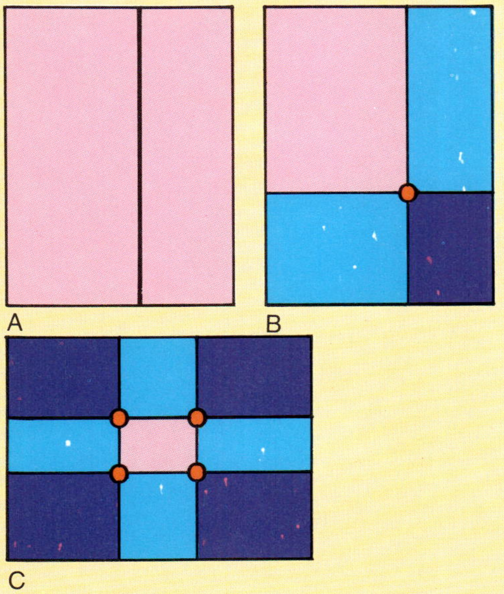

Der Goldene Schnitt ist vielleicht die universellste und bekannteste Kompositionsregel. Sie ist sehr alt und wurde zu allen Zeiten bewußt oder unbewußt angewandt.

Damit eine in ungleiche Abschnitte unterteilte Fläche angenehm und ästhetisch wirkt, muß zwischen dem kleinen und dem größeren Abschnitt dasselbe Verhältnis bestehen wie zwischen dem größeren und der Gesamtfläche.

Nehmen wir ein Segment von 5 cm Länge und teilen es in zwei Abschnitte von 2 cm und 3 cm, entsteht zwischen dem kleineren und dem größeren proportional dasselbe Verhältnis wie zwischen dem größeren Abschnitt und der Gesamtlänge (5 cm). Lösen wir die einfache Bruchrechnung 3/5 = 2/3, erhalten wir bis auf eine Stelle hinter dem Komma dasselbe Resultat, nämlich 0,618. In der Praxis brauchen wir die Höhe und die Breite eines Rechtecks nur mit 0,618 zu multiplizieren.
Errichtet man auf den ermittelten Punkten die Senkrechten, erhält man in deren Schnittpunkt die ideale Lage für das Hauptmotiv des Bildes. Alle auf diese Schnittpunkte gelegten Elemente tragen zur kompositorischen Harmonie bei.
Die Regel des Goldenen Schnitts entspricht einem natürlichen Verhalten. Aus diesem Grund hat sie stets ihre Gültigkeit bewahrt.
Viele meinen, daß sich diese proportionelle Beziehung sowohl in der Pflanzen- und Tierwelt als auch bei den Maßen des menschlichen Körpers findet. Vielleicht stellt man daher bei der Überprüfung guter Bilder unterschiedlichster Stilepochen immer wieder fest, daß diese klassische Regel bewußt oder unbewußt eingehalten wurde.

Abb. 129 bis 131: Hier ein praktisches Beispiel für die Anwendung des Goldenen Schnitts: Oben sehen wir das Thema einmal zentriert und einmal extrem dezentriert, so daß sich im ersten Fall ein Übermaß an Einheit und im zweiten Fall eine zu große Vielfalt ergibt. Bei dem unteren Beispiel hat Crespo den Krug und die Blumen genau auf den Goldenen Punkt gelegt und so eine perfekte Komposition erreicht.

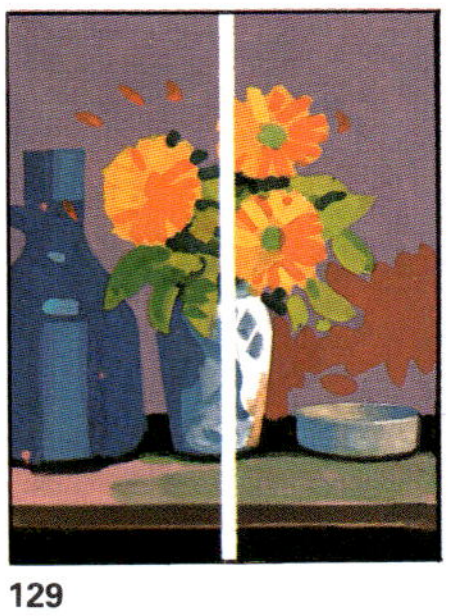

129

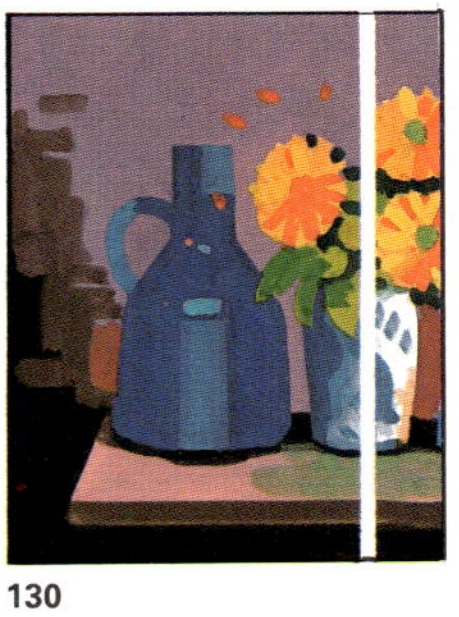

130

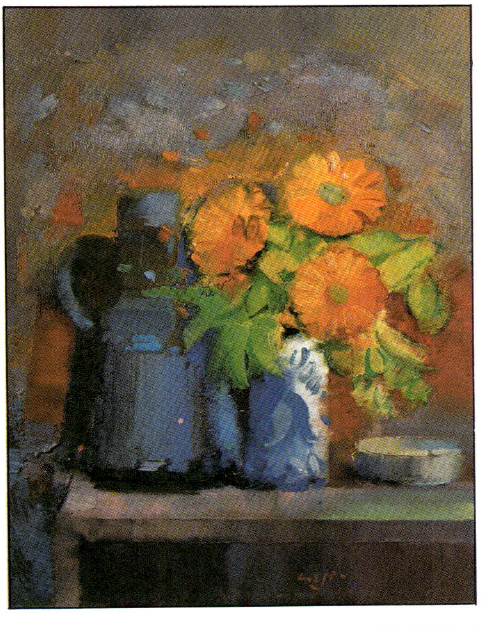

131

Ein wichtiger, positiver Faktor der Blumenmalerei besteht darin, daß der Künstler, also Sie, das Modell selbst auswählt und komponiert. Es bedeutet, daß Sie die Form des Blumenstraußes, der Vase oder des Krugs und die zusätzlichen Elemente sowie den Untergrund bestimmen und die Farben für eben diesen Untergrund, die Blumen, die Vase bzw. den Krug selber wählen können. Auf diese Weise legen Sie schon vor Beginn des Malens fest, ob Sie Ihr Bild in der Harmonieskala der warmen, der kalten oder der gebrochenen Farben anfertigen möchten. Dies ist das Thema des folgenden Kapitels, das wir mit einer kurzen Beschreibung der beiden Hauptstile zum Malen von Blumen beginnen: dem valoristischen und dem koloristischen Stil.

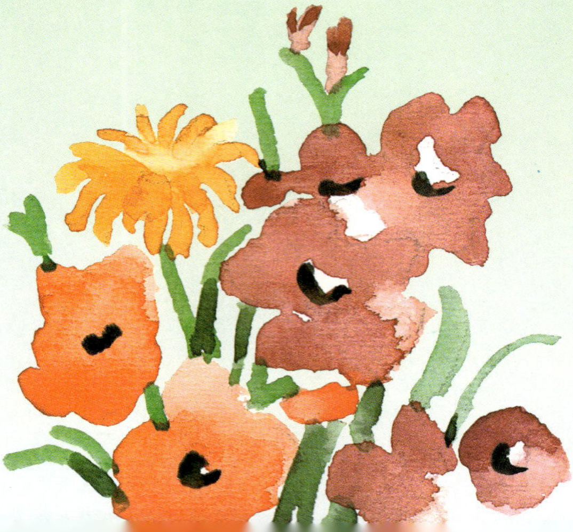

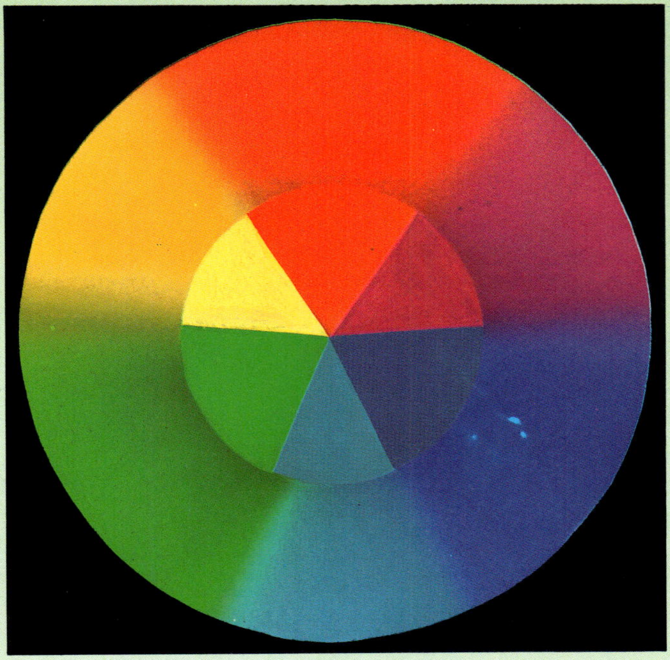

Die Harmonisierung der Farben

Valoristen und Koloristen

Selbstverständlich beschränkt sich der wirkliche Künstler nicht darauf, die Natur – sein Modell – einfach zu kopieren. Der französische Maler und Freund Cézannes, Maurice Denis, sagte dazu: „Bevor ein Bild ein Schlachtpferd, einen weiblichen Akt oder sonst ein Thema darstellt, ist es zunächst einmal ein flacher Malgrund, der in einer bestimmten Anordnung mit Farben bedeckt wurde."
Bevor der Künstler vor sein Modell tritt und das Thema oder das Motiv in Angriff nimmt, muß er planen und organisieren und sich eine bestimmte Farbentendenz vorstellen, also sein Bild nach seiner ureigenen ästhetischen Auffassung konzipieren. Pierre Bonnard war der Auffassung, daß ein Bild immer eine Idee weitergeben müsse, und sagte einmal: „Ich wollte die Rosen auf meine Weise interpretieren, ließ mich aber von den Einzelheiten fortreißen ... Ich merkte, daß ich immer tiefer versank, zu keinem Ziel gelangte und völlig verloren war. Ich konnte nicht zu meinem Ausgangspunkt, der Vision, die mich gereizt hatte, zurückfinden."
Zweifellos ist nichts so subjektiv, so persönlich wie die Farbgebung. Sie ist eine ungeheuer komplexe Frage, die wir jedoch vereinfacht auf die valoristische und die koloristische Malweise reduzieren können.
Die Valoristen passen die Farbe den Bedingungen von Licht und Schatten an, denen das Modell ausgesetzt ist. Das heißt, sie stellen das Volumen der Formen mit Hilfe eines malerischen Helldunkel her. Verallgemeinert könnte man sagen, daß alle „klassischen" Maler von der Renaissance bis zum Impressionismus Valoristen waren, denn dieses Verfahren ist die Grundlage der dreidimensionalen Darstellung.
Die Koloristen stützen sich dagegen, wie ihr Name andeutet, praktisch ausschließlich auf die konkreten Töne und Nuancen der Farben und stellen die Körper mit flachen Farbflecken dar, die aufgrund ihrer Kontraste das Volumen wiedergeben. In der modernen Malerei finden sich sehr bedeutende Beispiele für diese Malweise.

133

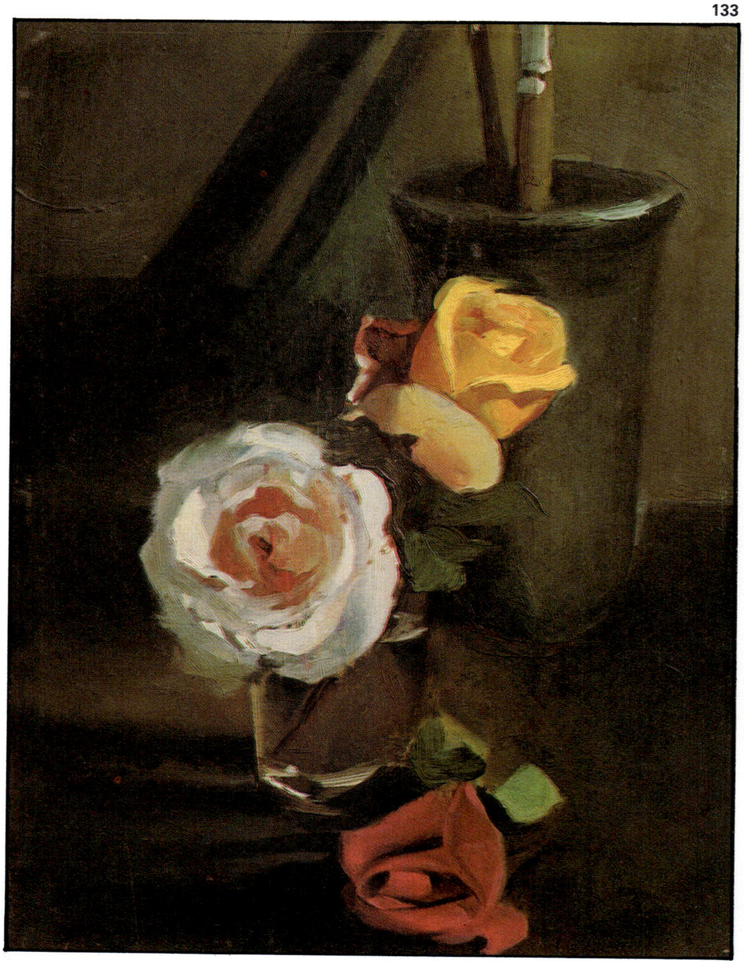

Abb. 133: José M. Parramón, *Drei Rosen*, Privatsammlung. Klassisches Beispiel für eine valoristische Malerei mit einem Maximum an Kontrasten von Licht und Schatten, so daß das Volumen der Blüten mit Hilfe tonaler Werte wiedergegeben wird.

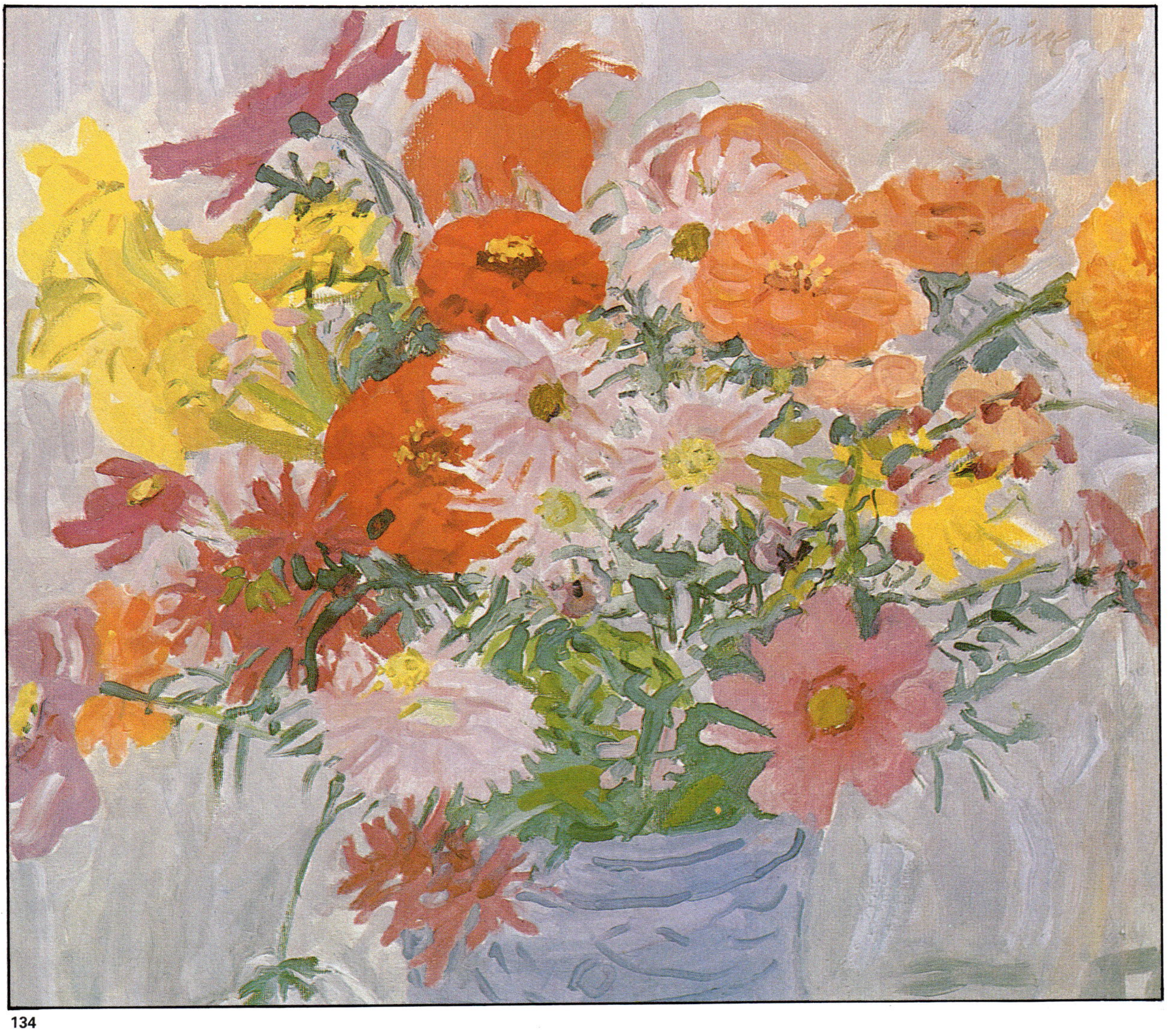

134

Abb. 134: Nell Blaines, *Blumenstrauß*, Sammlung John D. Rockefeller IV. Dies ist ein Beispiel für die koloristische Malweise, denn die Formen werden mit praktisch flachen Farben wiedergegeben.

Die Harmonieskala der warmen Farben

Besteht ein Bild hauptsächlich aus roten und gelben Tönen bzw. deren Mischungen, sagt man, es handele sich um ein Werk in der Harmonieskala der warmen Farben.
Theoretisch besteht diese Harmonieskala aus den im nachstehenden Kasten aufgeführten Farben.

Kadmiumgelb mittel, Lichter Ocker, Kadmiumrot hell, Umbra gebrannt und Krappkarmin dunkel.

Da sich der Künstler in der Praxis fast nie derart strikt an die Farbentheorie hält, möchten wir Ihnen ein Beispiel für eine warme Palette zeigen, die mit Sicherheit von zahlreichen Kunstmalern verwendet wird (siehe Abb. 135).
Selbstverständlich kann Kadmiumgelb mittel durch Kadmiumgelb Zitron, Kadmiumrot hell oder Zinnoberrot durch Orange und Umbra gebrannt durch Siena gebrannt ersetzt werden etc. In jedem Fall müssen sich die Rot-, Orange- und Gelbtöne jedoch gegenüber den anderen durchsetzen, damit man eine warme Farbgebung – das heißt die Harmonieskala der warmen Farben – beibehält. In der Kunst dürfen die Regeln und Theorien niemals absolut aufgefaßt werden.
Die lebhaften Farben der großen Mehrzahl aller Blumen, ihr intensives sattes Rot und Gelb, das Rosa, Orange und Karmin sowie das gelbliche oder bräunliche Grün ihrer Blätter und Stengel lassen sich hervorragend in eine warme Farbskala integrieren. Vielleicht kann man bei den Blumenmotiven die warmen Töne ohne Übertreibung am meisten betonen. Tatsächlich liegt das „Geheimnis" des unmittelbaren Erfolgs und der allgemeinen Akzeptanz der Blumenbilder vor allem in der außerordentlichen Fröhlichkeit und unwiderstehlichen Attraktivität ihrer Farben, die nur von einigen weiteren Tönen geschickt umgeben zu werden brauchen.

135

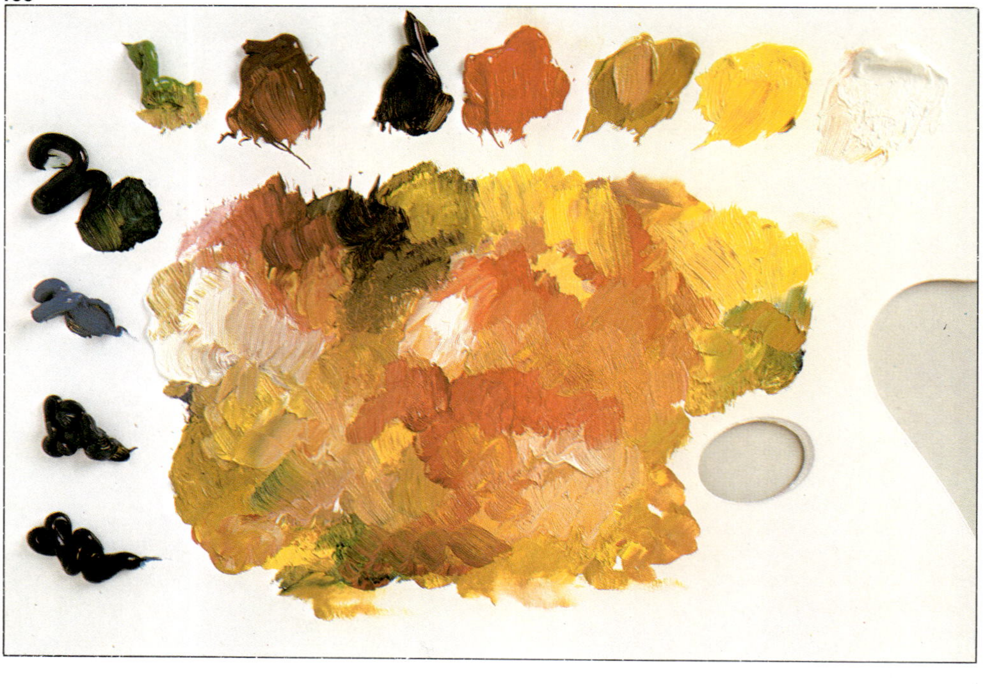

Abb. 135: Palette mit den von Kunstmalern normalerweise verwendeten Ölfarben sowie eine Mischung mit überwiegend warmen Farben aus Gelb, Ocker, Siena, Rot, Karmin etc.

136

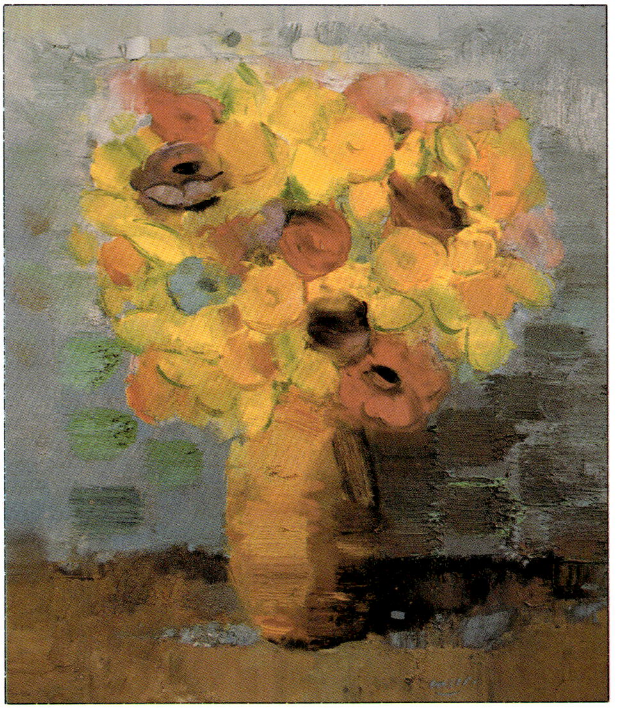

137

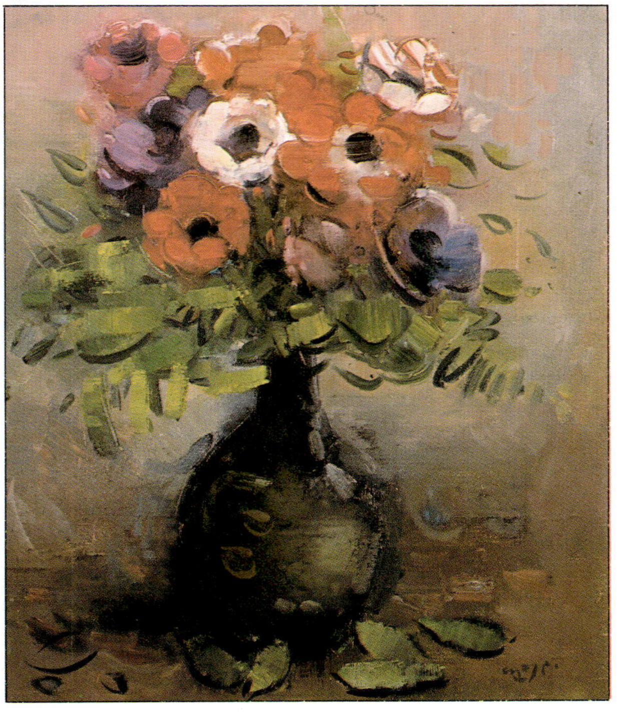

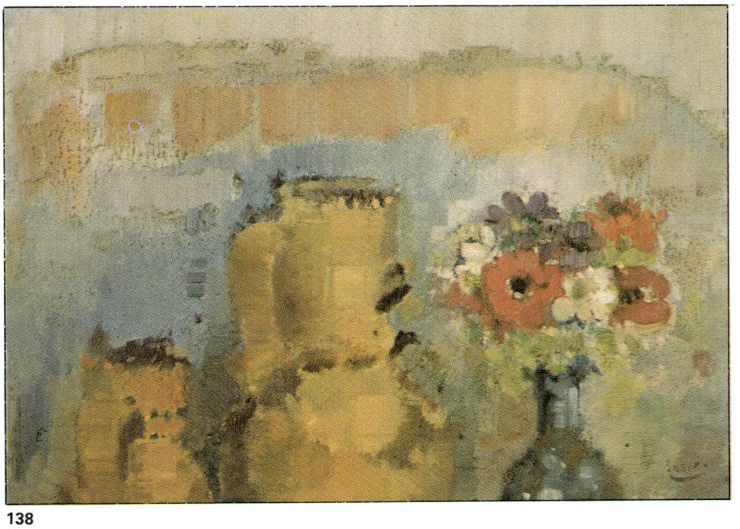

138

Abb. 136 bis 138: Francesc Crespo malt hier mit einer warmen Farbskala, bezieht aber auch Grüntöne, die an bestimmten Stellen für einen Blaustich sorgen. Dies beweist, daß man nicht unbedingt strikt bei einer Farbskala bleiben muß.

139

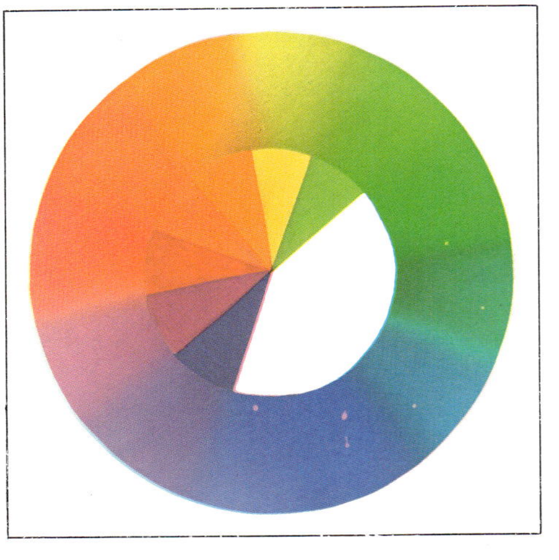

Abb. 139: Hier die Harmonieskala der warmen Farben innerhalb des Farbenkreises aus Grund-, Zweit- und Drittfarben.

Die Harmonieskala der kalten Farben

Besteht ein Bild weitgehend aus blauen und grünen Farben und Tönen sowie deren Mischungen oder sind die Farben blau- bzw. grünstichig, spricht man von einer Harmonieskala der kalten Farben.
Im nachfolgenden Kasten finden Sie jene Farben, aus denen diese Harmonieskala theoretisch besteht.

Permanentgrün, Chromoxidgrün, Kobaltblau hell, Ultramarin dunkel und Preußischblau.

In der Praxis schließt die Farbpalette jedoch weder Gelb, Rot noch die Erdfarben aus. Wie Abbildung 140 zeigt, besteht die kalte Palette aus warmen und kalten Farben.
Natürlich kann man Kadmiumblau hell durch Cerunlinblau und Permanentgrün durch Saftgrün ersetzen und dieses oder jenes Violett hinzufügen. Trotzdem müssen alle diese Farben auf die eine oder andere Weise einen deutlichen Blau- oder Grünstich besitzen.
Auch die Harmonieskala der kalten Farben bietet für Blumenmotive große Möglichkeiten.
Die leuchtenden, im allgemeinen warmen Farben der Blumen lassen sich hervorragend mit mehr oder weniger kalten, komplementären Farben kontrastieren. Dadurch entstehen sehr anregende, ausdrucksvolle Bilder. Nicht vergessen sollte man außerdem, daß es sehr zarte violette, dunkelviolette, blaue und selbst schwarze Blüten gibt.
In Blumenbildern erhält die fein abgestimmte Farbenharmonie den kalten Tönen immer einen heiteren, eleganten Charakter von unbestrittener Schönheit.

140

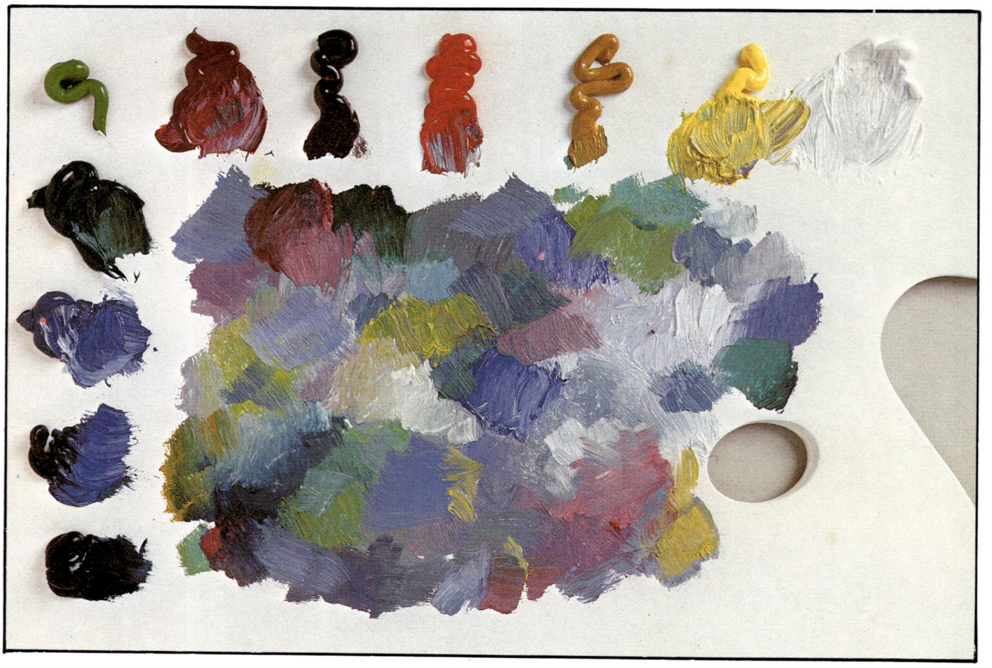

Abb. 140: Palette mit dem üblichen Sortiment und den entsprechenden Mischungen einer Harmonieskala der kalten Farben.

141

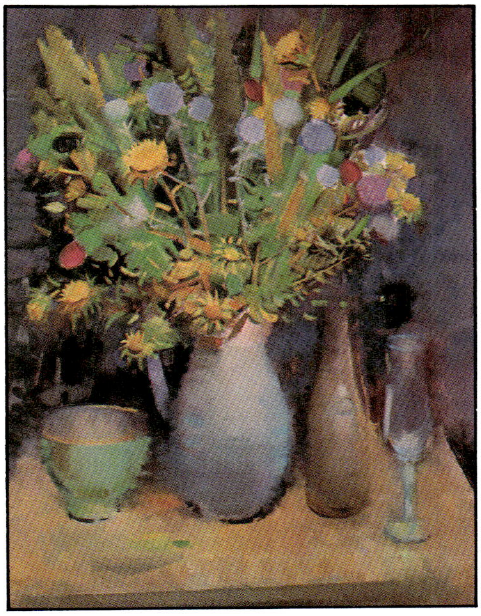

142

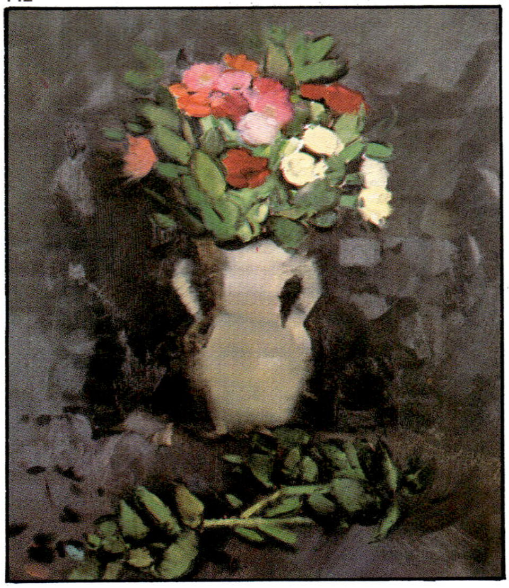

143

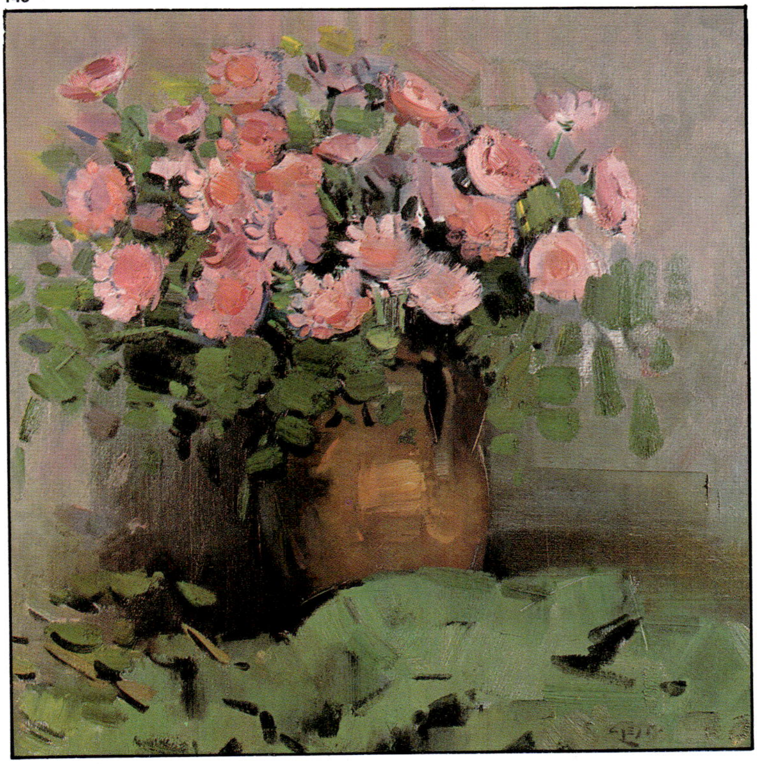

Abb. 141 bis 143: Francesc Crespo malt hier mit einer Skala der kalten Farben mit Blau, Grün, Braun und Grau als Dominanten, in die sich einige warme Farben fügen, ohne die Harmonie zu stören.

144

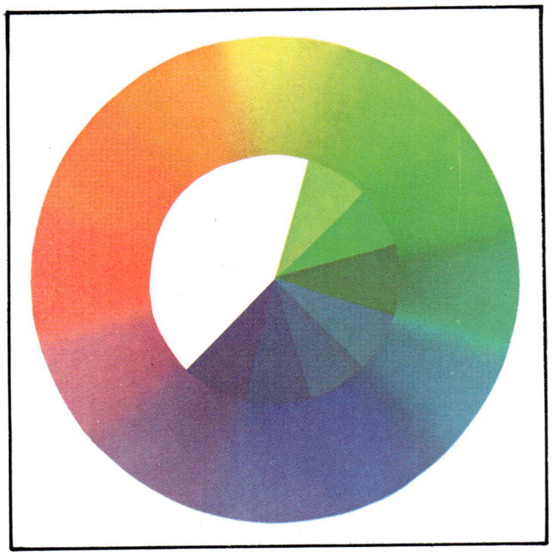

Abb. 144: Die Skala der kalten Farben innerhalb des Farbenkreises.

Die Harmonieskala der gebrochenen Farben

Die Skala der gebrochenen Farben besteht aus Graustrichen, niemals grellen Farben. Alle Farben der Palette können in ausgeglichener Form vorhanden sein, wobei die allgemeine Farbentendenz entweder warm, kalt oder neutral ist.

Nimmt man zwei Komplementärfarben – zum Beispiel Permanentgrün und Kadmiumrot hell –, mischt ein Teil Grün mit etwa einem Viertel Rot und fügt beliebig Weiß hinzu, erhält man eine unbestimmbare Farbe: einen grünstichigen Ocker, ein Khaki, auf jeden Fall eine graustichige, verschmutzte Farbe. Je geringer der Unterschied zwischen den beiden Farbanteilen ausfällt, desto dunkler wird die neue Farbe. Erhöht man den Weißanteil, verstärkt sich der Graustich des jeweiligen Tons. In jedem Fall erhält man jedoch benachbarte Nuancen. In der Praxis kann man alle Farben der Palette in die Skala der gebrochenen Töne aufnehmen.

Zu allen Zeiten sind große Werke in der sogenannten Harmonieskala der gebrochenen Töne, also mit überwiegend graustichigen Tönen gemalt worden. Manche behaupten, daß die Malerei schlechthin aus warmen oder kalten Grautönen besteht, die strategisch geschickt gesetzte lebhafte Farbakzente noch steigern.

Es ist eine gute Übung, sich anläßlich eines Besuches im Museum oder einer Ausstellung bei jedem Bild die Frage nach der Farbenharmonie zu stellen und zu ermitteln, ob es in einer warmen, kalten oder gebrochenen Skala gemalt wurde. Auf diese Weise erhält man eine breitere Kenntnis über das äußerst vielseitige Verhalten der Farben und über deren unendliche Ausdrucksmöglichkeiten.

Abb. 146 und 147: Crespo malt hier mit gedämpften Ölfarben, die warm oder kalt sein können, jedoch immer der Harmonieskala der gebrochenen Farben angehören.

145

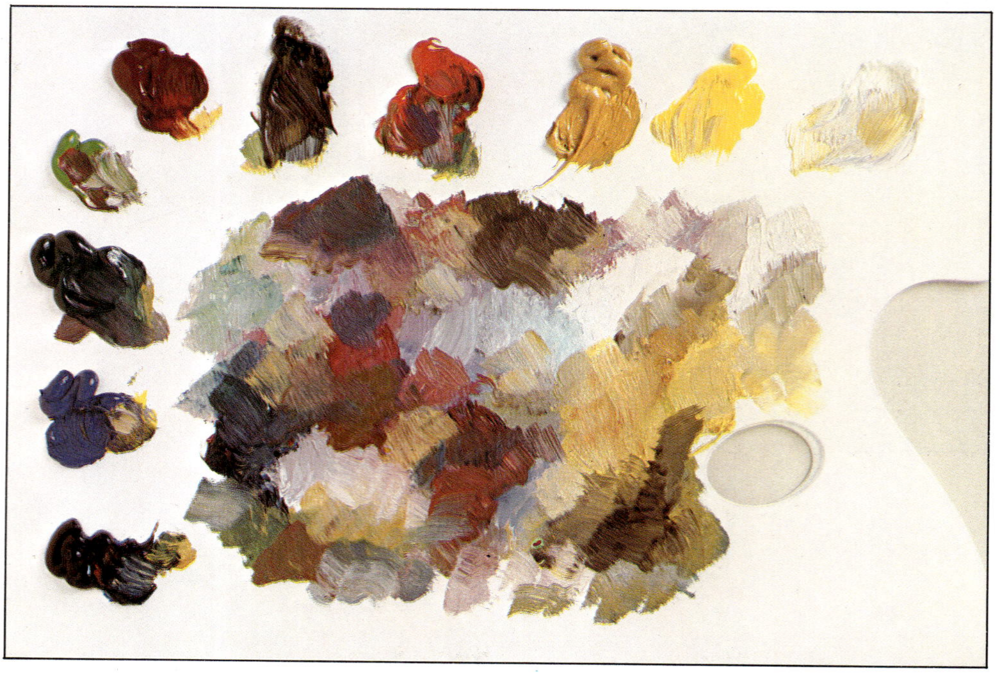

Abb. 145: Palette mit gebrochenen Farben, die überwiegend aus Mischungen von Komplementärfarben zu ungleichen Teilen plus Weiß bestehen.

146

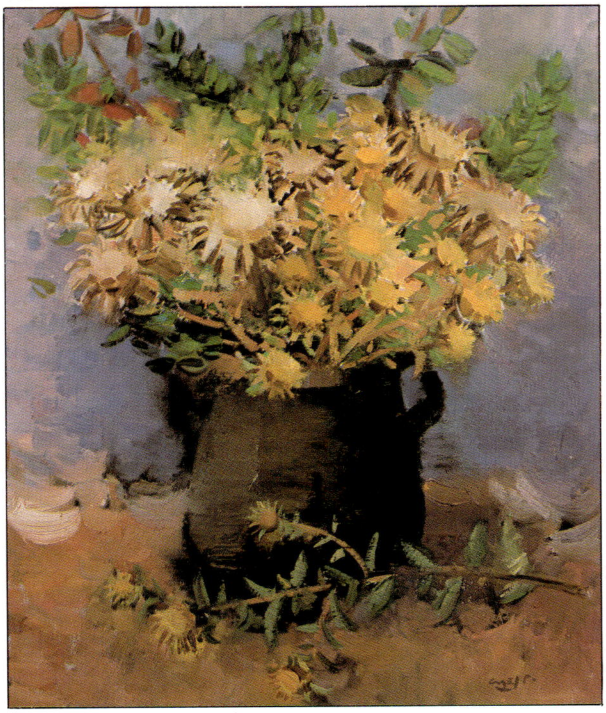

147

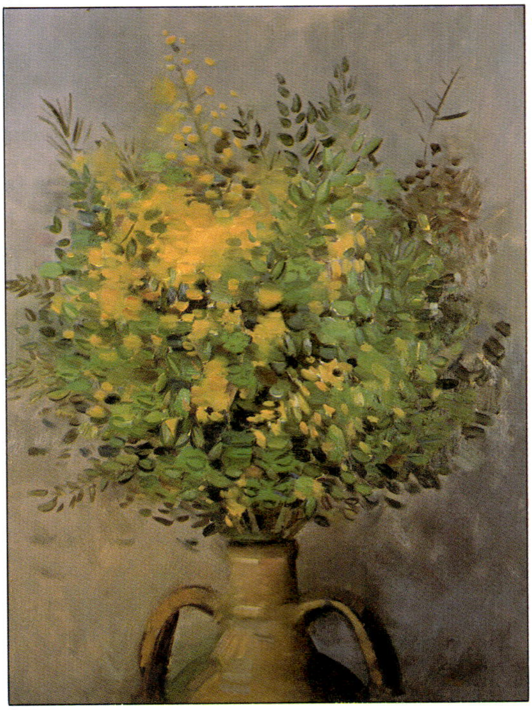

148

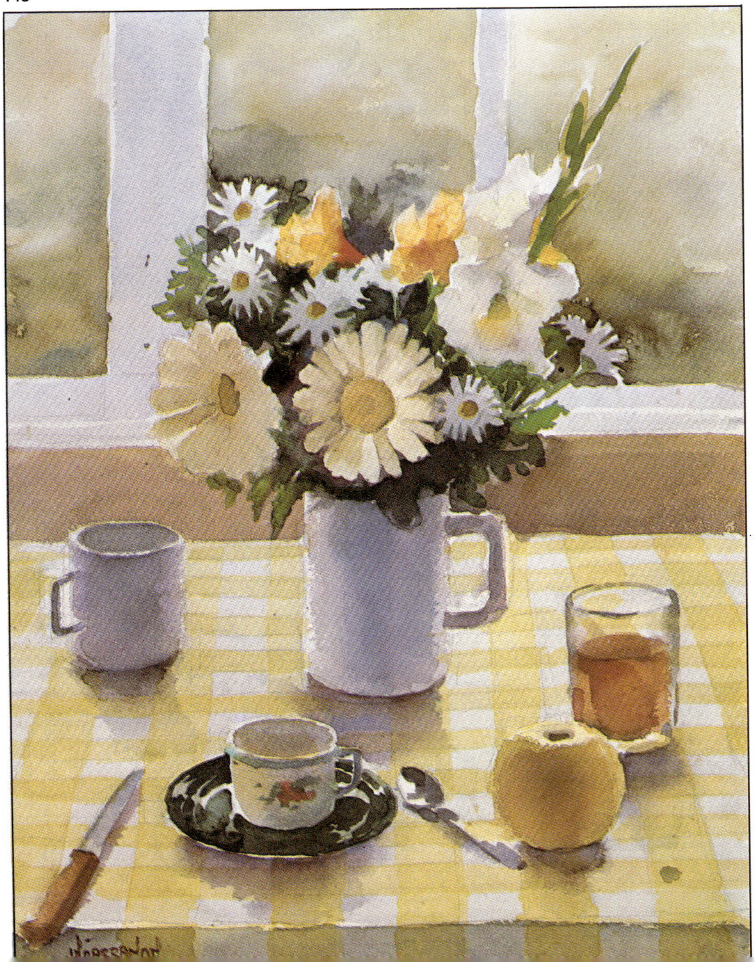

Abb. 148: Die Leuchtkraft dieses Aquarells habe ich mit einer Skala verschmutzter, gebrochener Farben erzielt.

Abb. 149: Dieser Farbenkreis zeigt die Möglichkeiten, gebrochene warme und kalte Farben zu mischen.

149

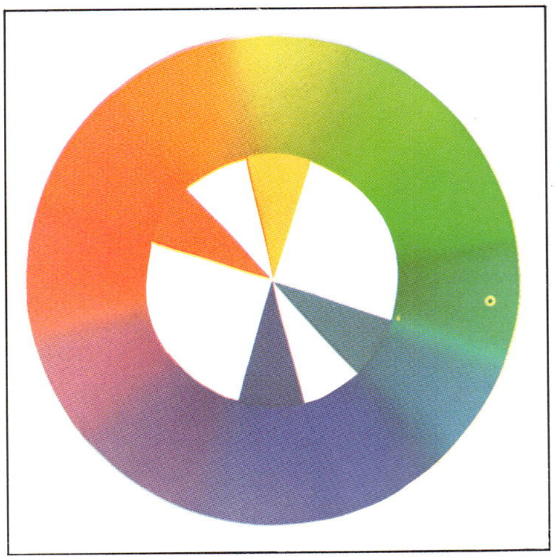

Stellen Sie sich vor, daß Francesc Crespo in seinem Atelier ein Blumenbild mit Ölfarben malt. José M. Parramón sitzt dabei, macht sich Notizen und diktiert auf eine Kassette. Er erklärt, welches Material der Maler verwendet, wie Crespo das Bild beginnt, welche Farben er zunächst und welche er anschließend auf die Leinwand trägt, wie er die Blütenblätter und die grünen Blätter löst – mit einem Wort: wie er die Blumen malt. Während Crespo malt und Parramón diktiert, befindet sich ebenfalls ein Fotograf mit Kamera und Blitzlicht im Atelier, der darauf wartet, daß Crespo oder Parramón ihn bitten, ein Foto des Pinsels „in dieser Haltung", des Spachtels in jenem Augenblick, wo die Farbe aufgetragen wird, oder des Bildes in einem bestimmten Stadium aufzunehmen.
Dies ist der Inhalt der folgenden Seiten. Sie können Schritt für Schritt die Entstehung von fünf Blumenbildern mitverfolgen, die Crespo und Parramón mit Pastell, Farbstiften, Ölfarben und Aquarellfarben gemalt haben. Eine Lektion, die sicher keine Zeitvergeudung ist.

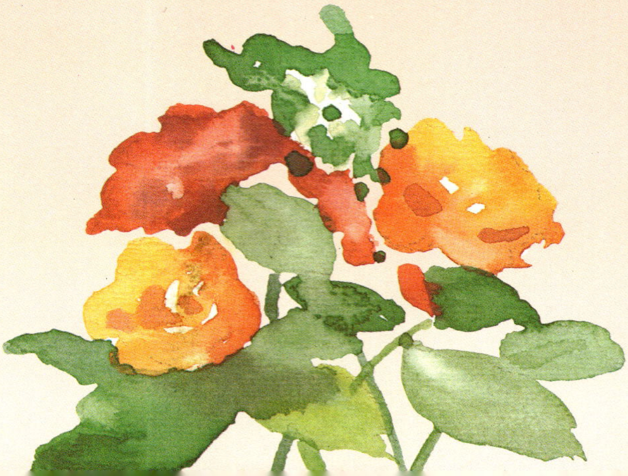

150

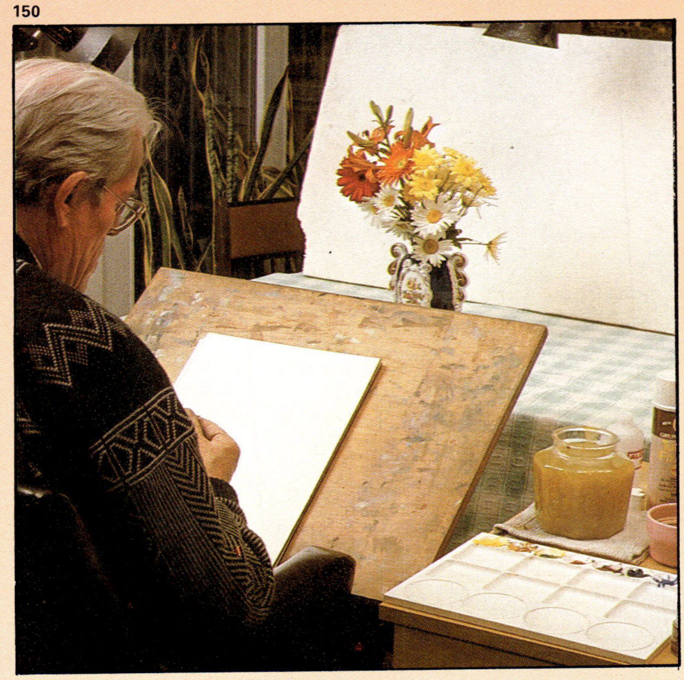

Die Blumenmalerei in der Praxis

Francesc Crespo malt ein Blumenbild als Pastell

Als Bestandteil und Zusammenfassung der Unterweisung in diesem Buch werden Francesc Crespo und José M. Parramón nun verschiedene Blumenbilder mit Pastell-, Öl- und Aquarellfarben sowie mit Farbstiften malen und anhand von Bildern persönlich Schritt für Schritt erklären, was und wie sie es tun, wie sie jedes Bild beginnen und beenden.
Francesc Crespo wird als erstes ein Bild mit einem Tonkrug und einem Strauß aus mehreren weißen und zwei rosa Margeriten mit Pastellfarben malen.
Crespo ist ein wahrer Experte für die Blumenmalerei. Er kennt alle Tricks und Geheimnisse, angefangen von der in jedem Einzelfall geeigneten Farbskala bis zur richtigen Temperatur, bei der sich die kürzlich geschnittenen Blumen mehr oder weniger lange halten.
Crespo wird auf einem weißen Papier von 70 x 50 cm malen und dafür ein Sortiment von 180 Farben von Rembrandt verwenden. „Manchmal male ich auch mit Stäbchen von Lefranc", sagt der Maler. Wie die Abbildungen auf dieser Seite zeigen, steht ein Beistelltisch mit Rollen und verschiedenen Fächern vor seiner Staffelei, auf dem sich zwei Kästen mit 180 Farben der Marke Rembrandt befinden. Neben diesen beiden Kästen liegen zwei kleinere Schachteln mit Endstücken, getrennt nach kalten (oben) und warmen Farben (unten). Auf die Fläche vor den Schachteln legt Crespo jene Farbstäbchen, mit denen er gerade malt, damit er sie nicht ständig neu herauszusuchen braucht.

151

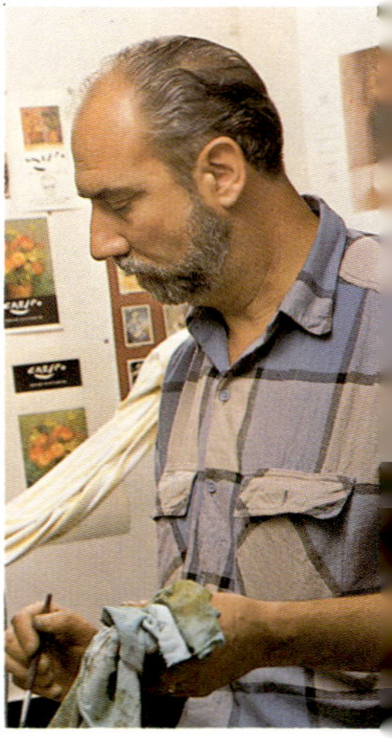

Abb. 151: Francesc Crespo ist Professor in Barcelona. Er malt mit Öl- und Pastellfarben. Crespo hat zahlreiche Ausstellungen mit dem Thema Blumen veranstaltet.

152

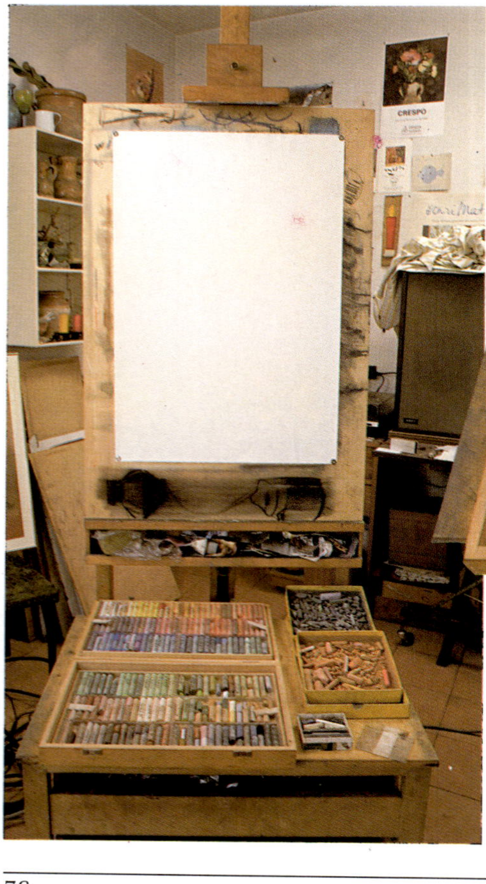

153

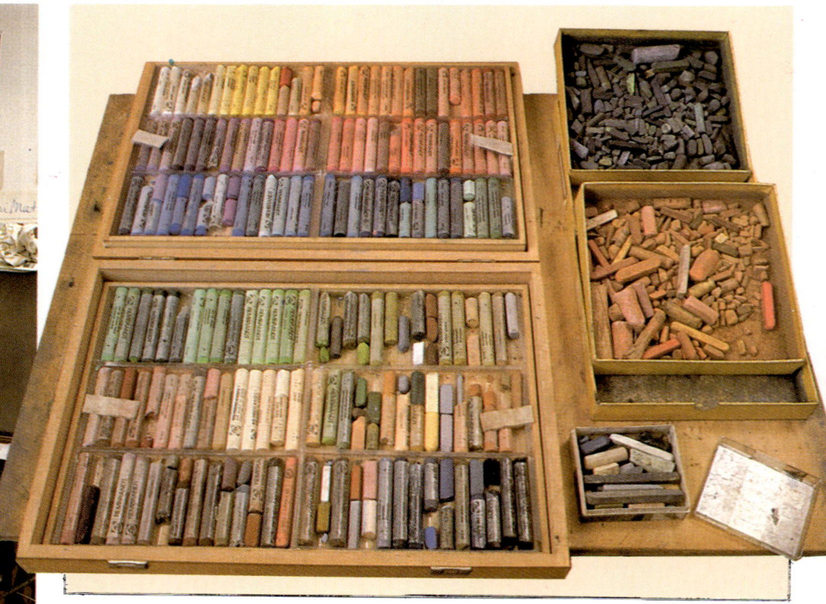

Abb. 152 und 153: Crespos Staffelei mit Zeichenbrett und Zeichenpapier, auf dem er ein Blumenbild malen wird. Davor befindet sich die „Palette" des Künstlers mit Dutzenden, perfekt in Kästen für 180 Farben geordneten Pastellstäbchen. Die Reststücke in den beiden rechten Schachteln sind nach warmen und kalten Farben sortiert.

Erstes Stadium: Aufbau der Grundstruktur

„Zunächst betrachte ich aufmerksam das Modell", erklärt Crespo. „Ich berechne mental die Höhe und die Breite des Kruges sowie des Blumenstraußes, bestimme die Einrahmung, den Hintergrund, den Platz darüber und darunter sowie zu beiden Seiten, stelle mir das Ganze aus dem Krug, dem Strauß und dem Hintergrund vor und übertrage es auf das Zeichenpapier. Anschließend ..." Crespo schweigt an dieser Stelle und beginnt, mit einer dunkelgrauen Kreide eine Reihe von Kreisen zu zeichnen, die die Lage der Blüten angeben – einen Kreis pro Blüte (Abb. 154). Rasch und sicher, wie jemand, der sein Handwerk sehr gut versteht, beendet Crespo die Zeichnung des Kruges mit dem Strauß, nimmt jetzt ein Stück Pastell in Englischrot zur Hand und malt damit den Hintergrund (Abb. 155). Betrachten Sie den Ablauf des Bildes auf den folgenden Seiten, stellen Sie fest, daß Crespo sofort das Weiß des Papiers abdeckt. „Das ist dringend erforderlich", erklärt er. „Um die Kontraste auszugleichen und eine Farbe genau zu bestimmen, braucht man die Untergrundfarbe. Man darf ja das Gesetz der Simultankontraste nicht unberücksichtigt lassen, nachdem eine Farbe um so heller oder dunkler wirkt, je dunkler bzw. heller der sie umgebende Ton ist."
Doch Crespo ist noch am Anfang des Bildes und kümmert sich zu Beginn mehr um die Formen als um die Farbe. Als erstes malt er mit Dunkelgelb das Innere der Margeriten und um diese Flecken herum mit dunkelgrauer Kreide die Blütenblätter (S. 78). Er sorgt für die korrekte Lage und Form der Blüten und Blätter sowie der Zwischenräume im Schatten ... Erlauben Sie mir hier eine kurze Zwischenbemerkung zum Thema Zeichnung.

Abb. 154 und 155: Crespo beginnt mit großzügigen Linien zu zeichnen und gibt die Lage der Blumen durch Kreise an, ohne sich vorerst um Einzelheiten wie Blätter, Blüten oder Stempel zu kümmern.

154

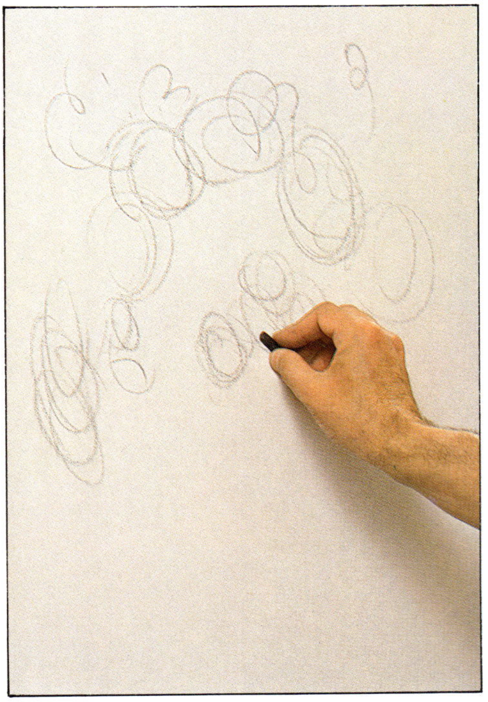

155

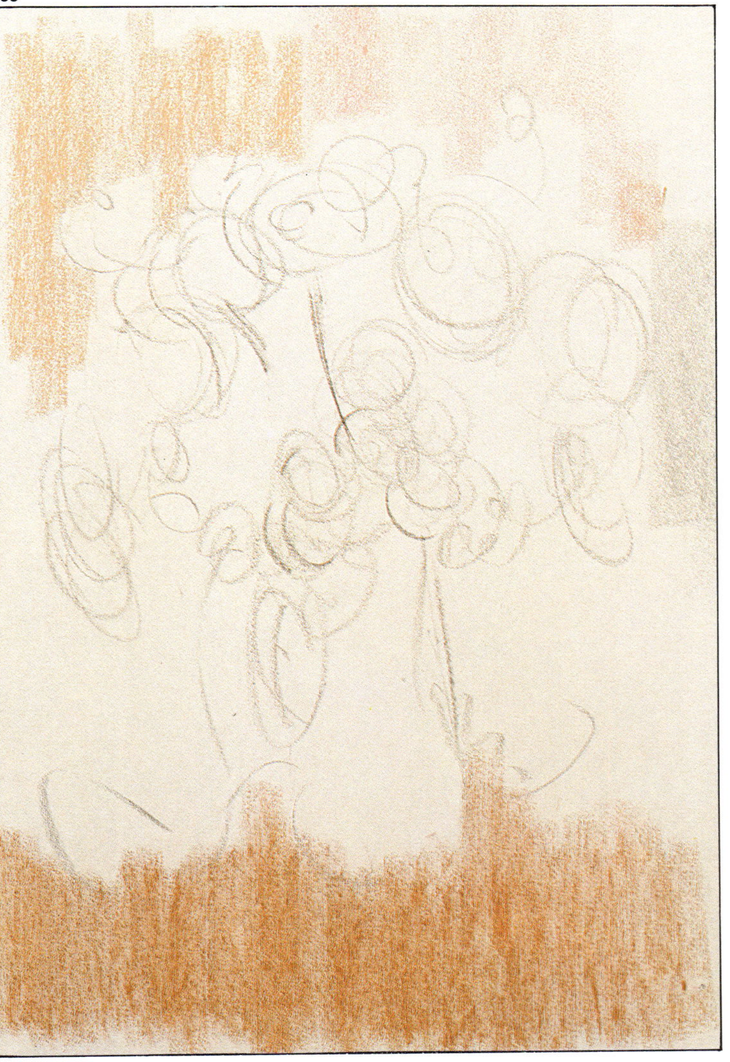

Zweites Stadium: Malen auf einer guten Zeichnung

Für alle Malverfahren, für alle Techniken benötigt der Maler – der gute Maler – eine gründliche Beherrschung der Zeichenkunst. Man kann nicht malen, ohne zu zeichnen. Dieser ständig wiederholte Gedanke, den Ingres in dem Satz zusammenfaßte: „Man malt, wie man zeichnet", wird um so offensichtlicher bei der Arbeit mit Pastellfarben. Crespos Malweise bestätigt diese Regel: Der Maler berichtigt zunächst den Aufbau, zeichnet mit feinen Strichen Blütenblatt für Blütenblatt die Umrisse der Blumen und hält sich dabei genau an die Formen des Modells.
Beobachtet man, wie er zeichnet, wie er sich um die Struktur bemüht, scheint ihm die Form zu Beginn wichtiger zu sein als die Farbe. Doch unmittelbar darauf verschwinden die Striche bereits unter der Farbe. Farbflecken und -formen ersetzen die konkrete Zeichnung. Auf dieser soliden Struktur beginnt der Künstler zu malen, zu erfinden, schöpferisch tätig zu werden. Er malt also mit den Pastellfarben und kann – bis zu einem gewissen Grad – sogar hell auf dunkel legen. Ideal ist es, wenn der Maler unmittelbar und quasi ohne Farbmischungen auskommt und dazu die breite Skala der Farben und Nuancen ausnutzt, die ihm zur Verfügung steht.

156

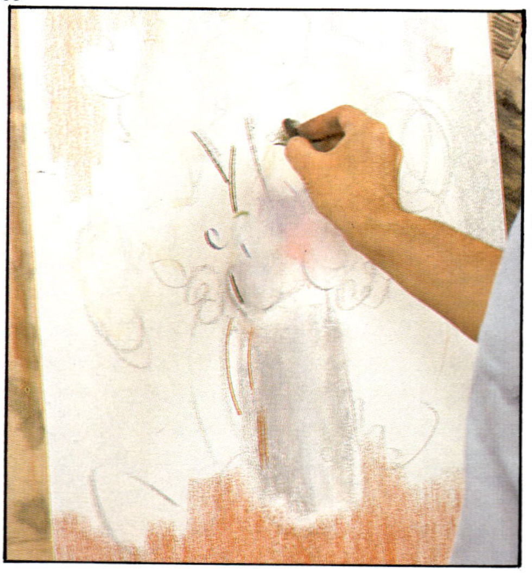

Abb. 156 bis 158: Anschließend zeichnet er mit konkreteren Strichen die Formen und fügt bereits bei dieser Grundzeichnung Farben hinzu, die er rasch mit den Fingern verwischt und mit den Formen verschmilzt.

157

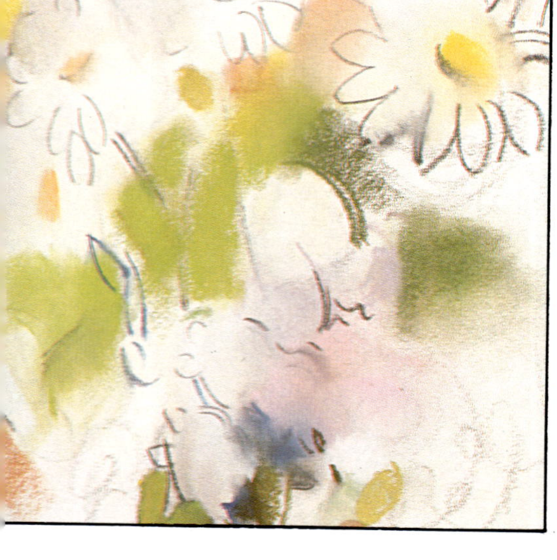

158

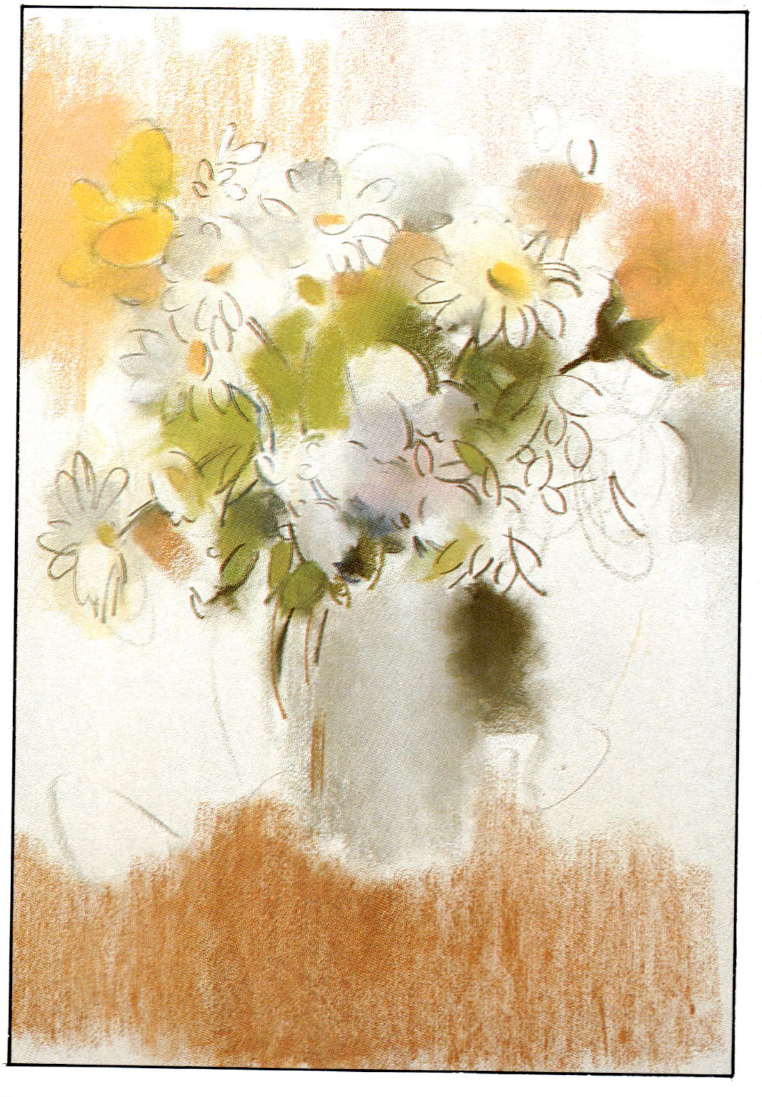

Drittes Stadium: der Hintergrund

Abbildung 160 zeigt, daß Francesc Crespo während dieser Phase des Bildes einen Lappen in der linken Hand hält. Dazu muß man wissen, daß sich die Pastellstäbchen in der Hand oder bei der Lagerung nach Farbskalen in den Kästchen gegenseitig verschmutzen und mit einer graustichigen, gräulichen oder lachs-sienaartigen Schicht überziehen, die die tatsächliche Farbe verdeckt, so daß man sie immer wieder rasch mit einem Lappen abreiben und reinigen muß. Eine andere Möglichkeit, dieses kleine Problem zu lösen, besteht darin, vor dem Auftragen jeweils einen Probestrich am Rand des Zeichenbrettes zu machen, auf dem sich das Zeichenpapier befindet (Abb. 161).

Crespo beginnt jetzt also mit dem Hintergrund. Dazu sucht er in seinem Kasten nach je einem lachsfarbenen, einem grauen, einem ockerfarbenen, einem englischroten sowie einem schwarzen Stäbchen und zeichnet und malt und verwischt die Farben ausschließlich mit den Fingern. „Du siehst?“ Ja, auf den Abbildungen 162 bis 165 ist das gut zu erkennen.

Crespo beendet den Hintergrund, besser gesagt, diese „Generalprobe“ mit Farbe.

Abb. 159 bis 165: Hier sehen Sie einige technische Aspekte von Crespos Malweise mit Pastellfarben: Er reinigt die Stäbchen und die Finger nach jedem Strich und jedem Verwischen, um absolut saubere Farben zu erhalten (Abb. 160); er macht Probestriche auf dem Rand des Zeichenbrettes (Abb. 161), verwendet zum Überlagern der Farben kleine Stücke (Abb. 162) und verwischt sie grundsätzlich mit den Fingern (Abb. 163 bis 165).

159

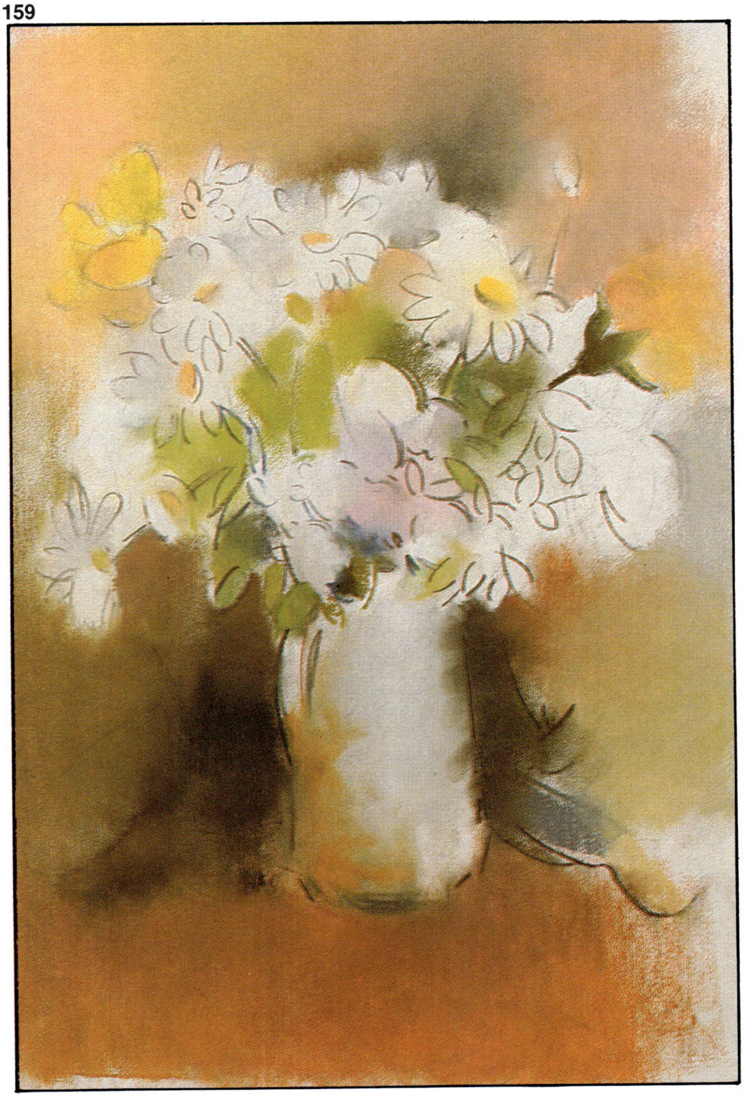

160

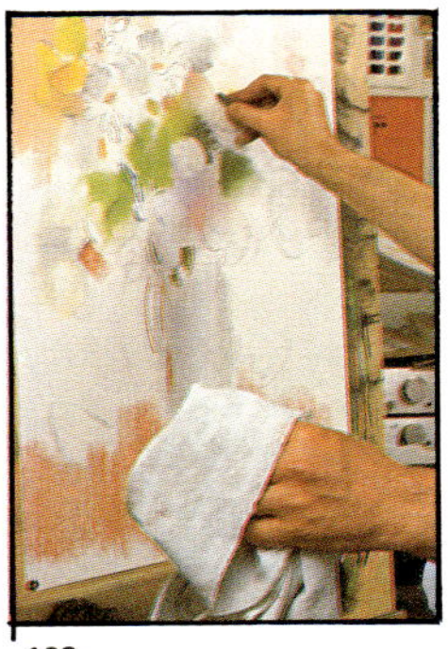

161

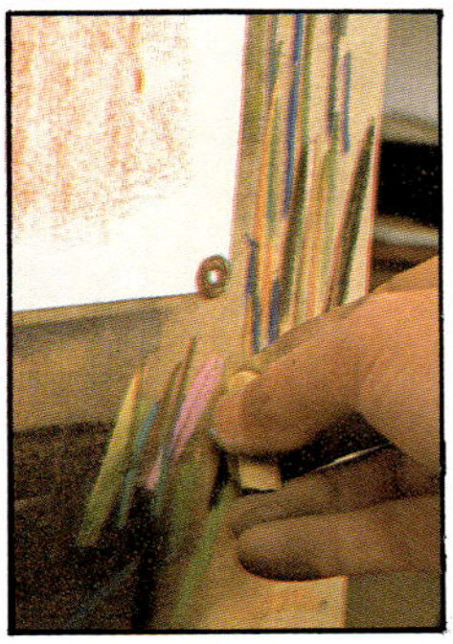

162

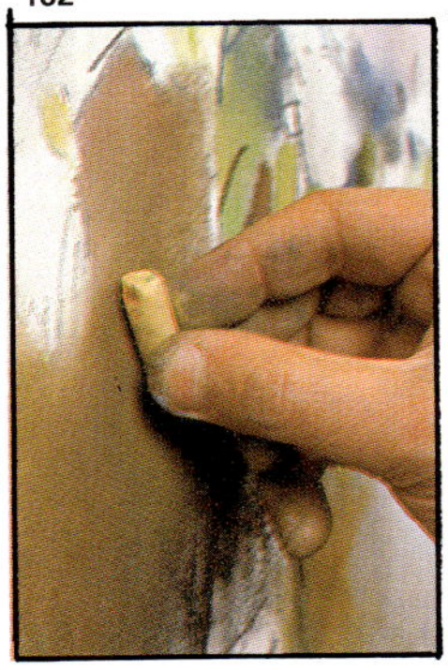

163

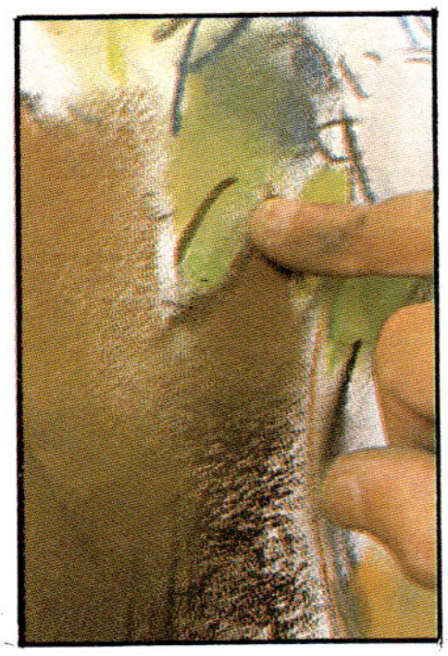

164

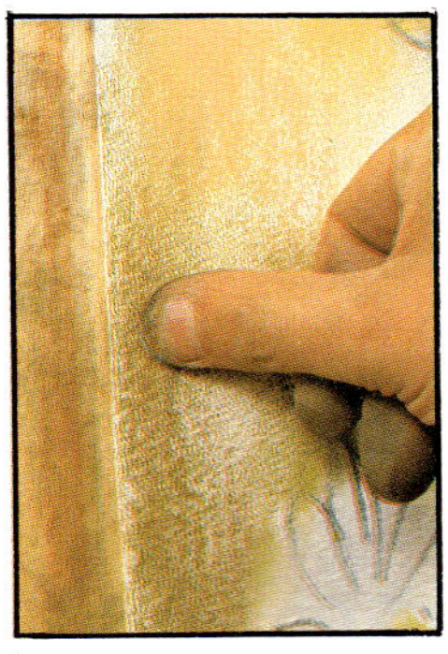

165

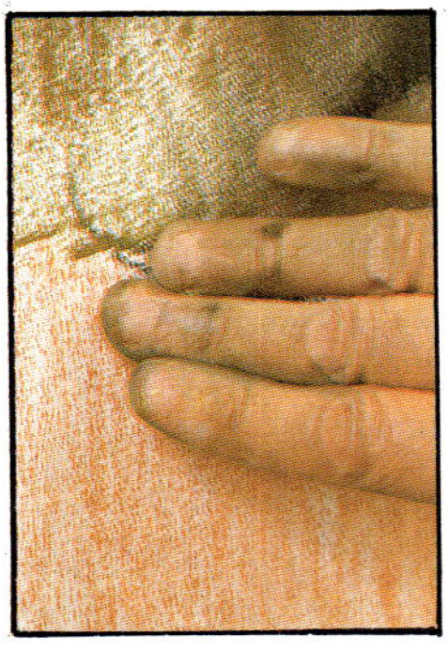

Viertes und letztes Stadium: Malen und Verwischen

Crespo trägt weiterhin Farbe auf und malt und verwischt mit den Fingern. Er überlagert und mischt die Farben, reinigt die Stäbchen mit einem Lappen und säubert damit auch die Finger. „Beachte eines: Bevor man von einer Fläche zur nächsten übergeht, sollte man die Finger säubern, damit sich die Farben nicht mischen und eine ganze Sinfonie in Grau entsteht."

„Ich stelle fest, daß du zum Korrigieren weder einen Radiergummi noch einen Lappen verwendest", sage ich. Wie immer kommt die Antwort sofort. „Nein. Ich würde höchstens ausnahmsweise zu einem knetbaren Gummi greifen, dessen Form man wie Plastilin verändern und mit dem man winzige weiße Stellen wieder öffnen kann, wie sie für ein Blütenblatt oder einen schlanken Zweig nötig sind. Das paßt meines Erachtens jedoch eher zu einem beinahe hyperrealistischen Stil und nicht zu dieser frischen, weichen Ausdrucksweise, die dem Impressionismus so ähnelt. Außerdem weißt du ja, daß es nicht ratsam ist, mit einem Lappen oder Radiergummi einen Strich oder einen Fleck auszulöschen oder zu verändern. Man sollte die fehlerhafte Stelle lieber übermalen und dadurch unsichtbar machen." Inzwischen haben wir das letzte Stadium des Bildes erreicht. Crespo wiederholt jetzt äußerst konzentriert immer dieselben Gesten: Er malt, verwischt mit den Fingern, reinigt die Spitze des Stäbchens oder die Finger, betrachtet das Modell, schaut sein Bild an, blickt erneut auf das Modell, zeichnet, verwischt, reinigt . . .

Die Lektion aus dieser Phase besteht darin, zurückzuschauen und den schrittweisen Ablauf dieses Bildes nachzuvollziehen, wobei der Maler stets das Ganze im Auge behalten hat . . . Crespo unterbricht mich beim Diktieren. „Überlaß mir den Schluß, Parramón. Den folgenden Gedanken habe ich meinen Schülern in den Zeichenklassen der Hochschule der schönen Künste immer wieder vorgetragen: ‚Alle Teile des Bildes müssen dem Ganzen untergeordnet werden. Das Werk muß schrittweise fortschreiten. Zu keinem Zeitpunkt darf ein Teil, ein Detail ein fortgeschritteneres Stadium aufweisen als das Ganze. Man muß das gesamte Bild gleichzeitig behandeln.'"

Abb. 166 und 167: Vergleicht man diese beiden Stadien des Bildes, erkennt man deutlich Crespos Auffassung: „Die Einzelheiten müssen dem Ganzen untergeordnet werden. Man muß stets das gesamte Bild bearbeiten."

166

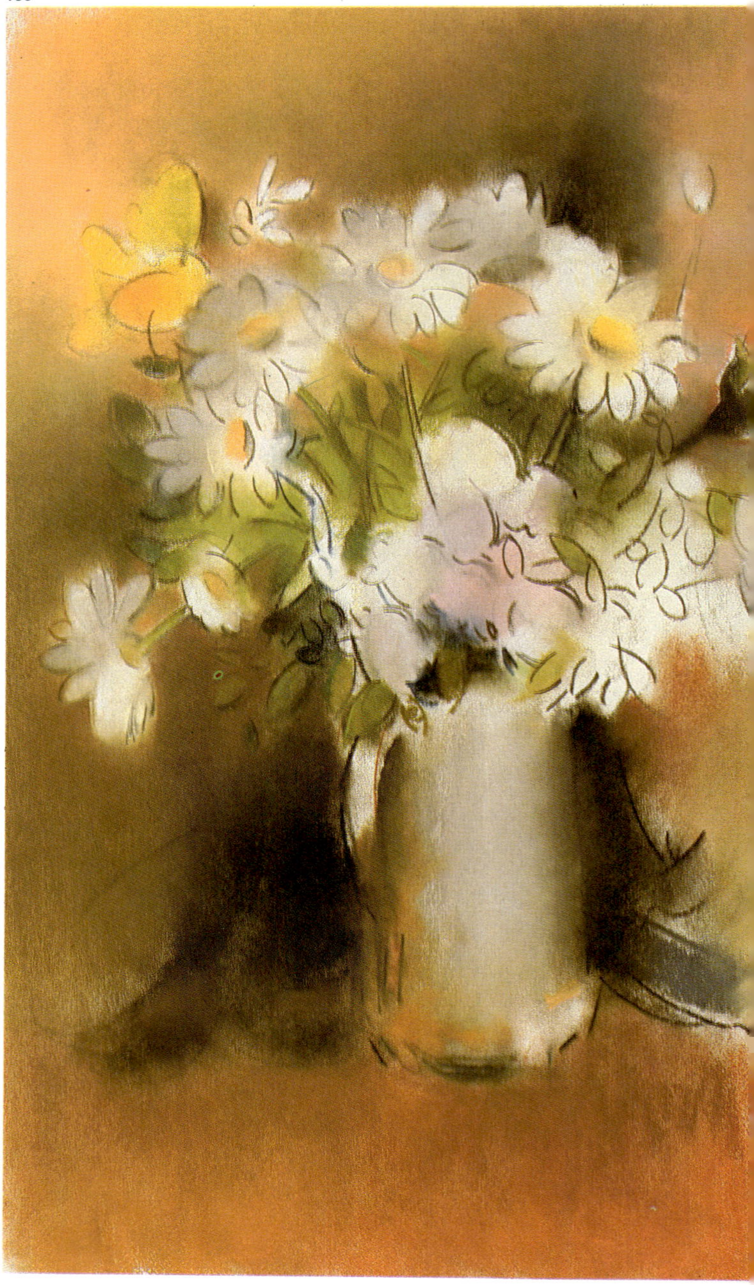

167

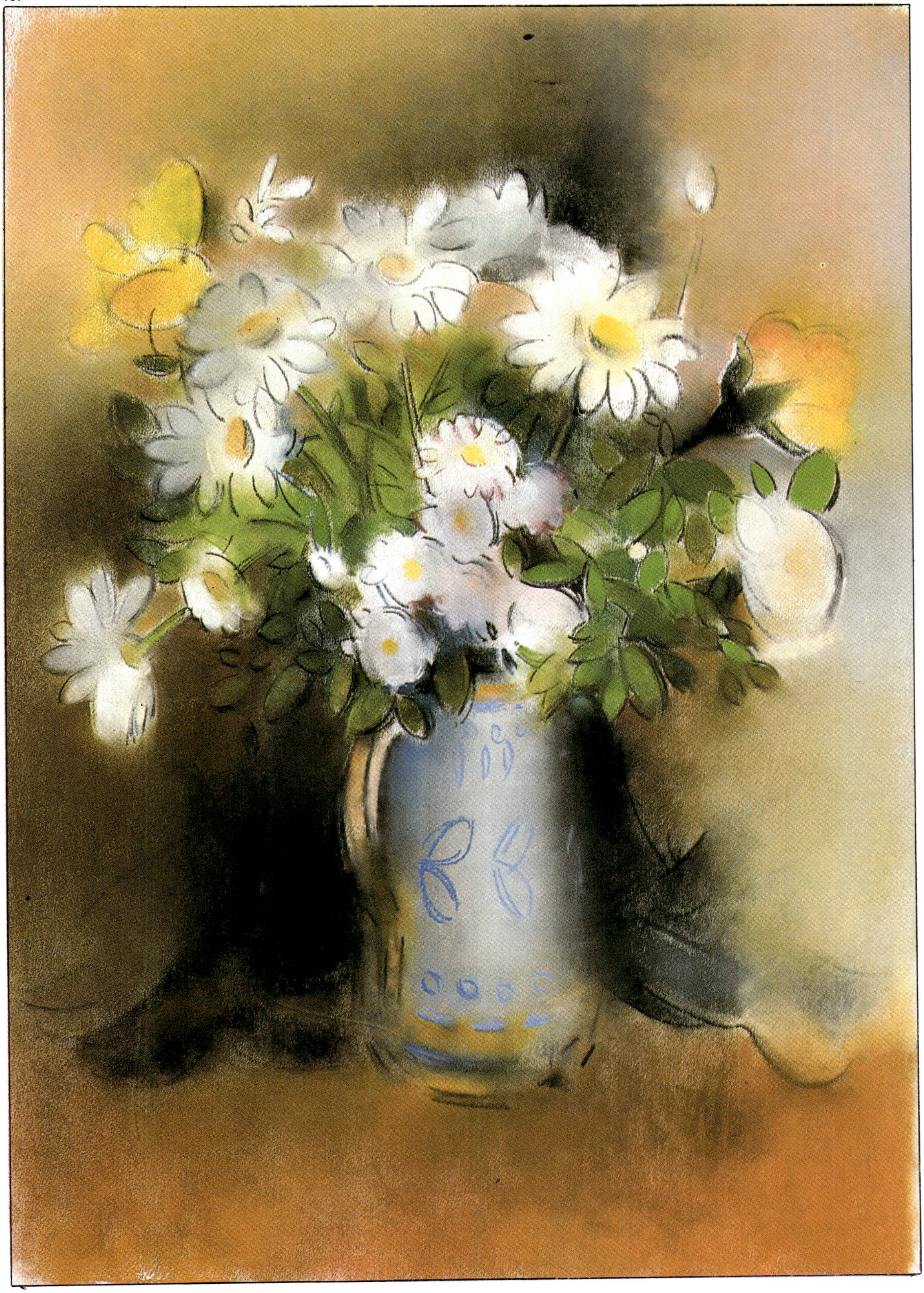

Parramón malt ein Blumenbild mit Farbstiften

Das Malen mit Farbstiften wird normalerweise mit Kinderzeichnungen oder wenig künstlerischen Arbeiten in Verbindung gebracht. Trotzdem wurden die Farbstifte seit ihrem Auftauchen gegen Ende des 19. Jahrhunderts von den Impressionisten für ihre Landschaftsstudien verwendet. Toulouse-Lautrec fertigte zahlreiche Zeichnungen und Skizzen seiner Ballerinen und Sänger in den Pariser Kabaretts mit Farbstiften an. Auch in unserem Jahrhundert haben viele berühmte Künstler wie der Österreicher Gustav Klimt, der Belgier Fernand Khnopff und der Engländer David Hockney mit Farbstiften gezeichnet und gemalt. Ich selbst habe ein Buch über die Technik und die Möglichkeiten der Farbstifte verfaßt: „Richtig malen mit Farbstiften“, in dem ich darauf hinweise, daß sich Farbstifte ideal zum Malenlernen eignen: Sie sind auch dem Anfänger bekannt. Er muß deren Gebrauch im Gegensatz zu Pinsel, Spachtel, Flüssigfarben etc. nicht erst erlernen, sondern kann sich voll auf die Grundprobleme der Mischung und Komposition konzentrieren.

Genau das wollen wir jetzt ebenfalls tun und dabei einen Blumenstrauß mit Farbstiften malen.

168

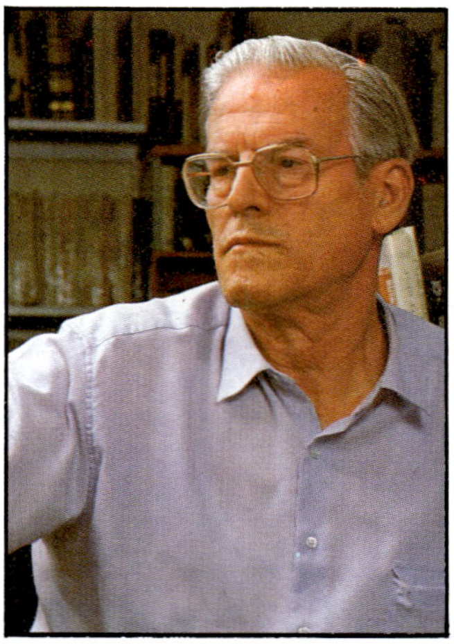

169

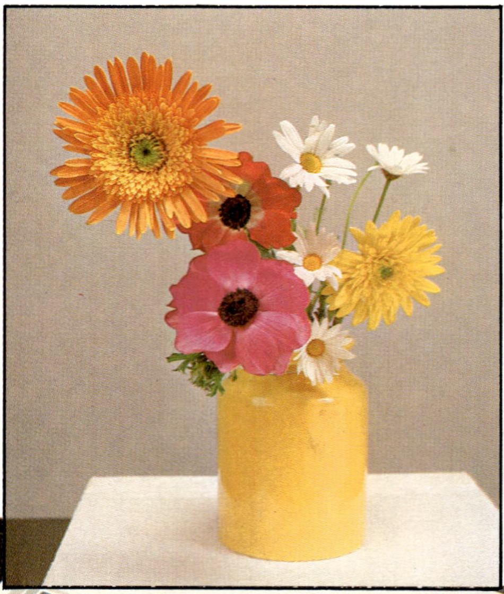

170

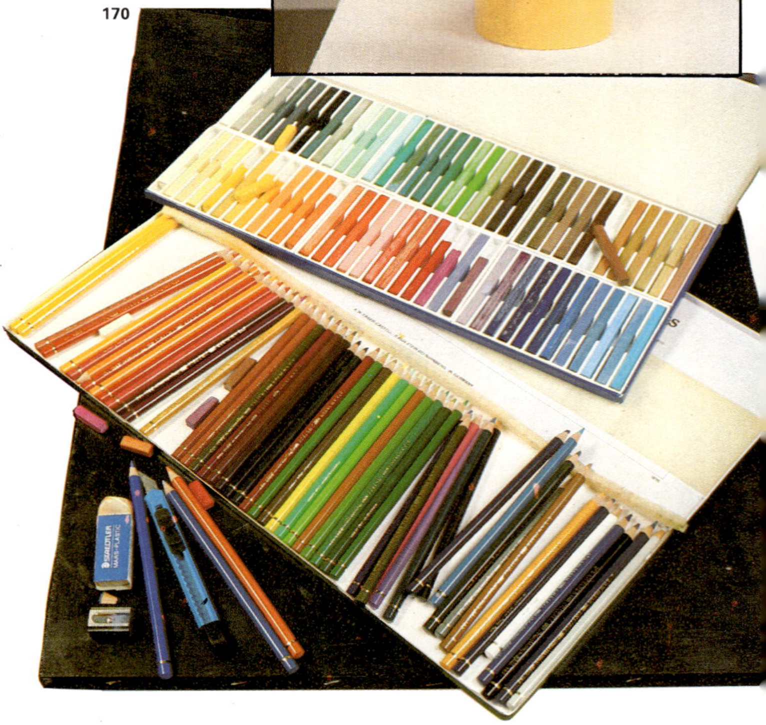

Abb. 168: José M. Parramón ist Professor für Zeichnen und Malen und Autor von mehr als dreißig Lehrbüchern zu diesem Thema. Er hat des öfteren mit Farbstiften gezeichnet und gemalt. „Sie sind ein einfaches Medium, bieten jedoch vor allem bei der Darstellung von Blumen zahlreiche Möglichkeiten“, erklärt Parramón.

Abb. 169: Hier das Modell mit Blumensorten, deren Form und Farbe sich ganz besonders für die Arbeit mit Farbstiften eignet. Die Margeriten sowie die orangefarbene und die gelbe Blüte besitzen eine ziemlich komplexe Zeichnung, die aus zahlreichen kleinen Formen besteht, während die Farben eine beachtliche Harmonie und lebhafte Kontraste aufweisen.

Abb. 170: In dem oberen Kasten sehen Sie ein Sortiment von 72 Farben der Firma Cumberland aus Minen ohne Holz, die sich insbesondere für Hintergründe und große Flächen eignen. Darunter befindet sich ein Kasten mit 60 Farbstiften der Marke Faber-Castell sowie als Hilfsmittel ein Radiergummi, ein Anspitzer sowie ein Cutter.

Abb. 171 und 173: Bereits die Vorzeichnung muß mit Farbstiften angefertigt werden, und zwar mit Orange bzw. Gelb für die orangefarbene und die gelbe Blüte, mit Rot für die rote Blüte und mit Blau für die Margeriten.

Abb. 172: erster Schritt: Angabe der allgemeinen Farbe jeder Blüte mit Hilfe der viereckigen Mine.

Abb. 174: Ein Blumenstrauß kann zehn oder mehr Farben aufweisen. Beim Malen mit Farbstiften hält der Künstler die benötigten Farben in der linken Hand.

Grundtechnik der Arbeit mit Farbstiften

171

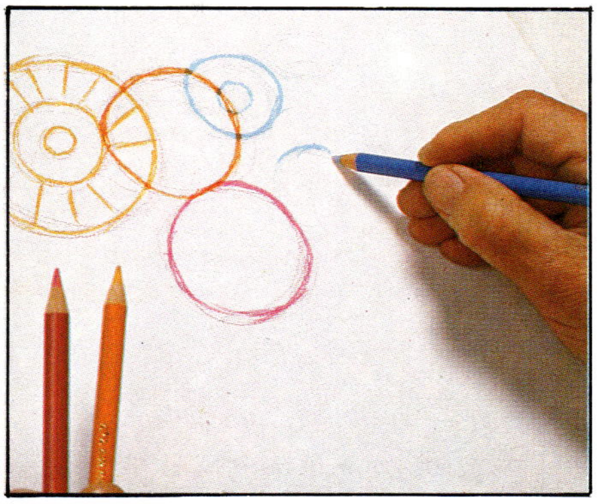

172

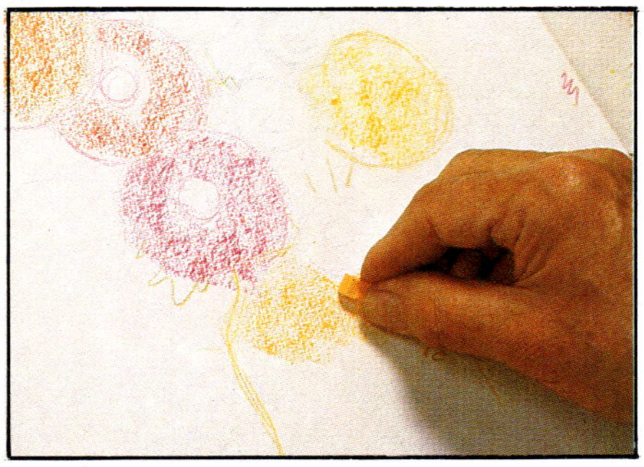

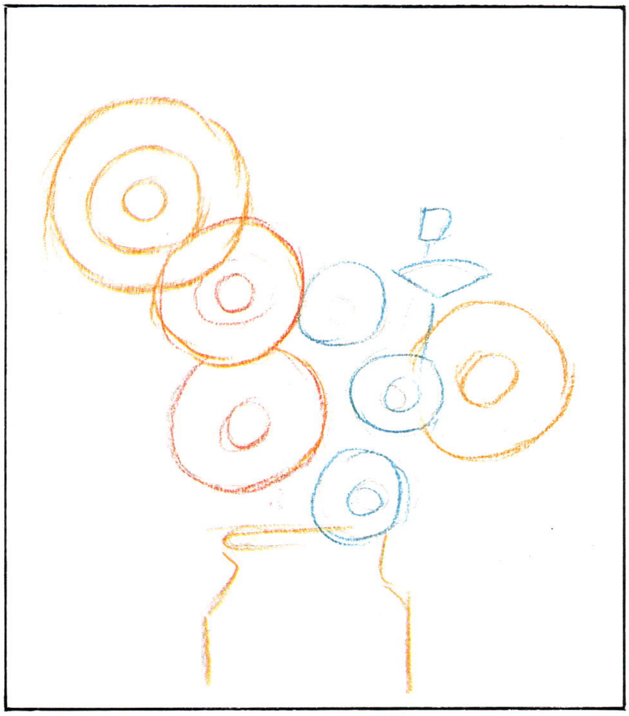

173

Abb. 175: Malt man eine bestimmte Fläche zunächst mit einer hellen Farbe wie dem Gelb und überlagert sie mit einer dunkleren Schicht, läßt sich anschließend mit einem Messer oder Cutter negativ darauf zeichnen, indem man die helle Farbe wieder hervorholt.

Abb. 176: Ich male nun den grauen Hintergrund und benutze dazu die flachaufliegende Mine.

Abb. 177: Bei der Arbeit mit Farbstiften zeichnet und malt man gleichzeitig. Hier zeichne ich mit dicken Strichen den Umriß der roten Blüte, die ich anschließend mit demselben Stift ausmalen werde.

174

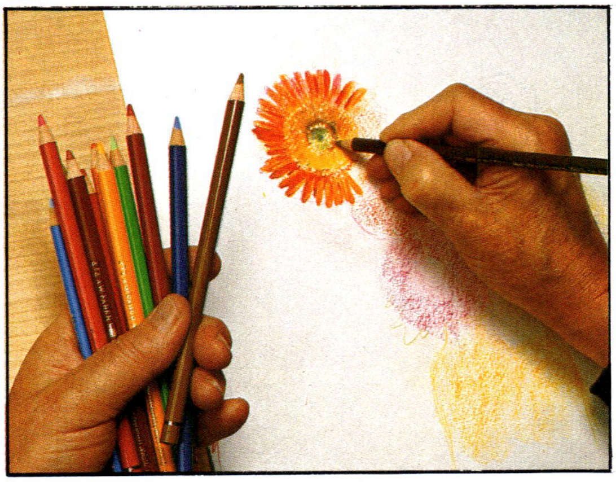

175

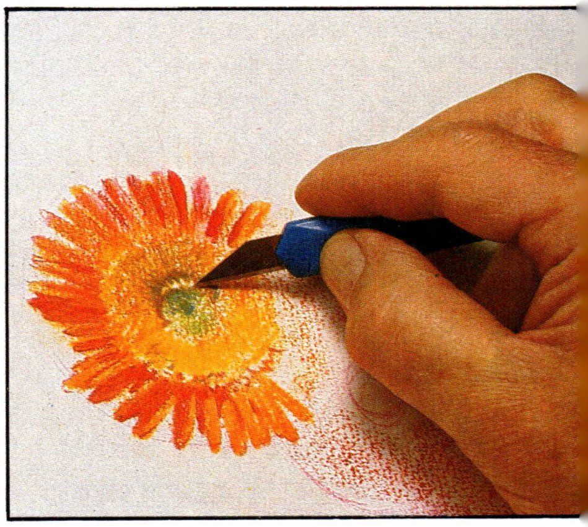

176

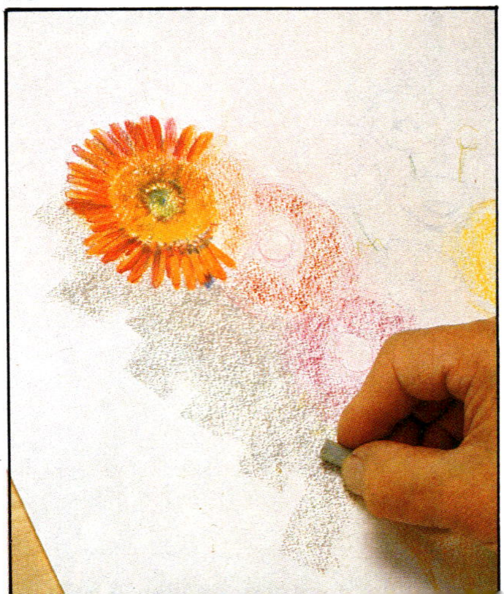

177

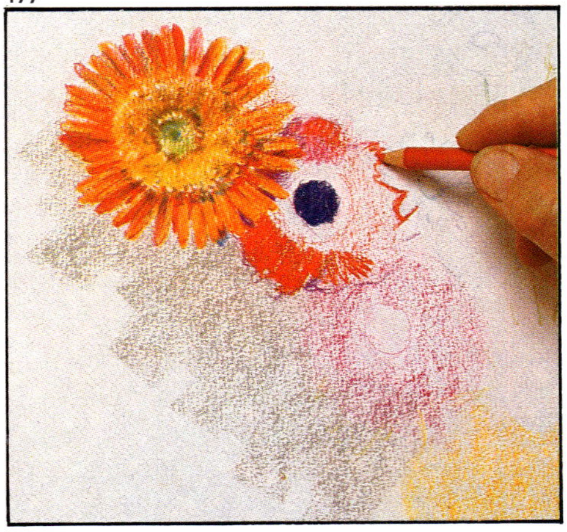

Zeichnen und Malen in Schichten

Dieses Stadium des Bildes (Abb. 178) scheint jener unzählige Male wiederholten Regel zu widersprechen, daß man *alles gleichzeitig behandeln und alles auf einmal malen soll, so daß das gesamte Bild gleichzeitig fortschreitet.* Nein, hier handelt es sich nicht um einen Widerspruch, sondern um die Ausnahme von der Regel. Die Regel bleibt weiterhin gültig, um vor allem bei der Arbeit mit deckenden Farben (Öl- oder Pastellfarben) Farb- und Kontrastfehler zu vermeiden.
Die Regel bleibt bestehen, gilt allerdings weniger für die Schnelltechnik, bei der man ein Bild auf Anhieb malt, ohne es nachträglich zu verbessern oder zu übermalen. Sie sollte – wenn auch nicht absolut – auch bei der Aquarellmalerei berücksichtigt werden, deren Vorzug und künstlerischer Wert bekanntlich darin besteht, daß eine Farbe auf Anhieb erreicht wird.
Farbstifte sind nicht deckend, man kann mit ihnen nicht hell auf dunkel malen; sie lassen sich auch nicht wie Bleistifte, Zeichenkohle, Rötel oder Pastellfarben verwischen oder rasch großflächig anlegen. Mit ihnen muß man Strich für Strich, Linie für Linie arbeiten. Deshalb eignen sie sich erstens nicht zum Malen großer Flächen, und man sollte zweitens den Hintergrund mit der Farbe des Papiers (weiß, creme, grau etc.) wiedergeben.
Bei dem Blumenbild, das ich jetzt malen werde, ist der Hintergrund weiß oder hellgrau, so daß sich keine Probleme der Sukzessivkontraste aus der Nebeneinanderstellung von Farben ergeben. Auch die Bildgröße wirft keine Schwierigkeiten auf; bei einem großformatigen Werk müßte man tatsächlich alles gleichzeitig im Auge behalten und bearbeiten.
Doch letztlich gibt es in der Kunst keine absoluten Regeln: Ich habe immer geraten, auch mit Farbstiften alles „von wenig nach mehr", also gleichzeitig zu erledigen. Auch diesmal habe ich es so gehalten, und zwar auf Anhieb endgültig. Der berühmte Maler Jean Baptiste Camille Corot malte so und *fertigte ein Bild auf diese Weise Schritt für Schritt endgültig an, so daß ihm nur wenig zu tun blieb, nachdem seine Leinwand einmal mit Farbe be-*

178

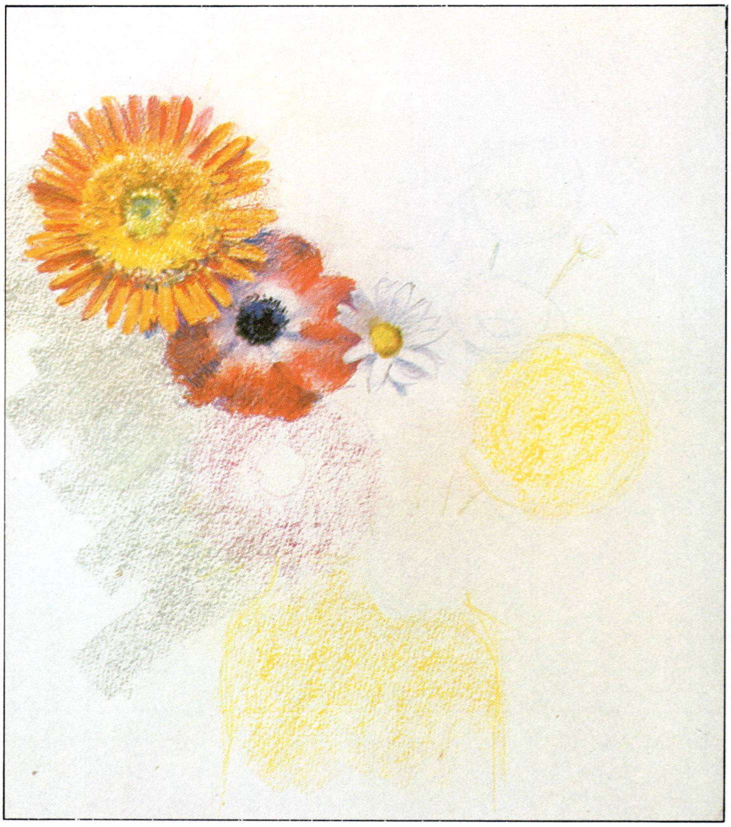

179

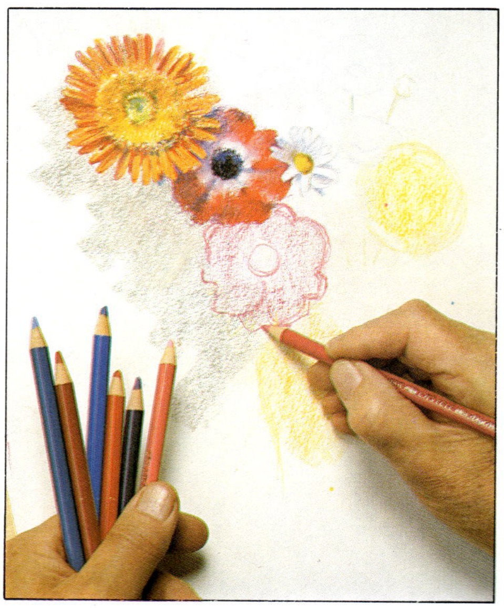

Abb. 178 und 179: Hier das Stadium des Bildes zu diesem Zeitpunkt. Bei der Arbeit mit Farbstiften kann man natürlich nicht alles gleichzeitig bearbeiten. Das Bild wird vielmehr mit Hilfe quasi endgültiger Flächen oder Zonen aufgebaut, denn man malt zeichnend.

180

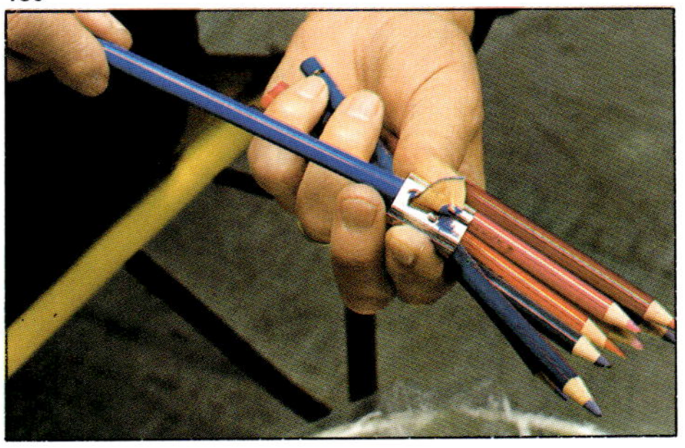

Abb. 180: Um „ein Maximum an Ertrag mit einem Minimum an Aufwand zu erreichen", wie die Wirtschaftler sagen, rate ich Ihnen, die Farbstifte mit einem Anspitzer zu spitzen und keinen Cutter zu verwenden, der mehr Zeit, Konzentration und Geschick verlangt. Der Anspitzer muß allerdings einen langen Kegel besitzen und von guter Qualität sein.

Abb. 181 und 182: Ein Sortiment von 60 Farbstiften reicht im allgemeinen aus, um die Farben unmittelbar aufzutragen. Trotzdem kommt man manchmal um eine Mischung nicht herum: hier um das Karmin-Violett-Purpur zu erhalten, das ich aus einer Schicht Kobaltblau hell und einer Schicht Purpur hell erziele, wie hier zu sehen.

181

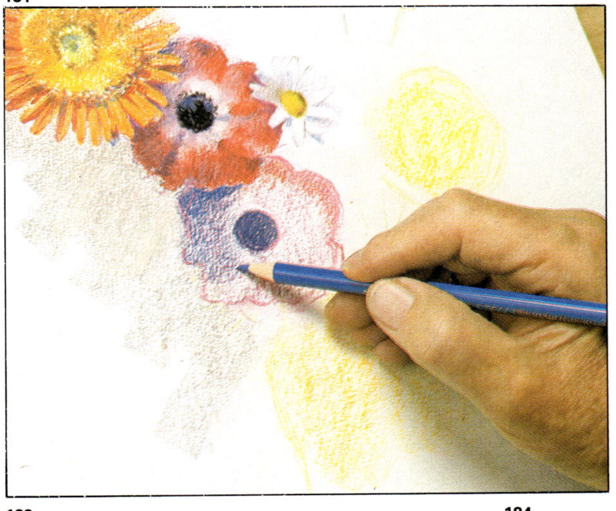

182

183

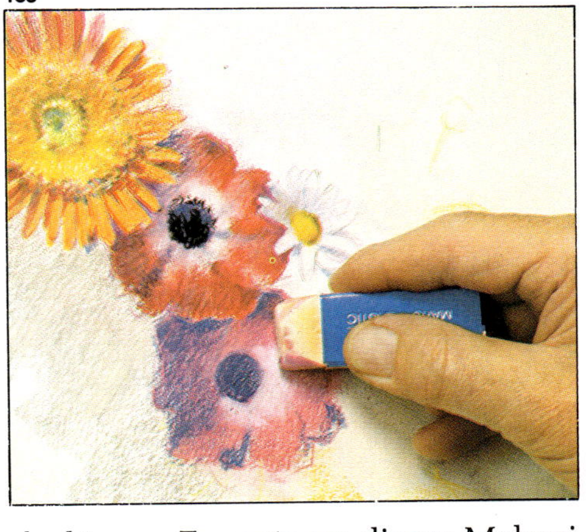

184

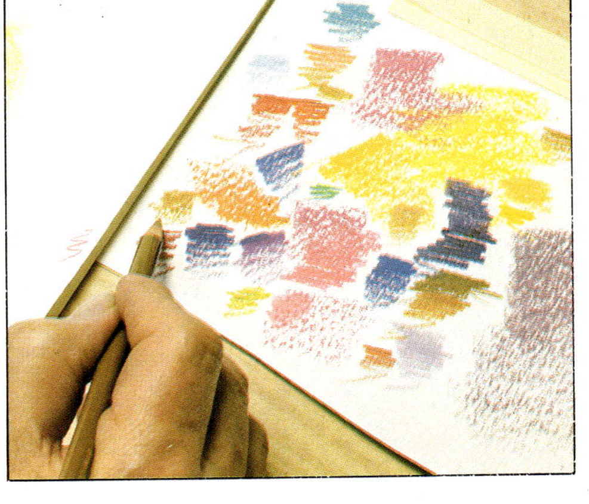

Abb. 183: Farbstifte guter Qualität ermöglichen ein Radieren mit dem Gummi, bis das Weiß des Papiers beinahe wieder vorhanden ist. Radieren Sie also furchtlos, falls es erforderlich ist; dagegen ist absolut nichts einzuwenden.

Abb. 184: Beim Zeichnen und Malen mit Farbstiften sollten Sie ein Extrablatt von der Qualität Ihres Zeichenpapiers zur Hand haben, um die Farben und Nuancen vor dem eigentlichen Malen auszuprobieren.

deckt war. Er sagte zu dieser Malweise: „Ich habe beobachtet, daß alles, was unmittelbar erledigt wird, angenehmer und natürlicher wirkt und man von glücklichen Zufällen profitiert, während die erste Tonalität beim Übermalen verlorengehen kann."

Die Zeichnung als Grundlage des Bildes

185

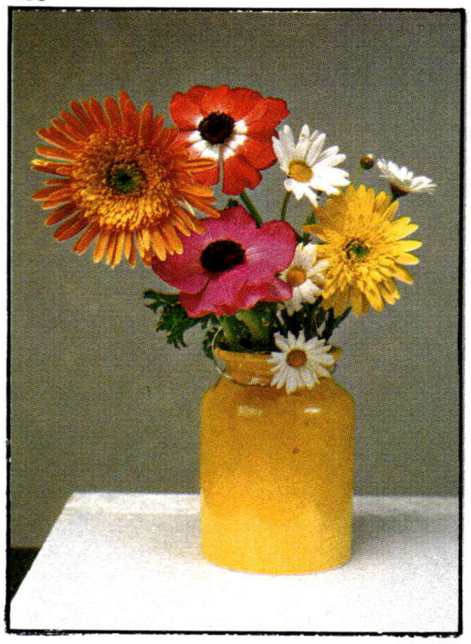

186

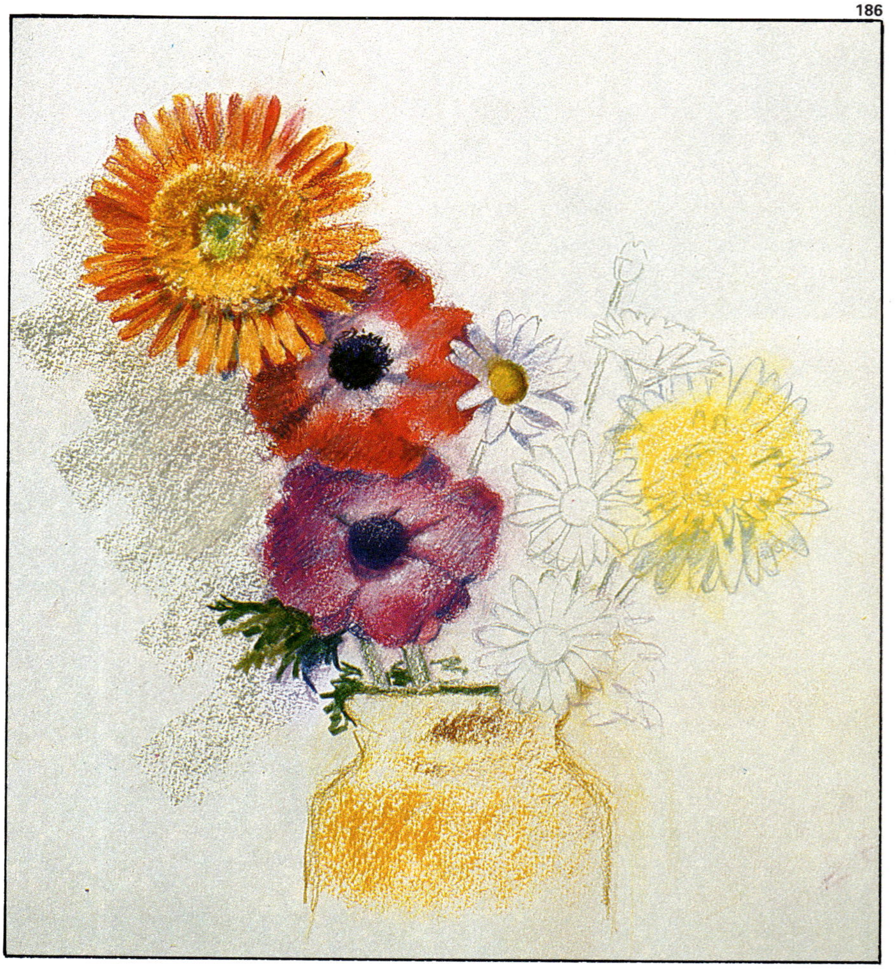

Abb. 185 und 186: Ich beende die dritte Blüte und stelle das Bild für einige Stunden beiseite. Die Blumen beginnen schon zu welken, vor allem die roten Anemonen. Ich hebe den Strauß ein wenig an, um ihn vom Krug zu trennen und eine bessere Komposition zu erhalten, bei der man die Stengel und Blätter sieht. Diese Formen werde ich mit Grün malen.

Die Farbstifttechnik läßt sich wie folgt beschreiben: es ist *die Kunst, die Farben zu zeichnen.* Man malt ja tatsächlich Strich für Strich und Linie für Linie und hat kaum die Möglichkeit, die Farben mit Hilfe von Mischungen zu komponieren (daher die Sortimente von 60 und 72 Farben, so daß man wie bei den Pastellfarben in jedem Fall die genaue Nuance findet). Die Farben, die Nuancen, die Schattenzonen und die Reflexe werden mit zahlreichen unterschiedlichen Farbstiften angelegt, wobei man immer abwechselnd zeichnet und malt. Es ist kein Wunder, daß man in einem Bild, das mit Farbstiften angelegt wurde, Linien erkennt, die die Formen und Konturen begrenzen und von den anderen Formen trennen. Dies entspricht genau der Idee, die Farben zu zeichnen, also zeichnend zu malen.

Den Abbildungen und dem Text der folgenden Seiten bis zum Endstadium des Bildes können Sie den schrittweisen Ablauf entnehmen. Daraus geht die Bedeutung der Zeichnung als Grundlage der Farbstifttechnik deutlich hervor.

Abb. 187 bis 190: Ich beginne mit den kleinen Formen der Margeriten: Dies erfordert große Präzision und Sauberkeit sowie eine genaue Zeichnung, für die sich die Farbstifte gut eignen (Abb. 187). Anschließend trage ich ein helles Rosa auf, um die Schattenfarbe zu komponieren (Abb. 188). Ich lege ein Hellblau darüber, so daß ein bläuliches Grau entsteht, das den Blütenblättern der Margeriten im Schatten entspricht (Abb. 187). Die orangefarbene und die beiden roten Blüten sowie die Margeriten sind praktisch beendet. Ich verkleinere die Margeriten an manchen Stellen mit Grün (Abb. 190); anschließend hat das Bild Form angenommen und ist gut ausgearbeitet.

187

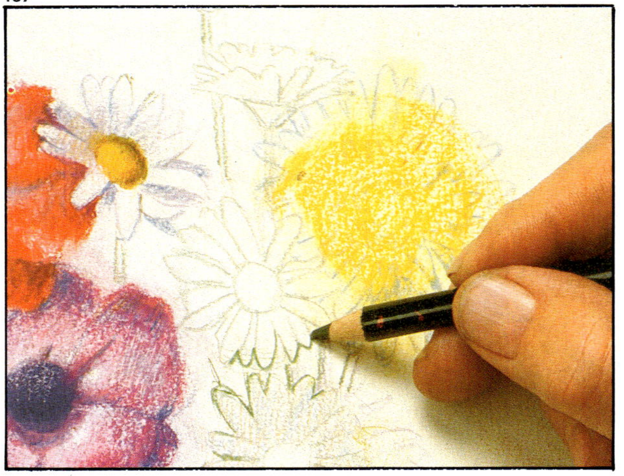

188

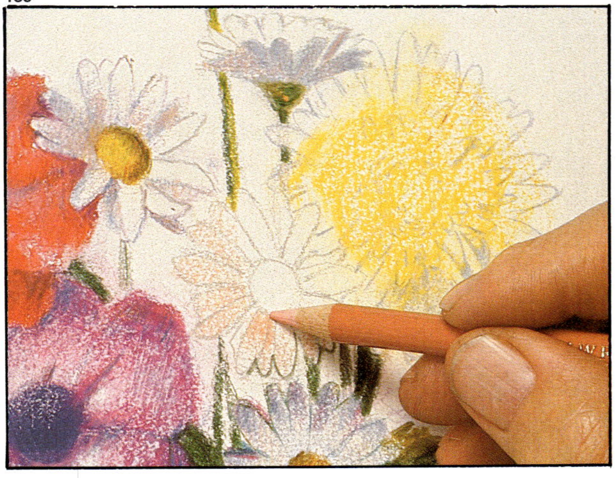

189

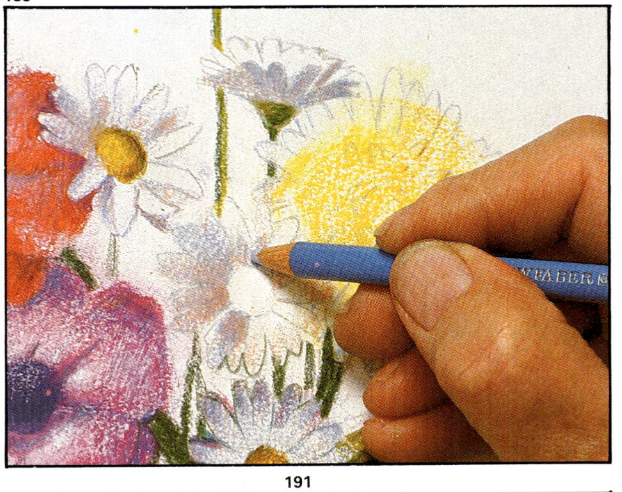

190

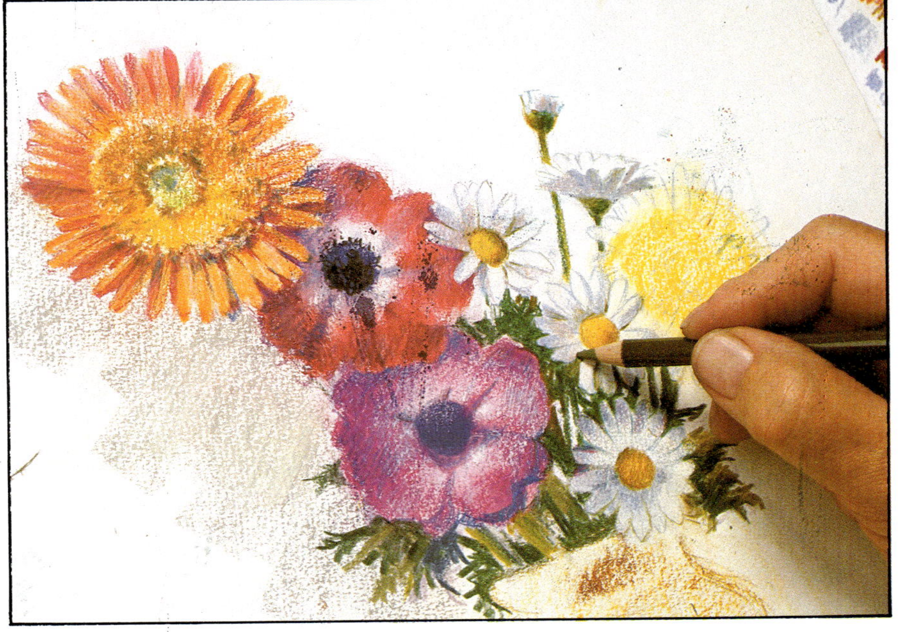

191

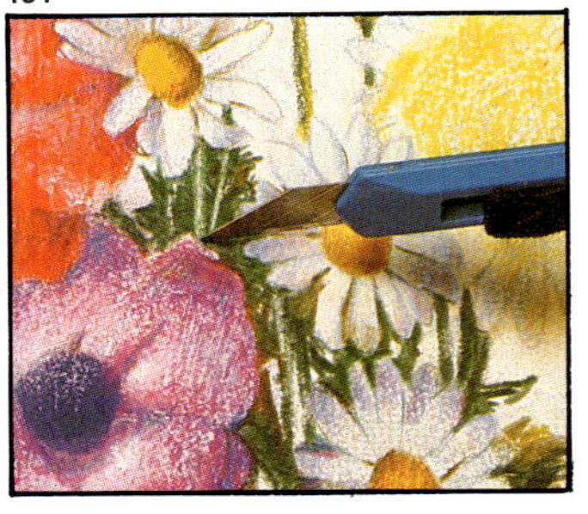

Abb. 191: Mit Hilfe des Cutters „öffne" ich diesmal einen weißen Strich in der kleinen dunkelgrünen Fläche, damit ein hellgrüner Stengel entsteht.

Viertes und letztes Stadium: das fertige Bild

Abb. 192 bis 199: Ich befinde mich bereits in der Endphase des Bildes bei den Abschlußarbeiten, die schrittweise wie folgt verlaufen:
Ich male zunächst den oberen Abschnitt des Hintergrunds mit der flach aufgelegten grauen Mine (Abb. 192).
Da ich auf diese Weise keine Umrisse der Formen erhalte (z.B. die Blütenblätter der Margeriten), harmonisiere ich anschließend diese kleinen Zonen mit einem Stift gleicher oder sehr ähnlicher Farbe (Abb. 193).
Anschließend beginne ich zu marmorieren. Das heißt, ich lege ziemlich energisch ein kräftiges Weiß auf eine bestimmte Farbe, hier zunächst mit einem Stück weißer Mine (Abb. 194).
Als folgenden Schritt verkleinere ich einige Formen und Umrisse mit dem weißen Stift (Abb. 195).
Nun befasse ich mich mit dem Krug, soweit er auf dem Bild zu erkennen ist (Abb. 196).
Daraufhin beschließe ich, den farbigen Hintergrund zu vereinfachen und zu verkleinern und radiere ihn kräftig. So erhalte ich einige unregelmäßige, verwischte Grautöne. Die Umrisse müssen retuschiert werden. Dies erledige ich mit Hilfe des grauen Stiftes (Abb. 198).
Erneute Überarbeitung und Retusche kleiner Formen und verschiedener Farbnuancen (Abb. 199). (Ich erinnere daran, daß man immer mit einem Schutzblatt unter der Hand arbeiten sollte.)

192
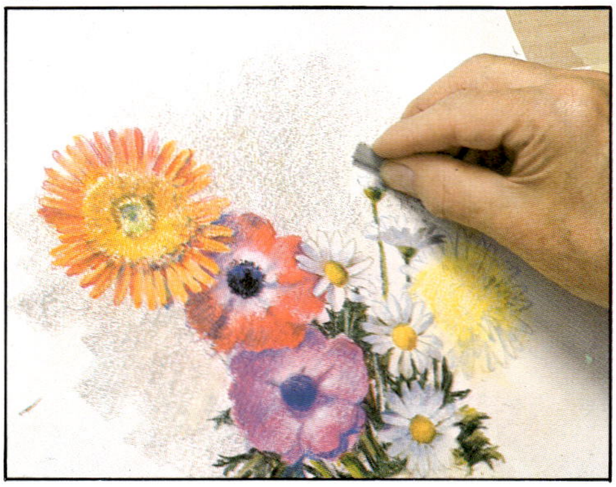

193
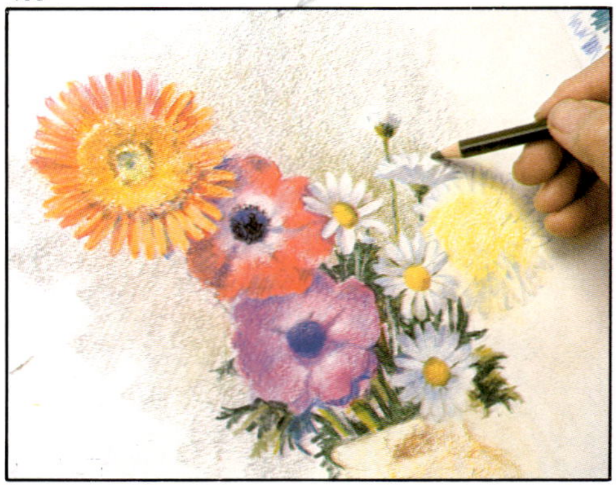

194
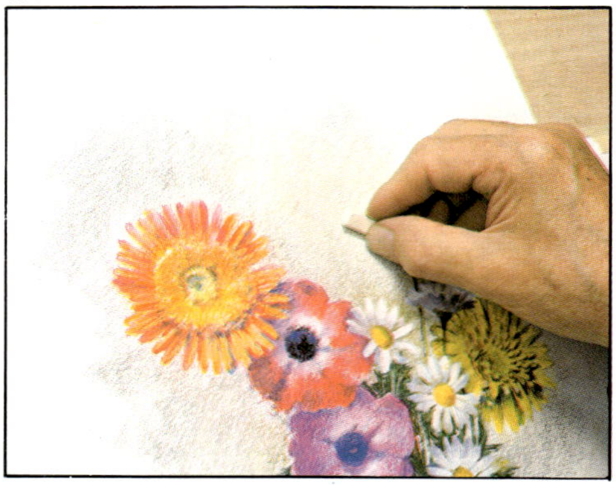

195
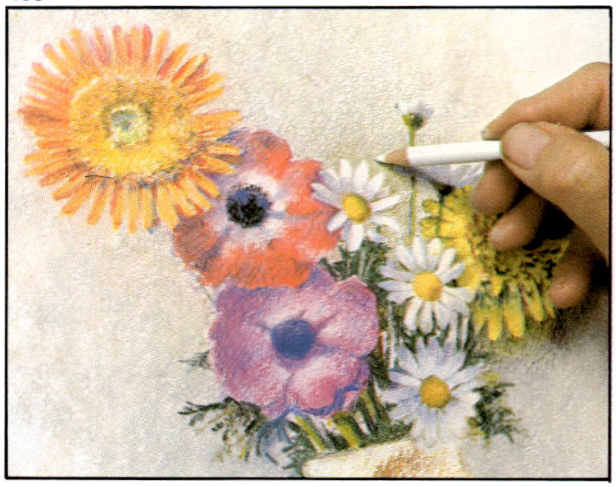

196
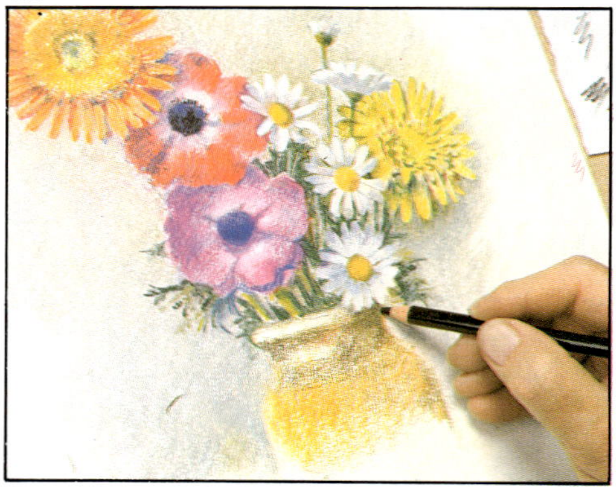

197
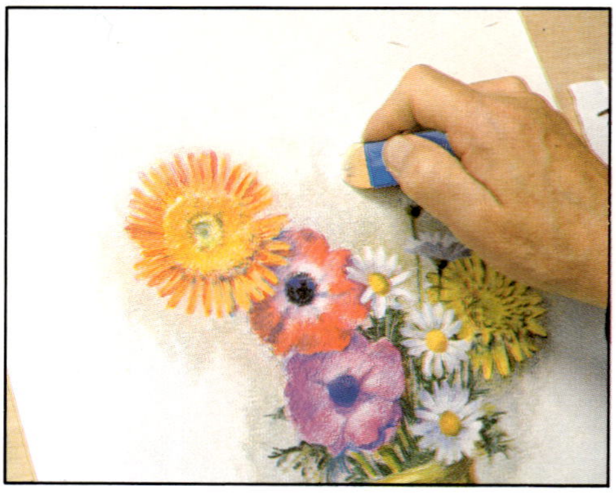

198
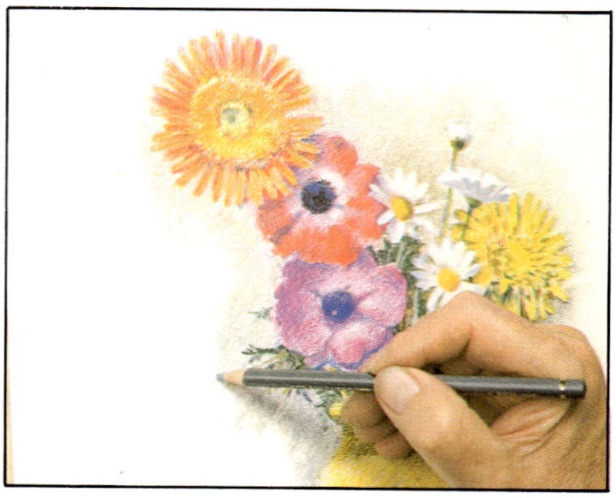

199
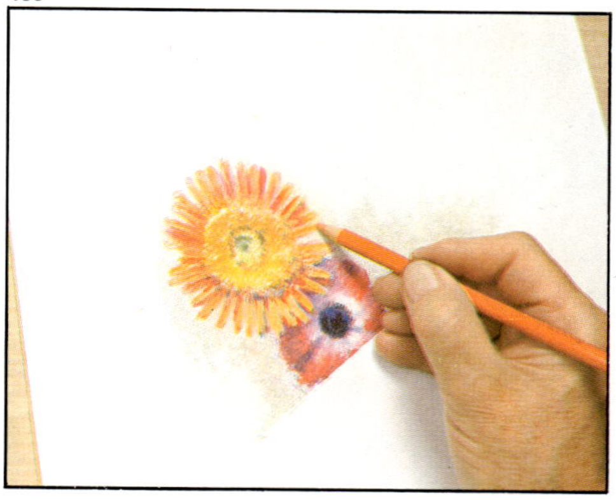

Das fertige Bild

200

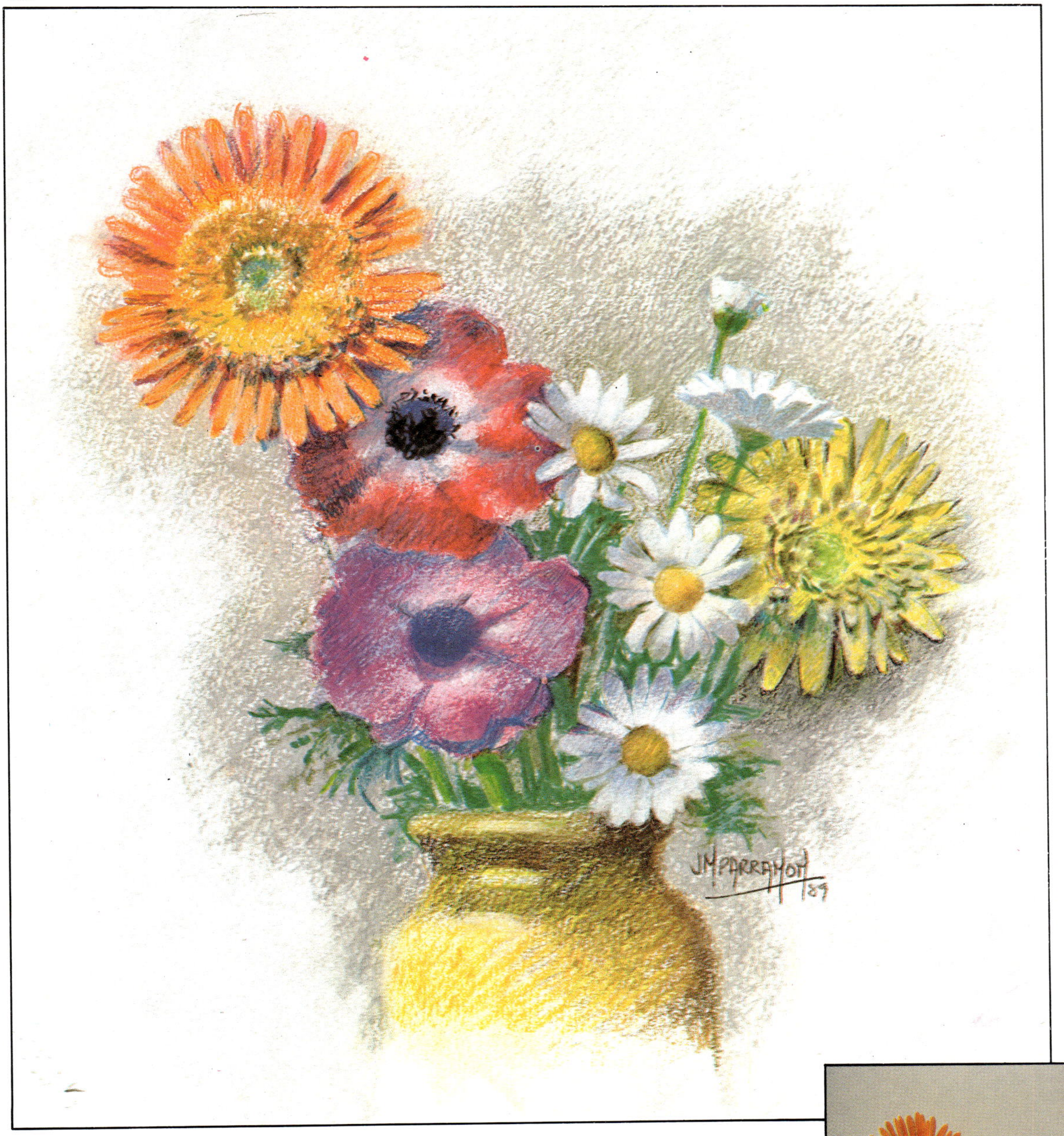

201

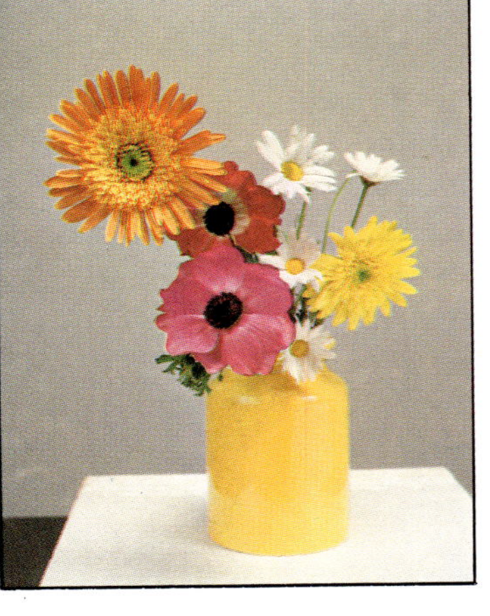

Abb. 200 und 201: Hier das fertige Bild (Abb. 200). Ich habe es mit mehr als 30 Farben gemalt und brauchte nur äußerst selten zu Mischungen zu greifen. Einige Kontraste habe ich bewußt hervorgerufen, indem ich die Begrenzungen zum Hintergrund abdunkelte und dunkelgrüne Formen hinzufügte, um die Blumen besser hervorzuheben. Außerdem habe ich auf klassische Weise Einheit innerhalb der Vielfalt geschaffen und dafür die Lage einiger Blüten verändert. Ich habe die freien Stellen zwischen den Blüten beseitigt und ständig komponiert, kontrastiert und vereint. Ich hoffe und wünsche, daß mein Experiment Sie anregt, ebenfalls mit Farbstiften zu zeichnen und zu malen.

Francesc Crespo malt einen Strauß Anemonen in Öl

Francesc Crespo wird jetzt eine Keramikvase mit einem Strauß roter Anemonen sowie einen Krug mit Lorbeerblättern und einen Aschenbecher zur Vervollständigung seiner Komposition malen (siehe Abb. 202). „Ich habe diese Anemonen gestern gekauft", erklärt Crespo. „Die Blüten waren noch völlig geschlossen. Heute morgen habe ich den Ofen angeheizt, damit sie sich in der Wärme öffnen. Für Blumen darf man nicht mehr als zwei Sitzungen ansetzen."

Das Material

Wie die Abbildungen 203 und 204 zeigen, verwendet Crespo ein Holzbrett von 60 × 60 als Palette: Die Fläche ist so groß, daß er automatisch einen gewissen Abstand von der Leinwand einhalten muß. Seine Farben:

Titanweiß
Gelb mittel
Gelborange
Kadmiumrot
Krappkarmin
Permanentgrün
Saftgrün
Umbra gebrannt
Preußischblau

Als besondere Farben verwendet Crespo für dieses Bild außerdem:

Kobaltviolett hell
Scharlachrosa
Dunkelviolett
Kadmiumrot dunkel

Zusätzlich zu diesen industriell gefertigten Farben mischt Crespo normalerweise die vier folgenden Farben selbst: Lichter Ocker, ein kaltes neutrales Grau, ein warmes Sienagrau und ein gebrochenes graustichiges Blau.
Abbildung 204 zeigt die Pinsel und das zusätzlich benötigte Material: Schweinsborstenpinsel der Nr. 8 bis 12–14, Rindsborstenpinsel Nr. 6 und 8, Flachpinsel von 3 cm und 4 cm Breite sowie Spachtel.

202

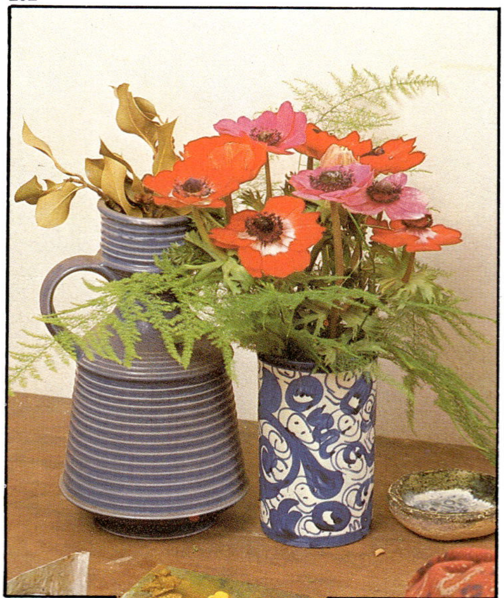

203

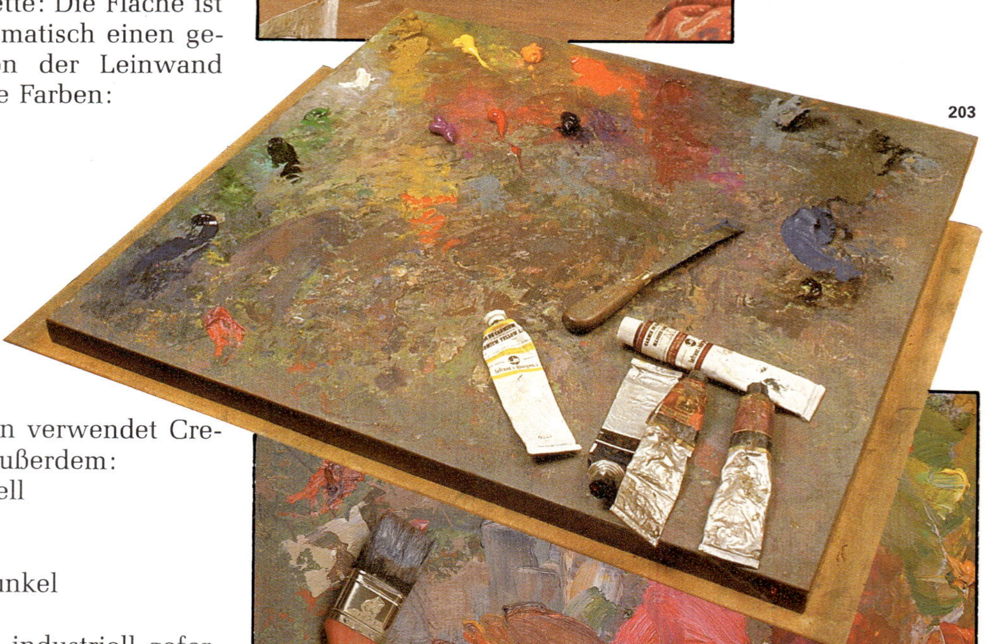

204

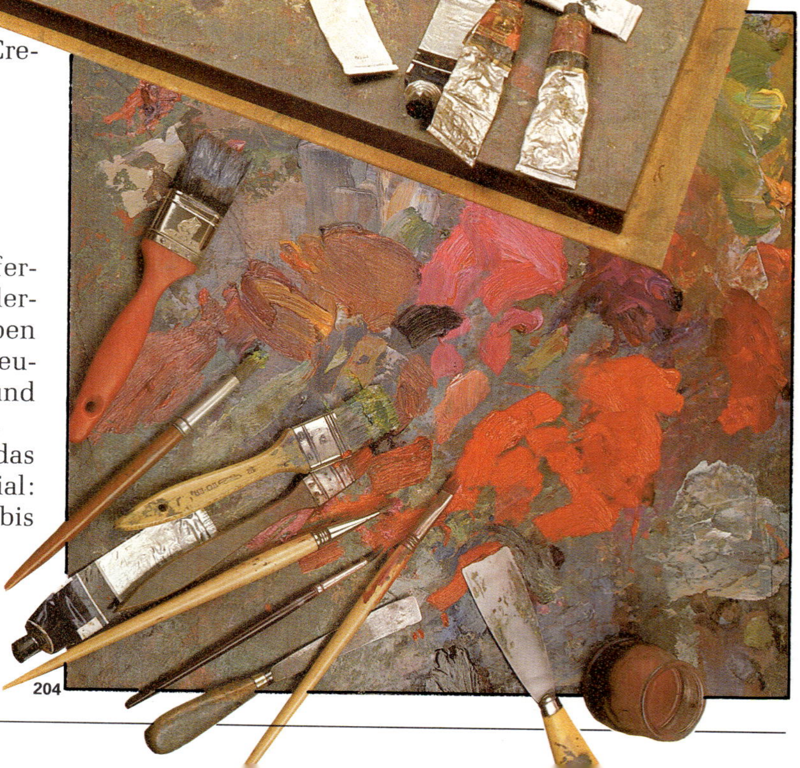

Abb. 202: Hier das Modell, das Crespo für sein Ölgemälde gewählt hat.

Abb. 203 und 204: Crespos Palette mit einigen selbst gemischten Farben (Abb. 203), seine runden und flachen Pinsel sowie die Spachtel, mit denen er dieses Bild malen wird (Abb. 204).

Abb. 205 bis 208 (gegenüber). Entwicklung der Vorzeichnung in Ultramarin, das Crespo mit Balsamterpentin verdünnt.

Erstes Stadium: die Zeichnung

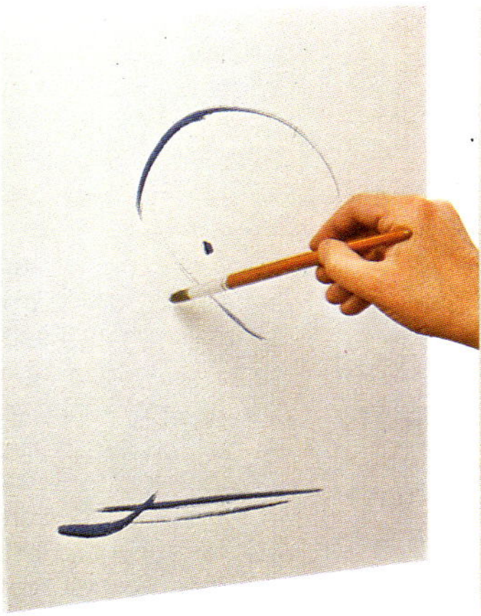
205

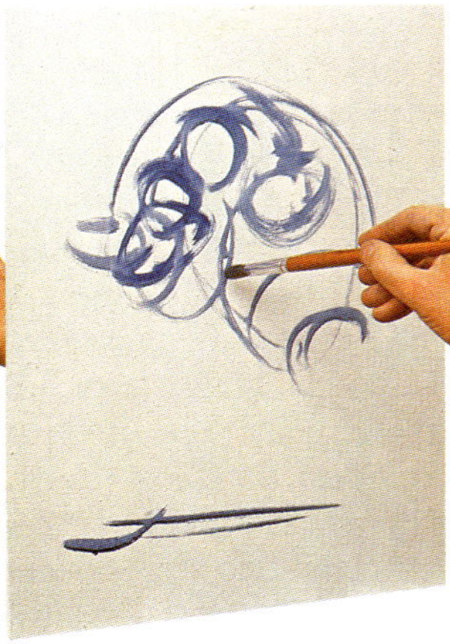
206

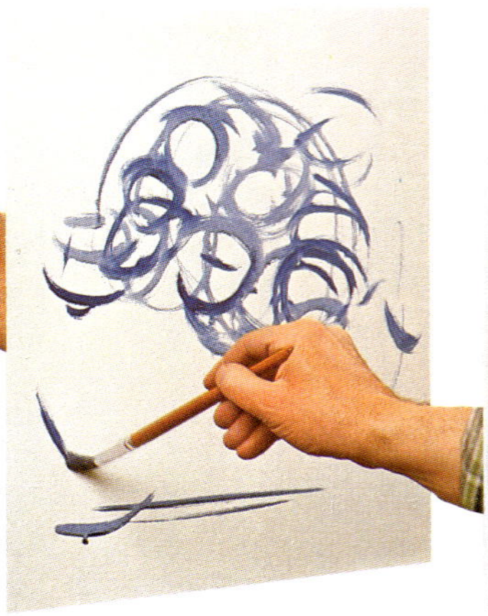
207

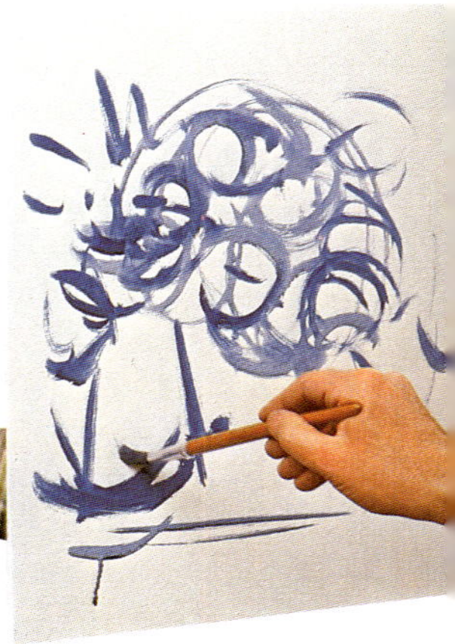
208

Vor dem Reinigen der Pinsel drückt Crespo die Farbe zunächst in den Seiten eines alten Telefonbuches aus. „Das ist praktisch und billig", stellt er fest. Anschließend wäscht er sie in einem Glas mit Petroleum und säubert sie schließlich mit einem alten Lappen. „Rektifiziertes Balsamterpentin verwende ich ausschließlich zum Verdünnen der Farben", erklärt Crespo.
Crespo beginnt das Bild auf einer Leinwand Nr. 8. Zunächst fährt er die Linie mit der Hand nach, als hätte er einen Pinsel in der Hand, anschließend füllt er einen Rindsborstenpinsel Nr. 8 mit reichlich mit Terpentin verdünntem Preußischblau und zeichnet die allgemeinen Proportionen, die Einrahmung und den Aufbau des Bildes.
Es ist geradezu verblüffend, wie Crespo diese scheinbar einfache Zeichnung – die Grundstuktur eines solchen Bildes – anlegt: Mit raschen, sicheren, aber genau berechneten Pinselstrichen zieht er beinahe krampfhaft und mit kleinen Pausen aus der freien Hand Kreise und Schnecken. Er läßt sich gerade die Zeit zum Beobachten und Kalkulieren und zeichnet erneut einen Strich und ein Blatt, einen Kreis und eine Blüte (die Abbildungen 205 bis 208 zeigen das Verfahren).
Mehr braucht man nicht zum ersten Stadium des Bildes zu sagen (Abb. 209).

Abb. 209 (unten): Die fertige schematische Zeichnung. Sie gibt bereits die Maße und Proportionen der Blumen im Verhältnis zu der Vase und dem Krug an.

209

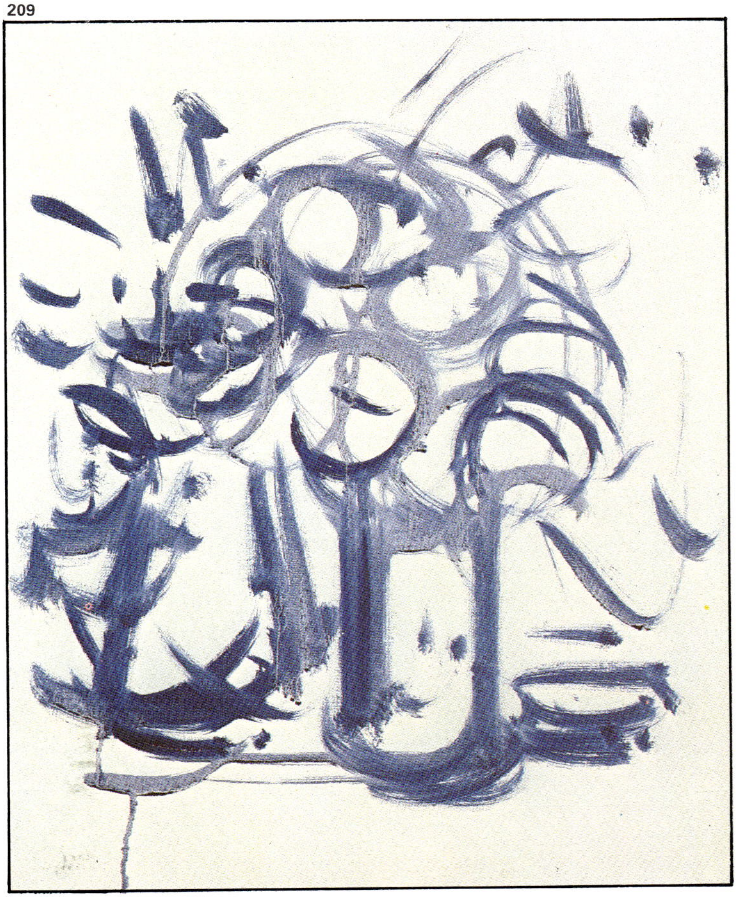

Zweites Stadium: der Hintergrund

Crespo beginnt das Bild mit dem Hintergrund, der weißen Wand des Modells, die er als ein warmes Grau interpretiert, das er selbst aus Weiß, Ocker und Orange mischt. Er malt mit einem flachen Pinsel. Während er das warme Grau auf das Preußischblau der Eingangszeichnung legt, verschmelzen die beiden Farben und ergeben ein neutrales Grau.

Anschließend mischt er Umbra gebrannt mit den vorigen Farben, fügt Krappkarmin hinzu und komponiert ein Dunkelsepia, mit dem er den Tisch bzw. die Fläche malt, auf dem sich die beiden Krüge und die Blumen befinden.

Crespo tauscht den Flachpinsel nun gegen einen ebensobreiten Spachtel. Von Zeit zu Zeit zeichnet er mit der Spachtelkante feine schwache, negative weiße Linien, um eine graphische Wirkung zu erzielen.

Immer wieder schaut er auf das Modell und malt große Flecken, die bereits die Details ahnen lassen. Normalerweise betrachtet Crespo seine Modelle mit halb zusammengekniffenen Augen. Ich frage ihn danach. Er sagt, daß dies beim Malen von Blumen, wenn das Modell nicht mehr als zwei Meter von der Staffelei entfernt ist, nicht nötig sei, „im Gegensatz zu einer Landschaft, bei der der Gesichtswinkel viel größer ist und man die Formen als große Farbmassen betrachten muß“.

Crespo behandelt den Hintergrund weiter mit Flachpinsel und Spachtel und weichen Pinselstrichen und löst die Formen zusammenfassend als flache Farben (Abb. 211 bis 213).

Abb. 210 bis 213: Wie Corot sagte: „Zuerst der Hintergrund.“ Crespo legt den oberen Abschnitt des Hintergrunds mit Grau, Ocker und Orange an und verwendet Umbra gebrannt und Krappkarmin für den unteren Teil mit dem Tisch. Beachten Sie, daß Crespo für diese Arbeit einen 4 cm breiten Pinsel verwendet. Er malt mit der Kante und legt im Wechsel dazu Striche mit einem ziemlich breiten Spachtel an.

210

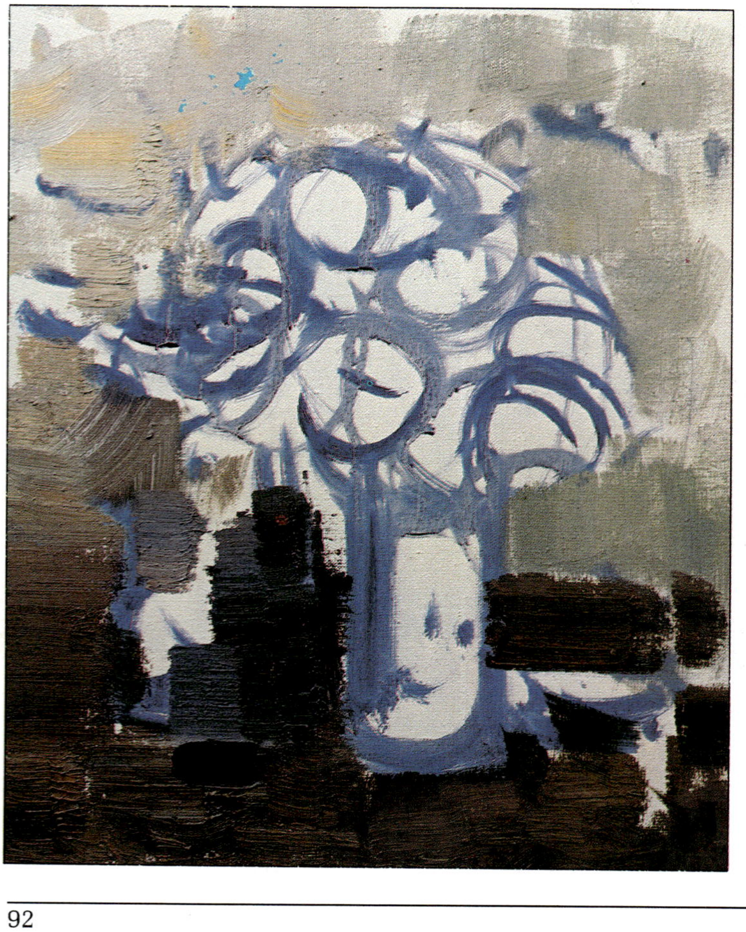

211

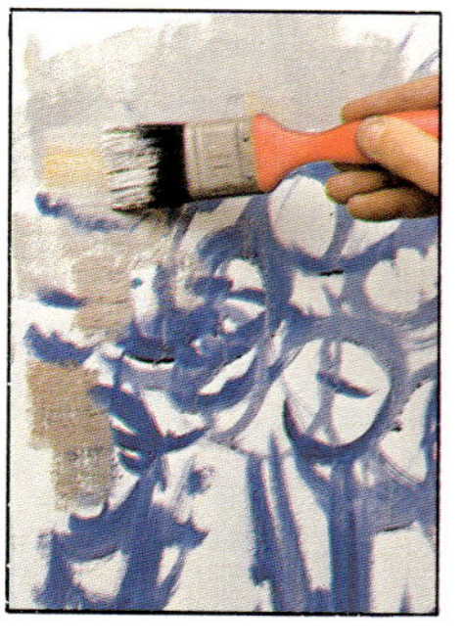

212

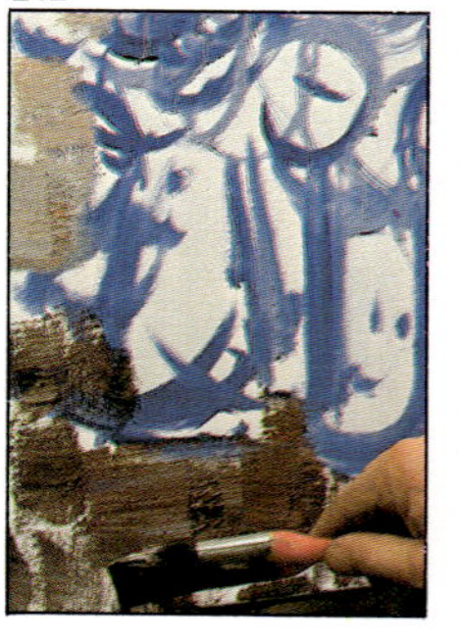

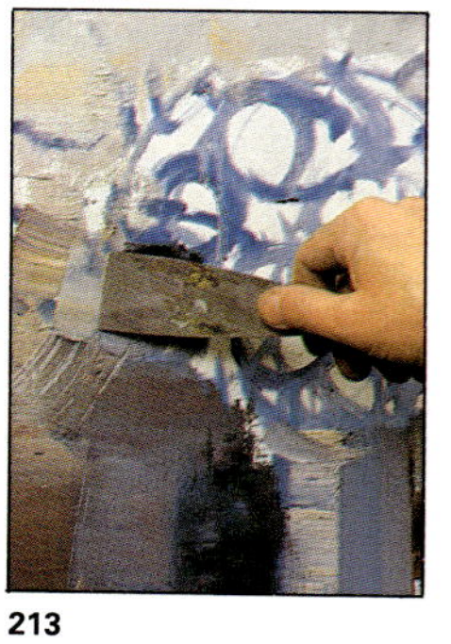

213

Drittes Stadium: die roten Anemonen

Mit demselben Spachtel, den er für den Hintergrund benutzt hat, reinigt Crespo nun die Palette, bis er eine völlig saubere Stelle erhalten hat. „Für Blumen benötigt man unbedingt saubere Farben", erklärt er. „Die Mischungen dürfen nicht von früheren Farbresten beeinträchtigt werden."
Auf die gereinigte Fläche gibt Crespo unmittelbar aus der Tube die besonderen Farben für dieses Bild: Kobaltviolett hell, Scharlachrosa, Dunkelviolett und Kadmiumrot dunkel.
„Siehst du?" fragt er und mischt unter Zufügung von Weiß eine Skala leuchtender Rottöne. „Aus Kadmiumrot dunkel und den Violettönen, dem Hellrot und Krappkarmin erhalte ich eine breite, spezielle Skala, mit der ich die roten Anemonen gut malen kann."
Dies tut Crespo nun. Mit berechneten und dennoch spontanen Pinselstrichen, raschen fieberhaften, aber sicheren Tupfern zeichnet und malt er gleichzeitig, nuanciert die Farbe, differenziert die Töne, die Stärke und die Leuchtkraft: links im Schatten dunkler, rechts an den beleuchteten Stellen heller . . . Zum Abschluß dieses dritten Stadiums malt Crespo die Blumenstempel, also diese dunklen Flecke in der Mitte einer jeden Blüte. Er tut es auf eine ganz besondere Weise, die sich zu erklären lohnt: Er füllt den Pinsel, nähert ihn dem Bild, betrachtet das Modell, legt den Pinsel auf die richtige Stelle und trägt die Form beinahe ruckartig auf. Er betrachtet das Ergebnis, beläßt es so oder fügt weitere Farben hinzu (siehe Abb. 215 bis 218).

Abb. 214 bis 217: Ein roter Pinselstrich für das Blütenblatt, ein dunkler Farbtupfer für das Innere der Blüte. Die Blütenblätter mit dem breiten Pinsel, das Innere mit einem Flachpinsel Nr. 14.

214

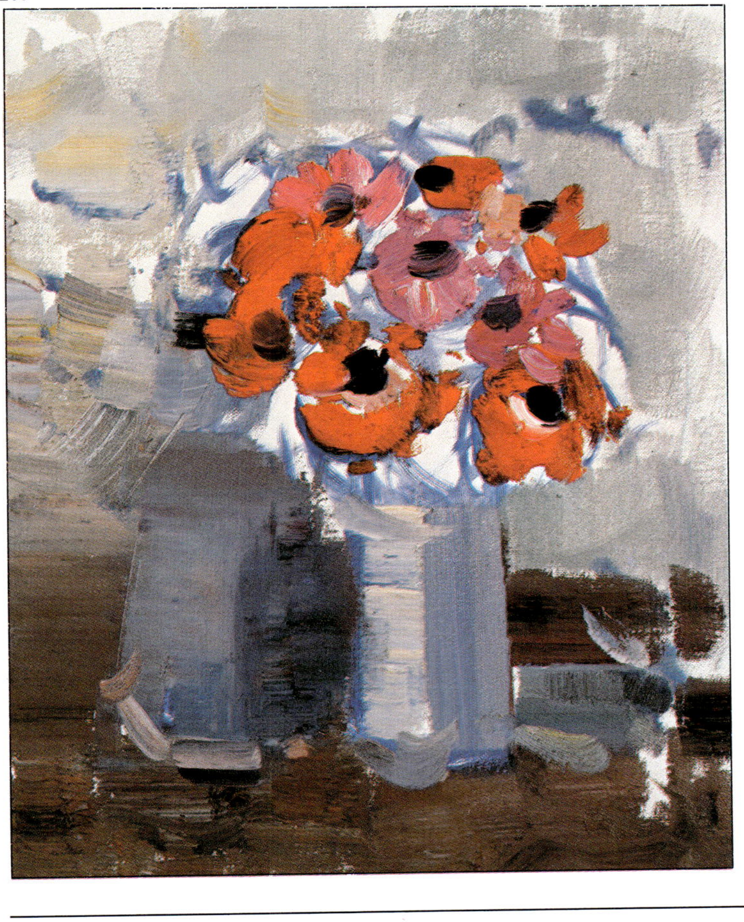

215

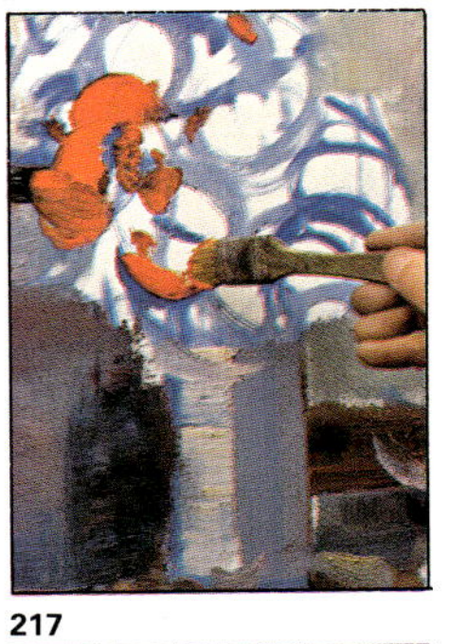

216

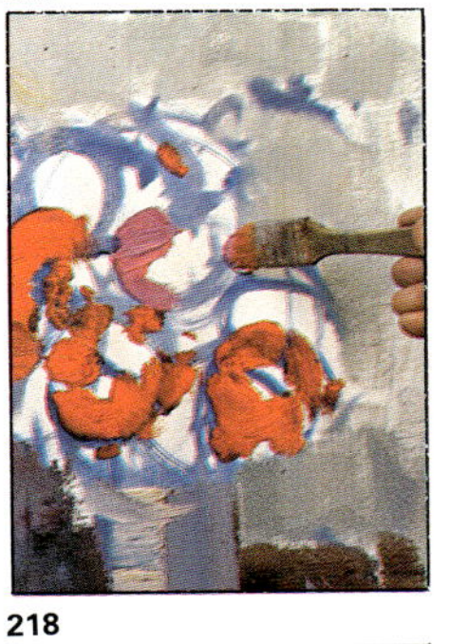

217

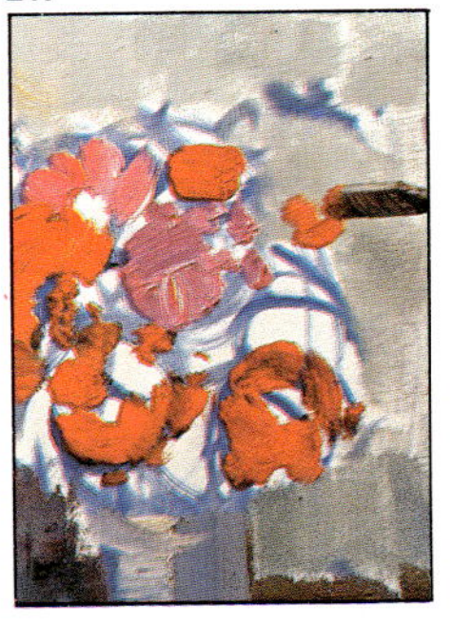

218

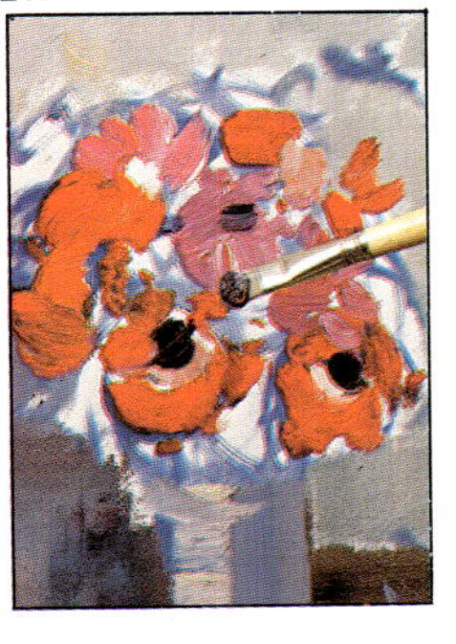

Abb. 218: In diesem dritten Stadium sind die Formen und die Harmonisierung der Farben bereits weit fortgeschritten.

Viertes und letztes Stadium: das fertige Bild

219

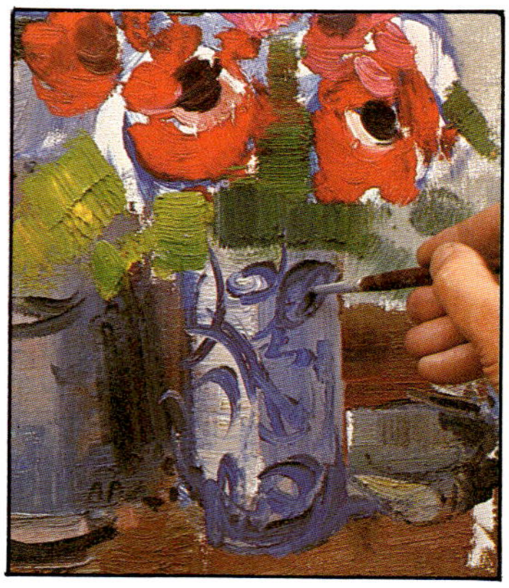

220

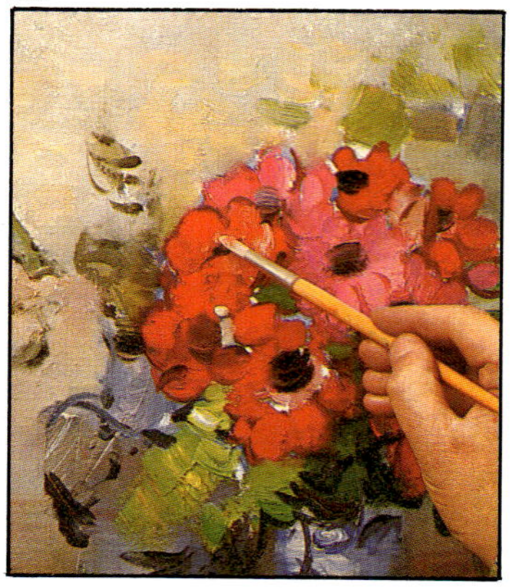

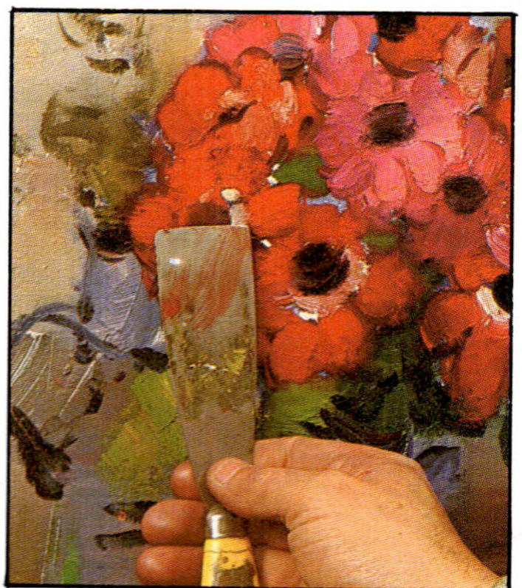

221

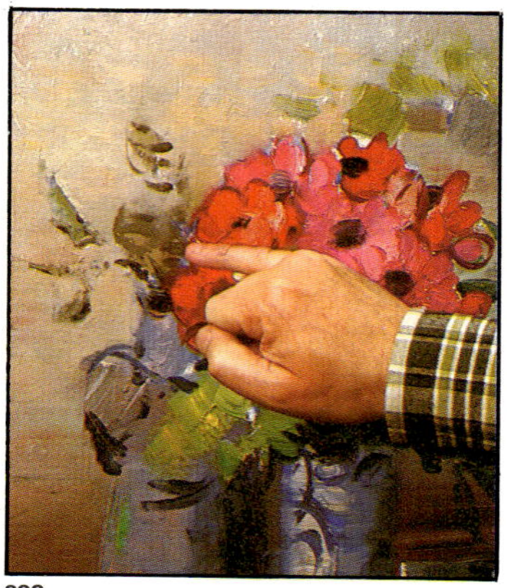

222

Abb. 219 bis 222: Crespo interpretiert in diesem vierten Stadium die Blätter und Stiele des Straußes mit einer hellen und dunklen Grünskala, vervollständigt die Farben und Formen und arbeitet das Bild schrittweise aus, ohne lange an einer Stelle zu verweilen. Er malt die blaue Verzierung der Vase (Abb. 219) und arbeitet mit einem Pinsel Nr. 8 (Abb. 220), einem Spachtel (Abb. 221) und setzt häufig auch die Finger ein (Abb. 222). Er verschmilzt Töne und Farben und stuft sie ab, korrigiert die Formen und greift erneut zum Pinsel . . .

Crespo malt jetzt das blaue Muster des Kruges mit den Anemonen (Abb. 219). Dessen Malweise ist ein typisches Beispiel für den raschen, spontanen Pinselstrich des Malers. Crespo arbeitet abwechselnd mit dem Flachpinsel und dem runden Rindsborstenpinsel Nr. 6 sowie dem Spachtel, verschmilzt die Farben und Formen der Blüten und der Blätter und setzt auch die Finger ein. Er „malt“ und retuschiert mit dem kleinen Finger etc. (Abb. 220 bis 222).

Das Ergebnis dieses Hin und Her, dieses Auftragens von Farbe und Entfernen ist ein frischer, spontaner Pinselstrich, eine berechnete Improvisation.

Crespo beschäftigt sich nun mit der zweiten und letzten Sitzung für die Abschlußarbeiten des Bildes. „Ich möchte das Bild jetzt zwei bis drei Tage beiseite stellen, damit die Farbschicht etwas antrocknet und ich darübermalen kann, ohne daß die Farbe sich mit der vorigen Schicht mischt. Aber schon morgen sind die Anemonen nicht mehr so frisch und schön wie heute. Deshalb werde ich das Bild aus dem Kopf fertigstellen müssen.“

Drei Tage sind zwischen der vorigen Sitzung und dieser verstrichen, und das Modell ist nicht mehr vorhanden. Crespo malt nun aus dem Kopf, interpretiert, zeichnet und malt, was ihm seine Erfahrung eingibt.

Nun benutzt er vor allem die Rindsborstenpinsel Nr. 6 und 8 und den kleinen Finger, um zu verschmelzen, abzustufen und auch zu malen. Mit dem Finger nimmt er Farbe von der Palette und trägt sie auf.

„Jetzt muß ich ohne Eile arbeiten, studieren, berechnen, mich vom Bild entfernen und es von Zeit zu Zeit intensiv betrachten, dabei aber berücksichtigen, was ich in den vorigen Sitzungen geschaffen habe, damit die Spontanität, der frische Pinselstrich, der den Blumenstrauß so lebhaft macht, erhalten bleibt.“

Abbildung 223 zeigt Crespos fertiges Bild.

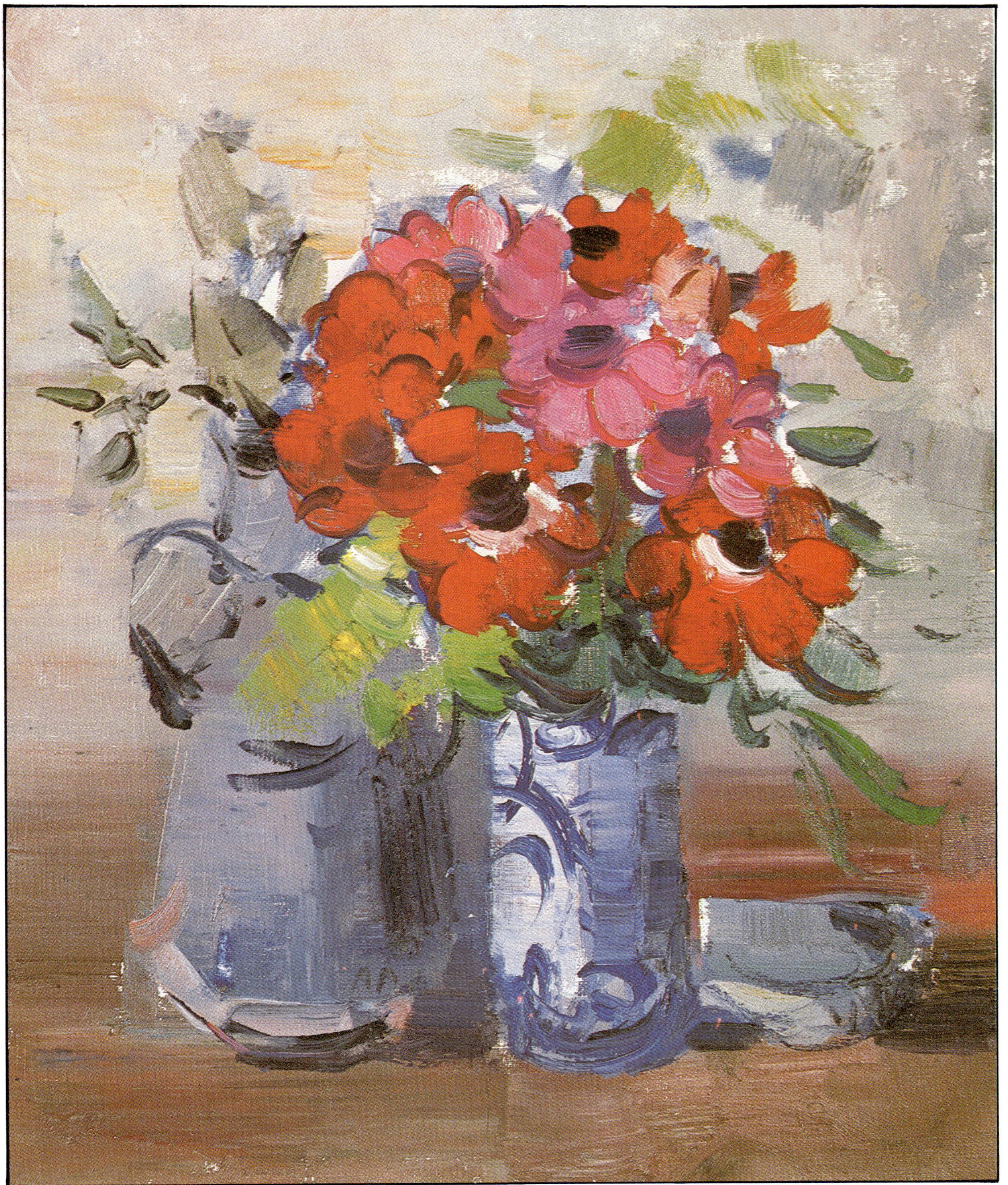

223

Abb. 223: Crespo beendet sein Bild auf der halb oder fast völlig getrockneten Farbschicht. Er verstärkt hier die Farbe einer Blüte, dort die Form eines Blattes, fügt mit kleinen Pinselstrichen Farbe hinzu oder nimmt sie fort, erfindet, schafft, erneuert ... Er erlebt intensiv das Vergnügen der Blumenmalerei.

Parramón malt ein Blumenbild mit Aquarellfarben

224

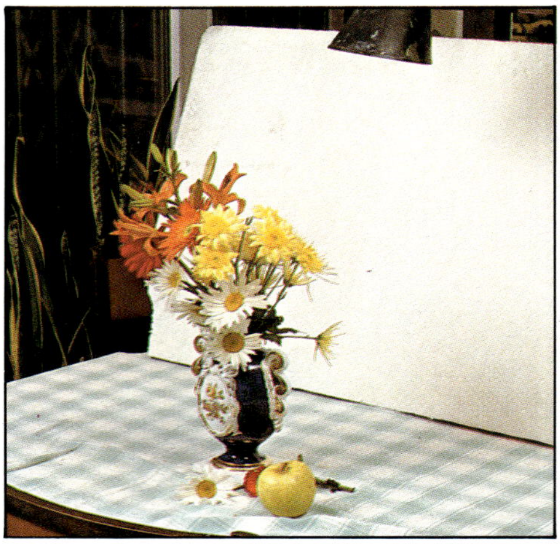

225

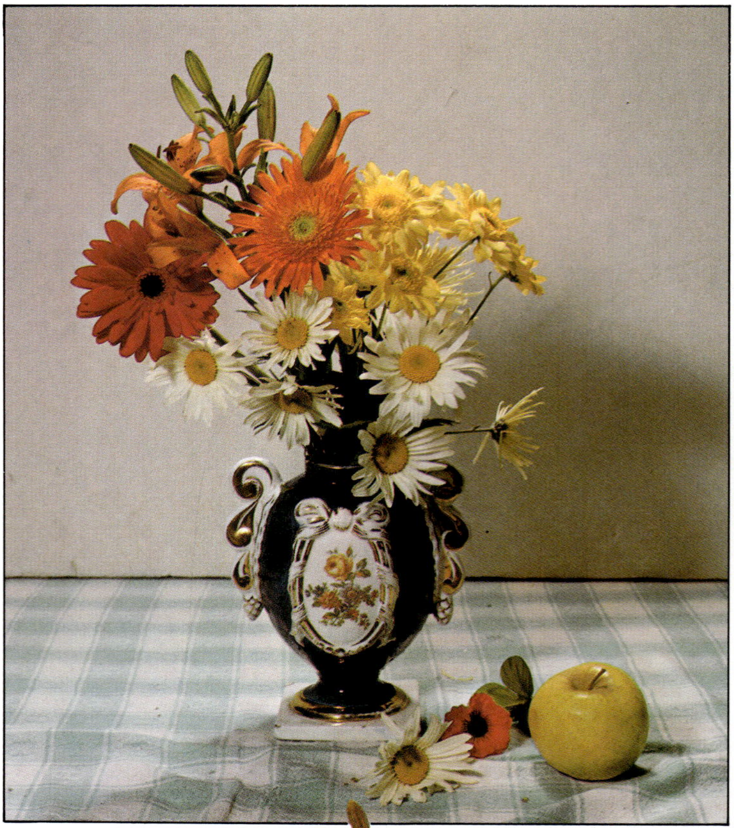

Ich werde gleich einen Blumenstrauß in einer blauen Vase auf einem karierten Tischtuch malen, auf dem sich ein Apfel und einige Blüten befinden (Abb. 224).

Wie aus Abbildung 225 hervorgeht, habe ich als Hintergrund eine neutrale weiße Pappe gewählt.

Abbildung 226 zeigt das Material, das ich für mein Aquarell benötigte: zwei runde Rotmarderpinsel Nr. 8 und 14 sowie einen Flachpinsel von 1,5 cm Breite aus einer Mischung von Kunstfasern und Rotmarderhaar. Dieser Pinsel besitzt einen abgeschrägten Schildpattstiel, mit dem man Striche ziehen und das Weiß wieder hervorholen kann.

Cremige Tubenfarben auf einer Kunststoffpalette: Kadmiumgelb mittel, Lichter Ocker, Chromoxidgrün, Krappkarmin, Kobaltblau, Preußischblau und Paynesgrau.

Leitungswasser in einem weiten Glasgefäß, ein kleiner Naturschwamm, Rubbelgummi, eine Rolle Haushaltspapier, Ersatztuben, Klemmen, Bleistifte, Ersatzpinsel.

Ich werde auf 300-g-Papier der französischen Marke Arches malen, das in an allen Seiten verleimten Blocks zu 20 Blatt von 26 × 36 cm erhältlich ist. Wie Ihnen bekannt, braucht dieses Papier dank seiner Stärke weder montiert noch gespannt zu werden.

226

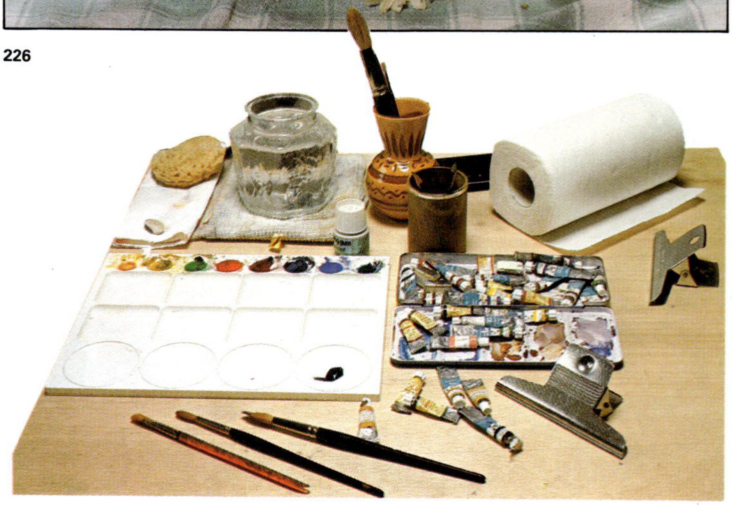

Abb. 224 und 225: Ich habe das Modell vor einen hellen Grund gestellt und dabei eine weiße Pappe zur Hilfe genommen (Abb. 224), denn ich stelle mir ein leuchtendes Bild vor, wie es dem Aquarell entspricht. Wie Abbildung 225 zeigt, besteht das Modell aus einem Strauß mit Margeriten, Feuerlilien und Gerbera in einer Porzellanvase. Auf einem karierten Tischtuch liegen ein Apfel sowie zwei Blüten.

Abb. 226: Das übliche Material zum Malen mit Aquarellfarben: Farben, Palette, Pinsel, eine Rolle Saugpapier, ein Naturschwamm und ein Wassergefäß.

Erstes Stadium: eine schematische Zeichnung

Abb. 227 bis 229: Die Vorzeichnung für ein Aquarell muß linear sein, soll aus möglichst wenigen Strichen bestehen und darf keine Schatten enthalten, denn Aquarellfarben sind transparent, und die Bleistiftstriche dürfen im fertigen Bild nicht zu sehen sein. Beachten Sie, daß die roten Blüten auf Abbildung 227 und 228 einfach aus Kreisen und einigen strahlenförmigen Strichen bestehen und die Margeriten einzig aus zwei Kreisen.

Das Ergebnis eines Aquarells beruht meines Erachtens auf zwei Faktoren: einer hervorragenden Zeichnung und einer spontanen Malweise. Die Zeichnung sollte ausgearbeitet, aber nicht minutiös sein. Das heißt, die Struktur, die Maße und Proportionen jedes Bestandteils müssen genau denen des Modells entsprechen, ohne daß die Details, also die kleinen Blütenblätter Blatt für Blatt wiedergegeben werden etc. Nur so kann man die zweite Bedingung erfüllen, nämlich frisch und spontan zu arbeiten – ohne die Präzision des Künstlers vom Ende des 19. Jahrhunderts, sondern impressionistisch-realistisch wie ein heutiger Maler. Betrachten Sie in diesem Zusammenhang die schemenhafte Synthese der roten und orangefarbenen Blüten, die nur aus einem Kreis und strahlenförmigen Strichen (Abb. 227) oder ausschließlich aus zwei Kreisen bestehen. Beachten Sie andererseits die größere Ausarbeitung der Vase, wenn auch ebenfalls als schematische Skizze. Nebenbei sei erwähnt, daß die Striche aufgrund der Transparenz der Aquarellfarben unbedingt linear sein müssen und die Zeichnung keine Schatten enthalten darf, damit die Farben nicht verschmutzen. Anders ausgedrückt: die Formen und die Schatten müssen mit Farben ausgedrückt, *mit Farben gezeichnet* werden, und das werden wir jetzt tun.

227

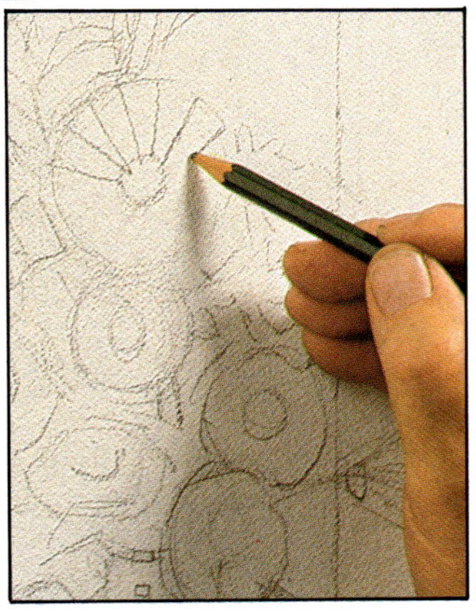

228

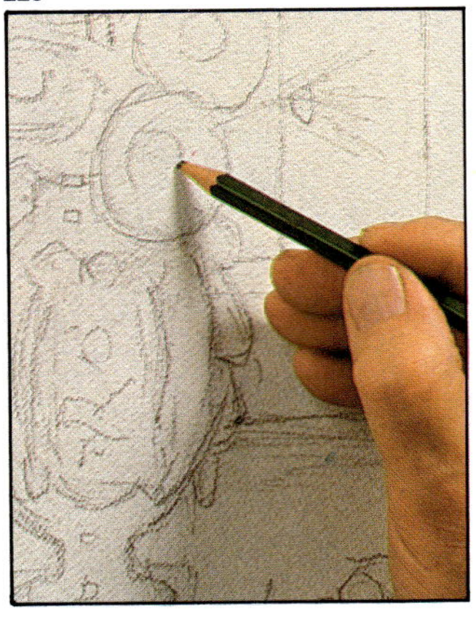

229

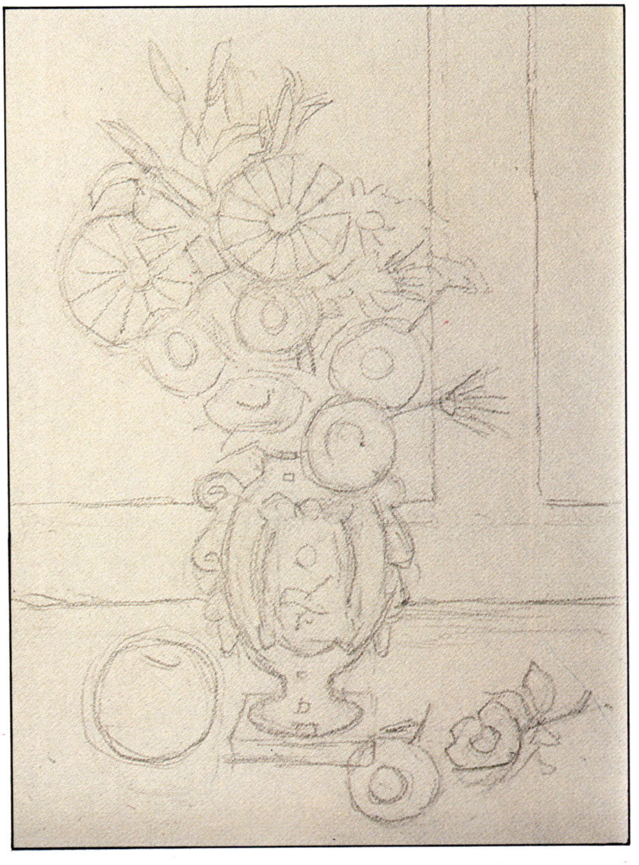

Zweites Stadium: reine Farben

Ich beginne zu malen. Zuvor möchte ich daran erinnern, daß das Aussparen von Weiß und hellen Farben bei der Aquarellmalerei eine ganz wesentliche Rolle spielt. Wie Ihnen bekannt, sind Aquarellfarben im Gegensatz zu den Ölfarben nicht deckend. Sie sind transparent, und das Weiß wird durch die Farbe des Papiers wiedergegeben. Das bedeutet, daß der Künstler fast immer „drumherum" malt und die weißen oder hellen Formen ausspart. Dieses Aussparen erfolgt gleich zu Beginn der Arbeit, normalerweise beim Anlegen des Hintergrunds. So stelle ich bei diesem Bild den Rahmen, also den äußeren Rand mit einem hellen Blau dar. (Ich male auf einem geneigten Zeichenbrett mit ausreichend Wasser, damit der Hintergrund gleichförmig wird und keine Brüche entstehen.)

Manchmal benötigt man für ein Thema auch eine weiße Linie oder abgestufte helle Striche auf dunklem Grund wie bei der mit einem A bezeichneten Blüte in Abbildung 231 (siehe auch fertiges Bild auf Seite 103, Abb. 250).

In Fällen wie diesen benutzt der Kunstmaler manchmal – nicht immer, manche sind prinzipiell gegen jedwede Tricks – Rubbelgummi, eine flüssige Masse, die man mit dem Pinsel aufträgt und mit einem Radiergummi wieder entfernt. Man sagt, daß Rubbelgummi wasserlöslich ist, das trifft bis zu einem gewissen Punkt auch zu. Trotzdem lassen sich die Reste im Pinsel oft nur schwer entfernen, wenn man eine ganze Weile damit gemalt hat. Ich persönlich rate, Rubbelgummi nur zu verwenden, wenn eine Form nicht allein mit Farbe ausgespart werden kann, und dafür einen alten oder preiswerten Pinsel zu benutzen.

230

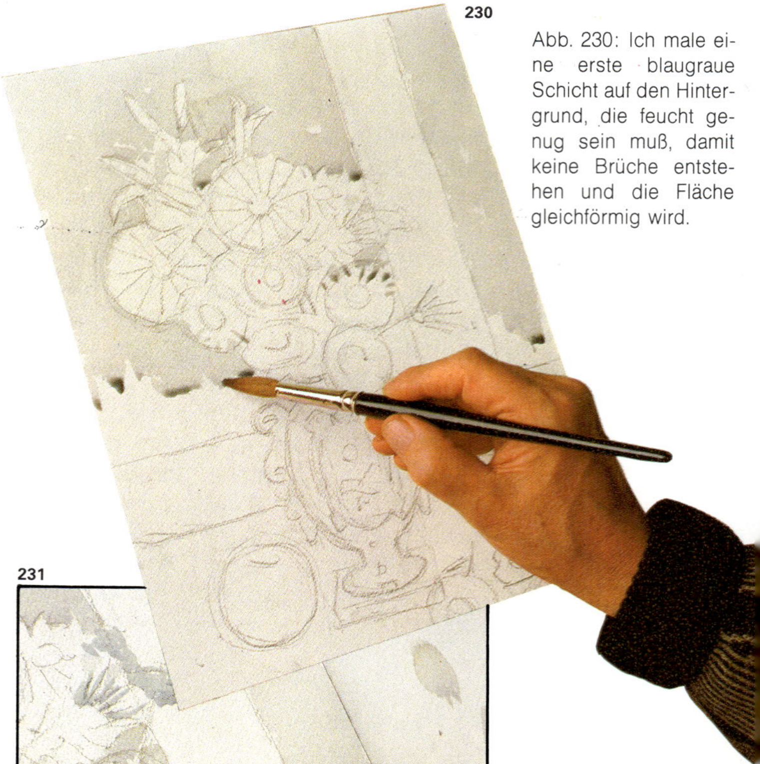

Abb. 230: Ich male eine erste blaugraue Schicht auf den Hintergrund, die feucht genug sein muß, damit keine Brüche entstehen und die Fläche gleichförmig wird.

231

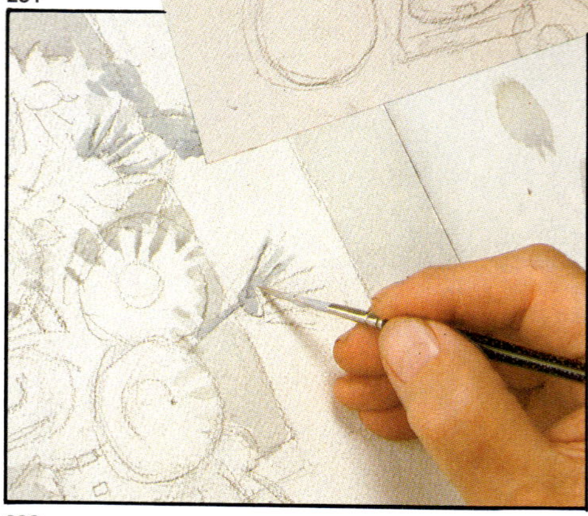

232

Abb. 231 und 232: Nun spare ich bestimmte Stellen auf der hellen Blüte und abgestufte Striche auf der blauen Farbe des Fensterrahmens mit Rubbelgummi aus (Abb. 232). Die Abbildung zeigt deutlich, daß Rubbelgummi die Farbe-Wasser-Mischung nicht durchläßt.

Abb. 233: Mit Rubbelgummi lassen sich auch Spitzlichter gut aussparen.

233

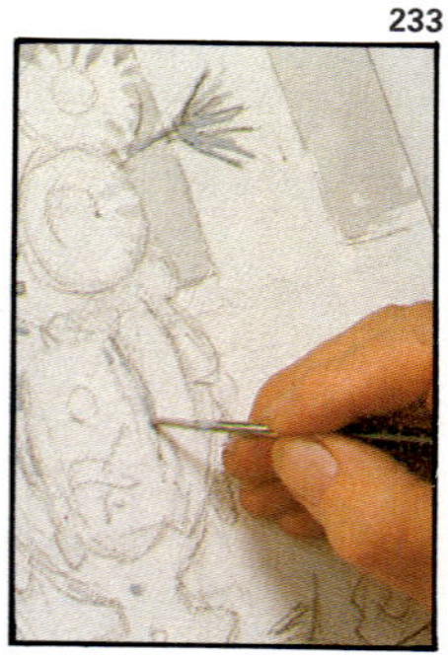

Drittes Stadium: Hintergrund und erste Farbflecken

Nachdem ich mit einem Blauviolett den gedachten Fensterrahmen gemalt habe, lege ich eine Lasur aus Lichter Ocker auf den Himmel, um jene leuchtende, warme Stimmung zu erzeugen. Für diese Lasur stelle ich das Bild auf den Kopf, stufe die Farbe mit dem ausgedrückten Pinsel ab und greife manchmal auch zum Schwamm. Ich male nacheinander die rote und die orangefarbene Blüte sowie die Feuerlilien. Ich lege eine Schicht Dunkelblau auf die Vase und eine erste Schicht Lichter Ocker auf den Apfel. Dabei sauge ich die Farbe-Wasser-Mischung oben links wieder ab, um die beleuchtete Fläche darzustellen. Beachten Sie die kleinen graugrünen Flecken in der oberen Mitte des Apfels. Das sind die mit dem Rubbelgummi ausgesparten Spitzlichter.

Es fehlt nicht mehr viel. Innerhalb von zehn Minuten sind die Farben angelegt, die dem Endergebnis bereits sehr nahekommen.

234

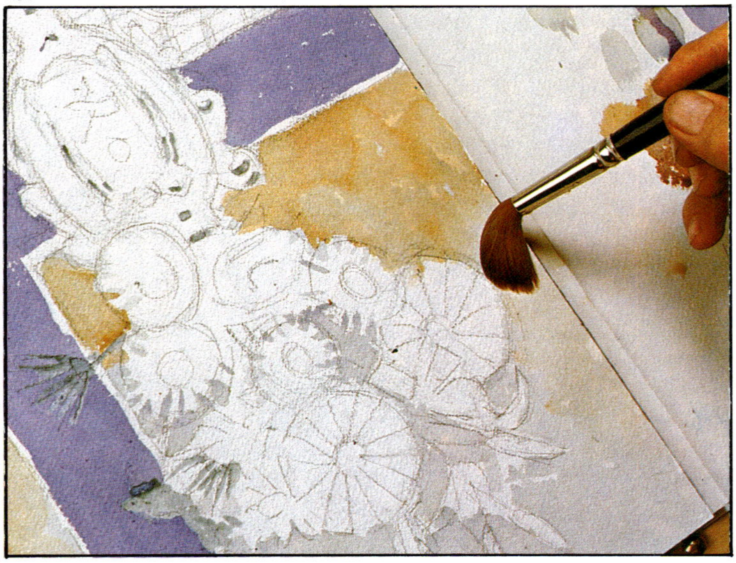

235

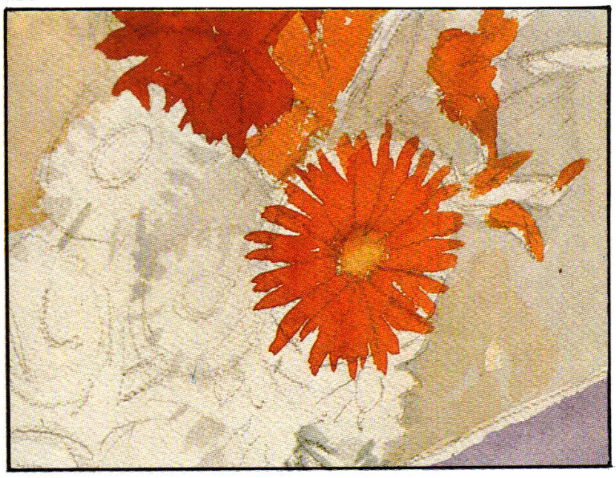

236

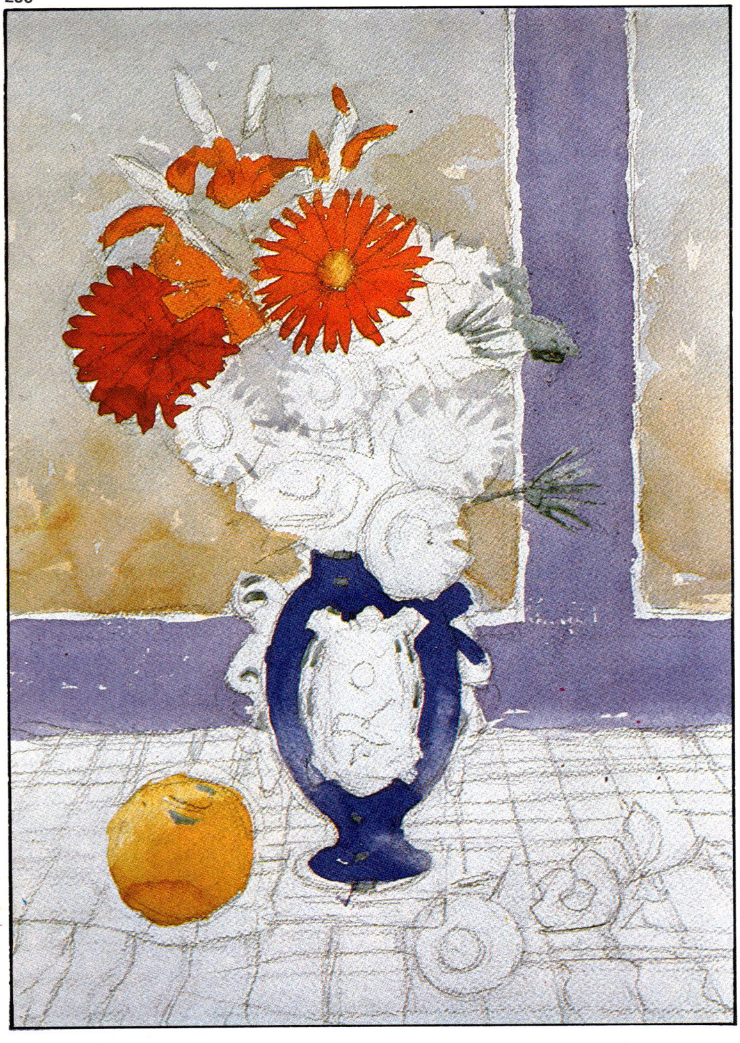

Abb. 234: Ich trage nun eine zweite warme Farbschicht auf den unteren Abschnitt des Hintergrunds und stelle das Bild dafür auf den Kopf, um eine bessere Abstufung zu erhalten.

Abb. 235 und 236: Der Ausschnitt (oben) dieses dritten Stadiums zeigt die Notwendigkeit, gleichzeitig zu zeichnen und zu malen und die Formen auf Anhieb zu lösen oder auszusparen.

Viertes Stadium: erste allgemeine Farbversuche

Zu Beginn dieses vierten Stadiums entferne ich den Rubbelgummi für die Blüten auf dem Rahmen. Ich male die Vase, arbeite deren Formen heraus und stelle jenes reliefartige weiße Medaillon mit den goldenen Applikationen in der Mitte dar. Hier entferne ich den Rubbelgummi für die Aussparungen aber noch nicht. Anschließend lege ich eine zweite und eine dritte Farbschicht auf die gelben Blumen, die praktisch so bleiben können. Damit ist die Arbeit des Aussparens, das negative Zeichnen mit dem Pinsel um die weißen Blütenblätter der Margeriten beendet.
Es ist eine mühselige Arbeit, die – ohne absolute Präzision zu erfordern – hyperrealistisch sein muß, damit jedes Blütenblatt seine exakte Form erhält, denn nur so ist die Margerite als solche zu erkennen.
Es gibt keine Regeln, wie man diese eher impressionistische als realistische Darstellung erhält. Man muß nur immer wieder üben und soviel Blumen wie möglich malen.

237

238

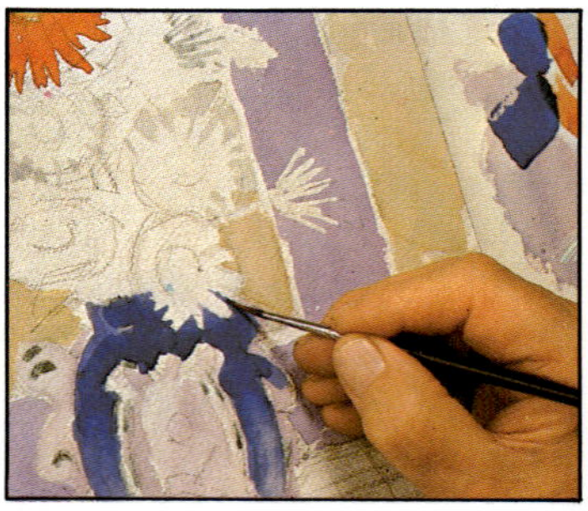

239

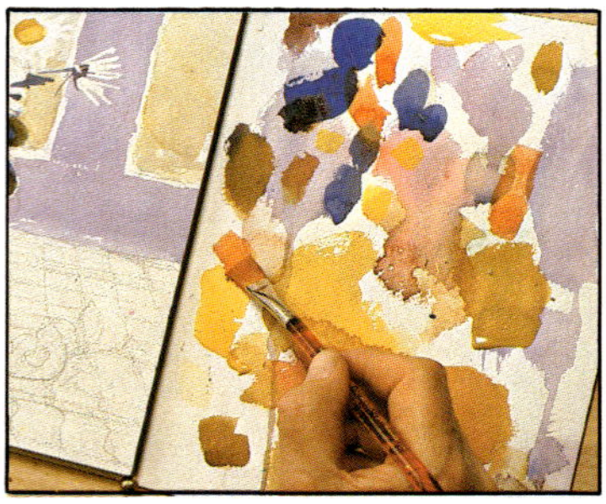

240

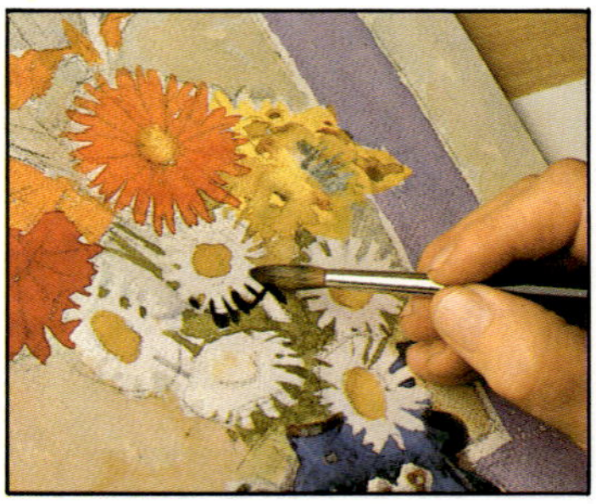

241

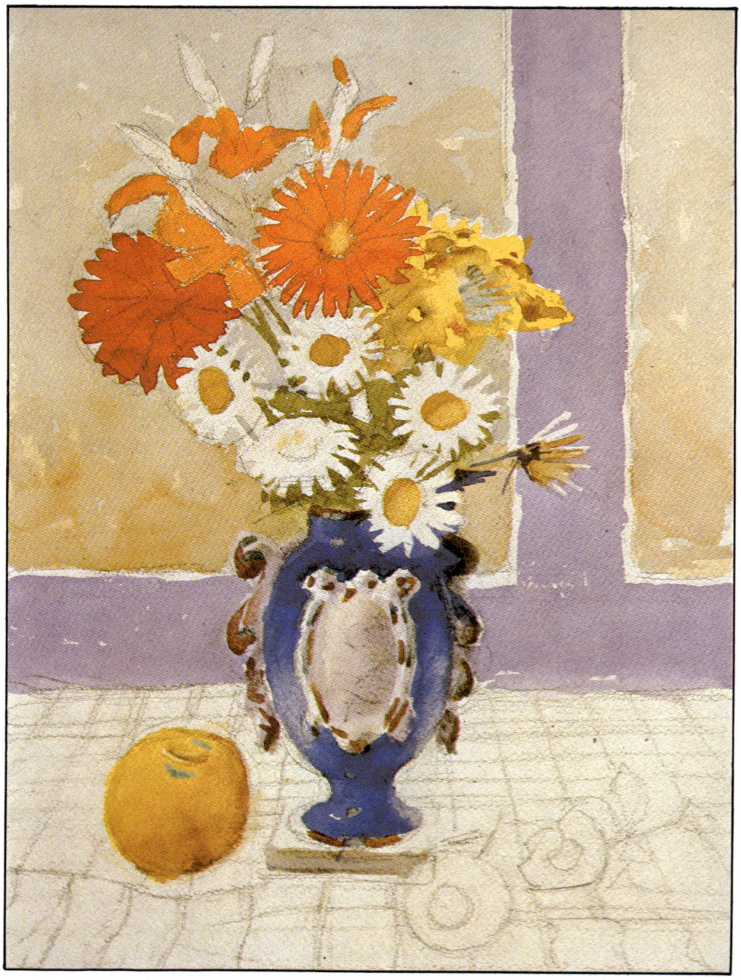

Abb. 237 bis 240: Ich entferne den Rubbelgummi mit einem Radiergummi und erhalte perfekt ausgesparte Flächen und feine Striche, so daß ich mühelos helle Formen auf dunklem Grund anlegen kann (Abb. 237). Aus der nächsten Abbildung geht hervor, wie nützlich ein Extrablatt für Probestriche, Abstufungen, zum Entleeren des Pinsels etc. ist. Beachten Sie die Aussparungen für die Blütenblätter der Margeriten innerhalb der Farben hinter diesen Blumen.

Abb. 241: Am Ende dieses Stadiums hat man bereits eine allgemeine Vorstellung von der Farbe, auch wenn diese Farben und Formen noch korrigiert und kontrastiert werden müssen.

Abb. 242 (gegenüber): Innerhalb einer erst kürzlich gemalten, noch feuchten dunklen Fläche lassen sich weiße Linien und Striche mit dem Pinselstiel „öffnen“. Zu diesem Zweck gibt es einen Pinsel mit einem Schildpattstiel und abgeschrägter Spitze, den ich ebenfalls für die beleuchteten Seiten der Stengel verwendet habe.

Fünftes Stadium: Das praktisch fertige Bild

Die allgemeinen Formen und Farben sind, abgesehen von den Details, bereits korrekt angelegt, wie aus den einzelnen Abbildungen hervorgeht.
Das Geheimnis, das Weiß wieder zu öffnen – besser gesagt, Punkte, Striche und Linien auf dunklem Grund anzulegen –, besteht darin, zunächst eine ziemlich intensive, weitgehend dekkende Farbe zu malen und unmittelbar darauf, solange sie noch feucht ist, mit einem harten Gegenstand, zum Beispiel dem Fingernagel, der Spitze des Pinselstiels – am besten dem stumpfen Ende eines Schildpattstiels - darüberzukratzen. Auf Abbildung 243 löse ich gerade die Blütenblätter der Margerite und spare das Weiß des Papiers aus. Anschließend hat man das Gefühl, die Blüte sei mit weißer Farbe gemalt. Aber es handelt sich natürlich um das Weiß des Papiers. Außerdem möchte ich Ihre Aufmerksamkeit auf die Tatsache lenken, daß ich – wie die Abbildung zeigt – mit einem dicken Pinsel Nr. 8 male und nicht etwa mit einem feinen, was die Arbeit des Aussparens kleiner Formen vielleicht erleichtern würde. Doch wie die meisten Kunstmaler glaube ich, daß das künstlerische Aquarell darunter leidet, wenn man mit feinen Pinseln arbeitet, da man automatisch zu viele Details malt. Und das schadet der spontanen, frischen Ausführung.

Abb. 243 und 244: Umreißen, „negativ malen" durch Aussparungen, abstufen, gleichzeitig zeichnen und malen sind die wesentlichen Merkmale der Aquarelltechnik.

Abb. 245: Nur wenige kleine Details fehlen nach diesem vorletzten Stadium noch.

242

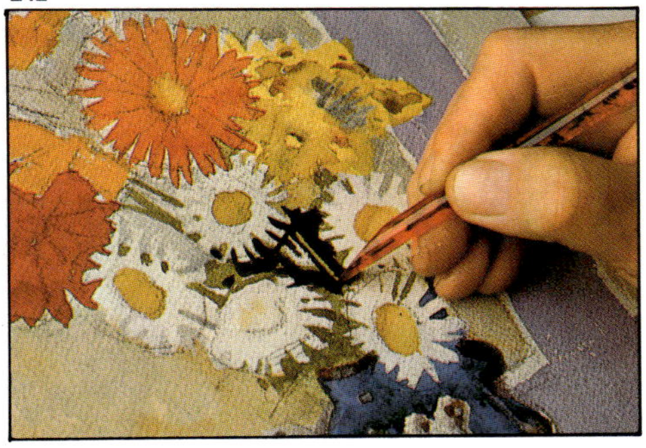

243

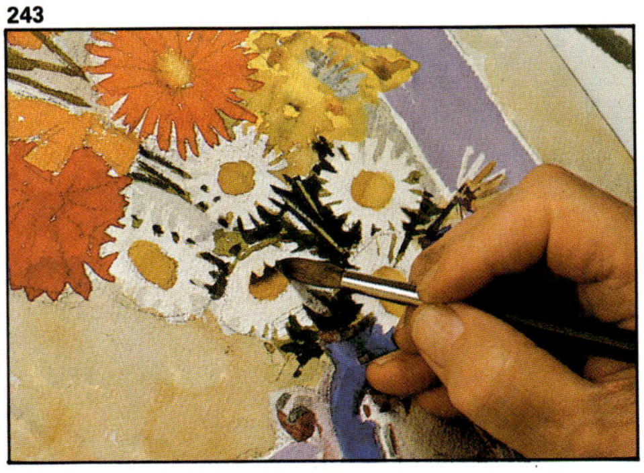

244

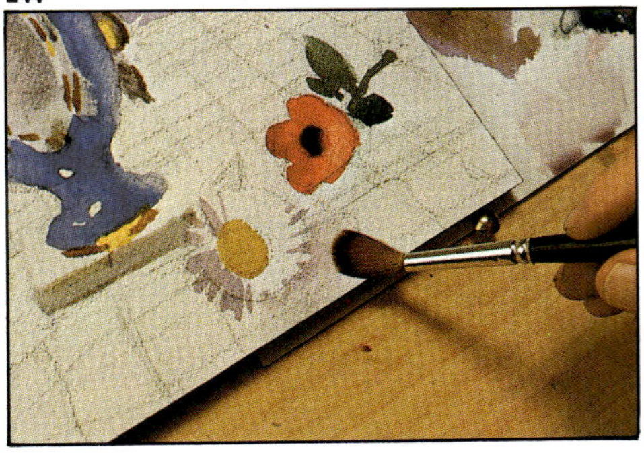

245

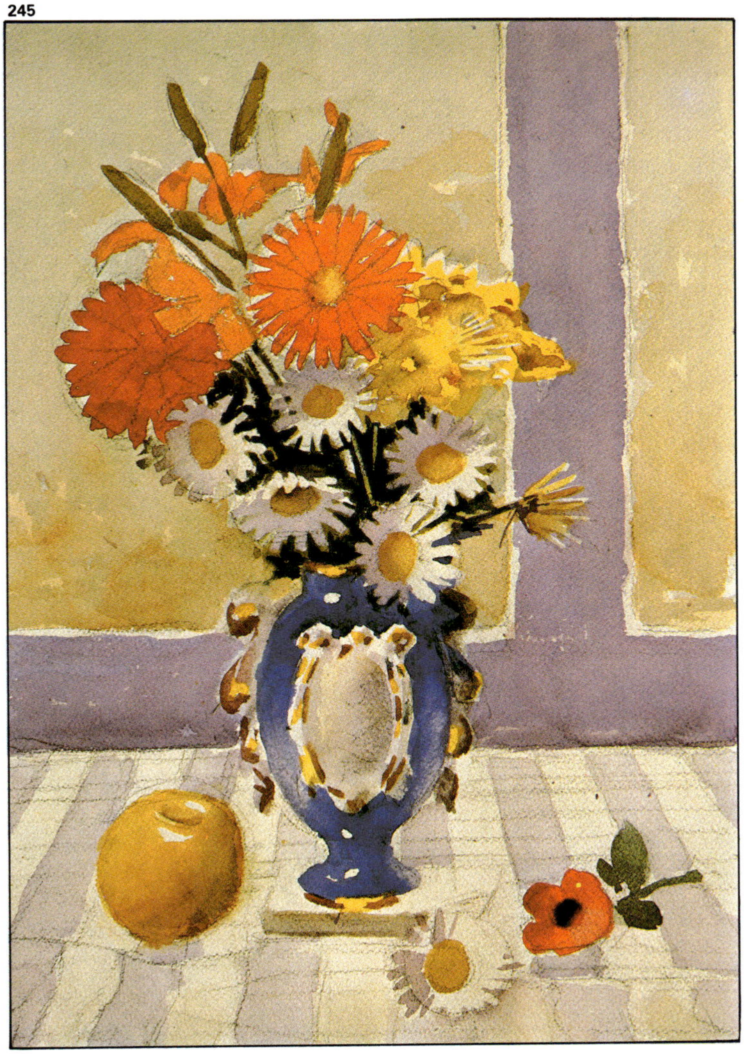

Sechstes und letztes Stadium: Abschlußarbeiten

Nun erfolgt die Anlage des karierten Tischtuchs. Warten Sie, bis die waagerechten Linien getrocknet sind, und malen Sie die senkrechten darüber. Berücksichtigen Sie die Perspektive, vor allem die Konvergenz des letzten Streifens, um Tiefe zu erzeugen. Ich habe es zwar nicht ausdrücklich gesagt, aber es versteht sich eigentlich von selbst: Fast immer muß man warten, bis eine Zone getrocknet ist, bevor man eine zweite aufträgt.

Die Feuerlilien: Ich male die Blätter und die Blütenknospen zunächst mit einem ockerstichigen Hellgrün, warte, bis die Farbe getrocknet ist, und male mit einem Saftgrün darüber, um die Stellen im Schatten herauszuarbeiten. Die Schatten und die intensivsten Farben der Lilienblüten male ich ebenfalls, nachdem die Blüten und die Stengel getrocknet sind.

Die roten Blüten: Sie werden mit einigen weiteren intensiven, dunkleren Farbflecken ausgearbeitet, so daß eine Synthese von Form und Farbe entsteht.

Im vorigen Stadium habe ich bereits den Rubbelgummi für die Spitzlichter der Vase und des Apfels entfernt und brauchte jetzt nur noch mit dunklem Grün die Blätter und Stengel der Blumen auf dem Tischtuch zu malen sowie die Wurfschatten der Vase, des Apfels und der Blumen auf dem Tuch anzulegen. Auch die Blumen auf dem weißen Medaillon der Vase male ich nun.

Das ist schon alles. Mein Bild ist beendet.

Abb. 246 bis 249: Hier sehen Sie die Einzelheiten der allgemeinen Abschlußarbeiten: die Anlage der Karos des Tischtuches, der Knospen der Feuerlilien, der Schatten der Blätter der kleinen roten Blüte auf dem Tischtuch und die Wurfschatten der Vase und des Apfels auf das Tuch.

246

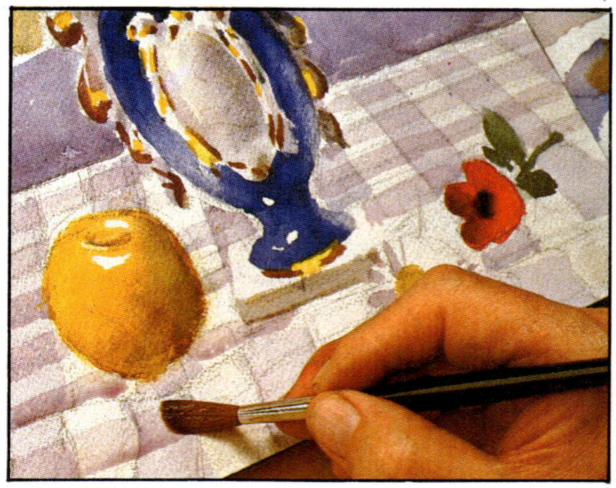

247

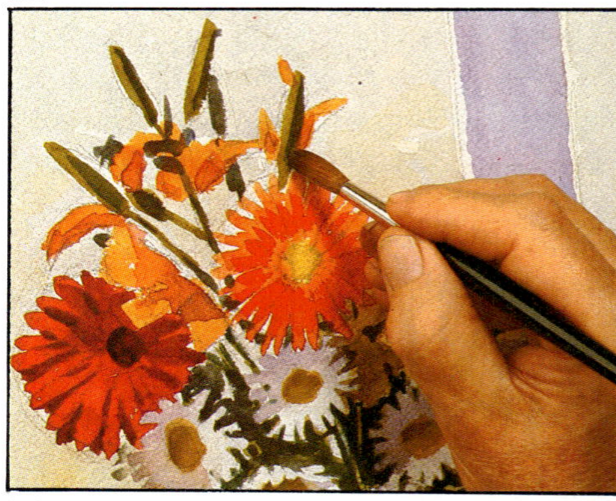

248

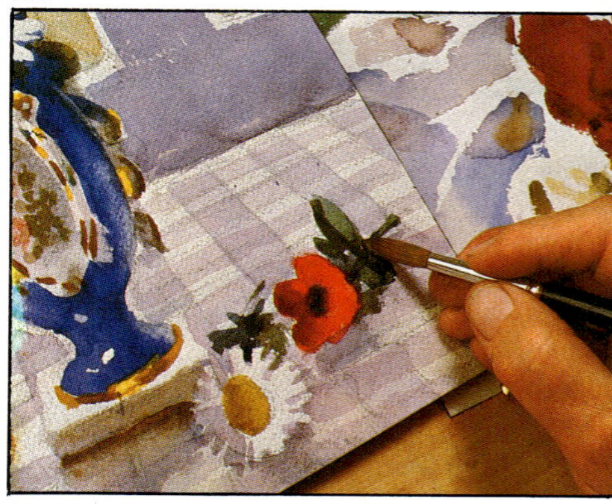

249

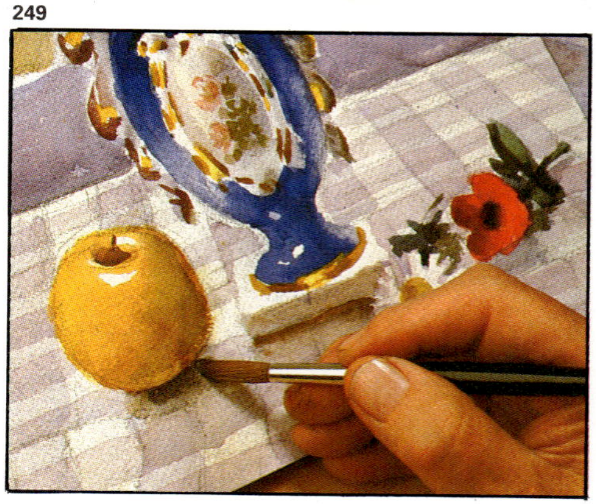

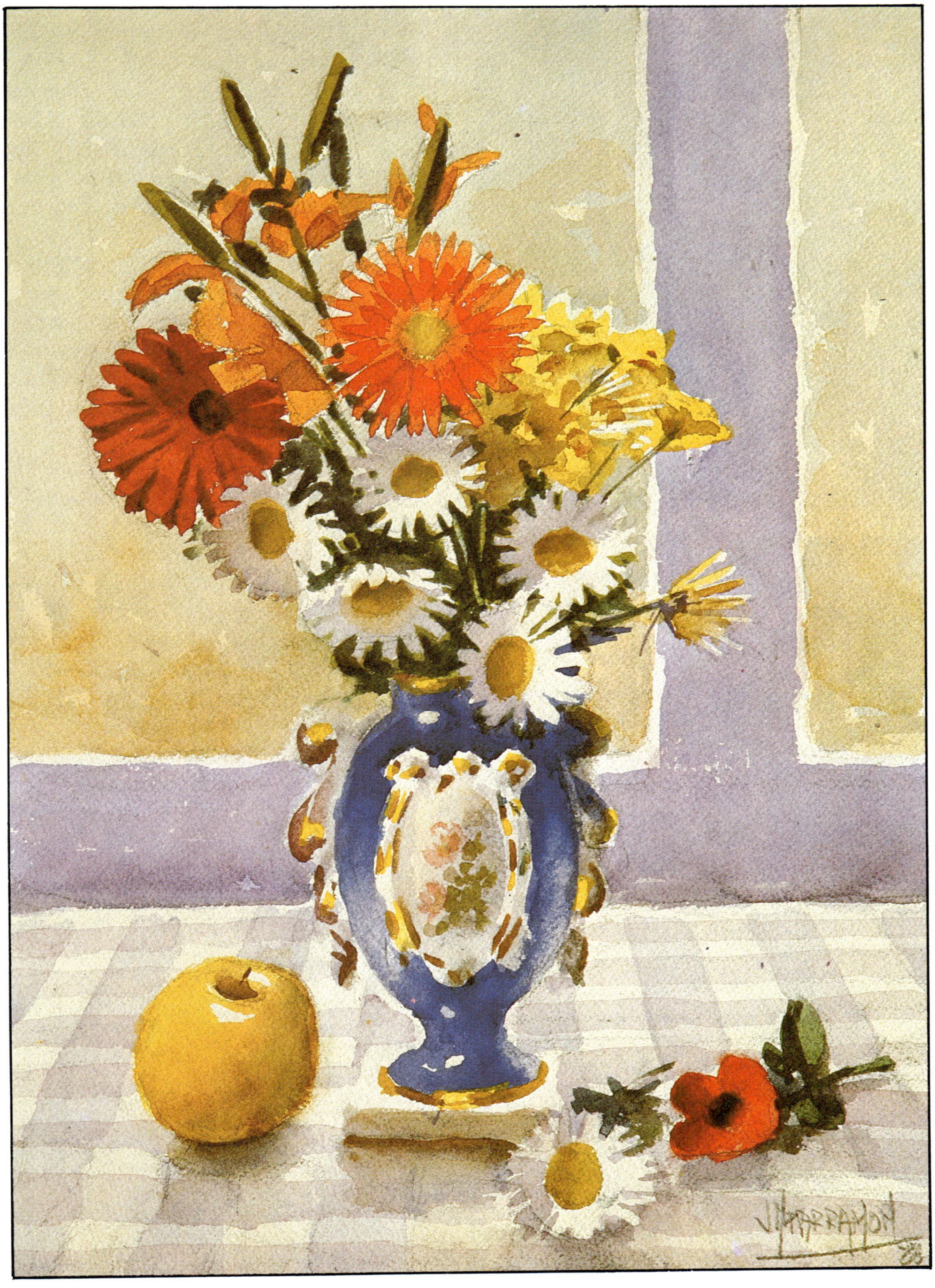

Abb. 250: Das fertige Bild zeigt, daß sich die Aquarellmalerei hervorragend zur Wiedergabe der zarten Blumen mit ihren reichen, leuchtenden Farben eignet. Es sagt uns auch, daß man für ein angemessenes Ergebnis immer wieder üben muß und zahlreiche Blumen malen sollte, um vor allem zeichnend malen und konkrete beleuchtete Stellen auf dunklem Grund aussparen zu lernen, denn daraus besteht die Aquarellmalerei im wesentlichen.

Francesc Crespo malt Kapuzinerkresse in Öl

251

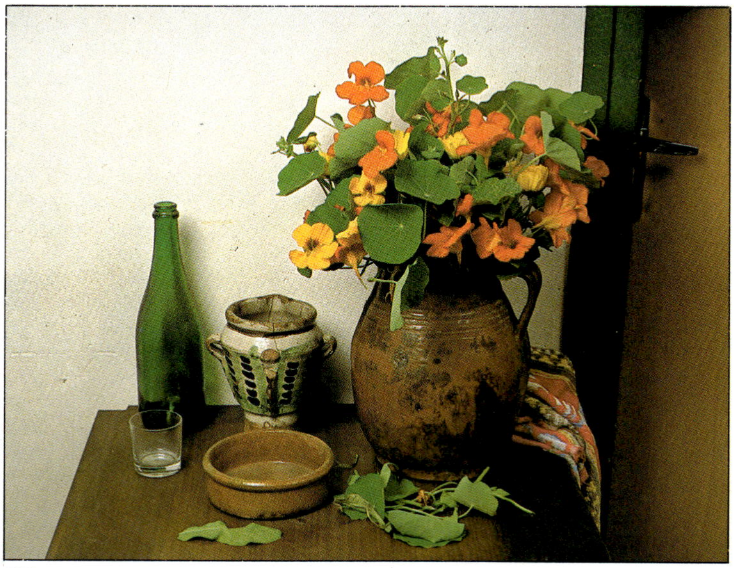

Mit dem Modell vor Augen erklärt Crespo: „Dies ist eine Blumensorte, die rasch welkt. Deshalb muß man das Bild in zwei Sitzungen malen, sich zunächst mit den frischen Blüten befassen und in einer zweiten Sitzung den Hintergrund, die Vasen und die Blätter anlegen. Nur so kann man den ersten Eindruck erfassen."

Der Maler beginnt sein Bild. Zunächst ist es völlig still im Atelier. Crespo blickt von dem Modell zur Leinwand und von der Leinwand zu seinem Modell und zieht schließlich ein Rechteck innerhalb des Formats der Leinwand (Abb. 252.).

„Willst du das Format verringern?" fragte ich ihn. „Nein, dieses Eingangsrechteck entspricht *dem Rahmen, der Größe und den Maßen des Modells innerhalb des Gesamtbildes,* wobei ich zuvor bereits den Rand oben, unten und zu beiden Seiten des Modells berechnet habe."

Anschließend legt Crespo mit Pinsel und dunklem Umbra gebrannt, das stark mit Balsamterpentin verdünnt wurde, die einzelnen Elemente des Bildes an.

252

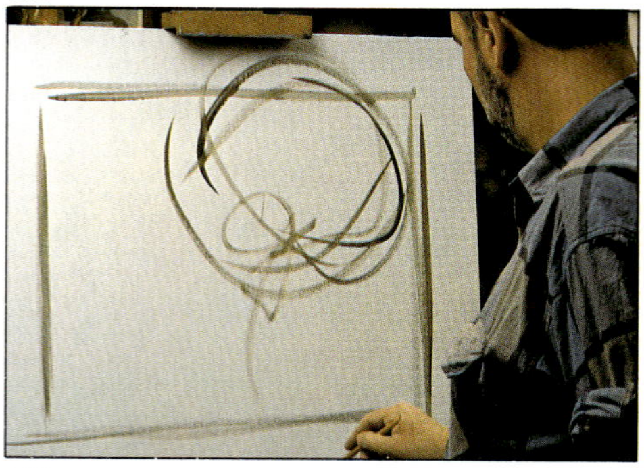

Abb. 251: Zum Abschluß der praktischen Unterweisung in der Blumenmalerei wird Francesc Crespo dieses Modell aus einem Strauß Kapuzinerkresse in einem Terracottagefäß, einer Vase, einer kleinen Schale, einem Glas und einer dunkelgrünen Flasche malen.

253

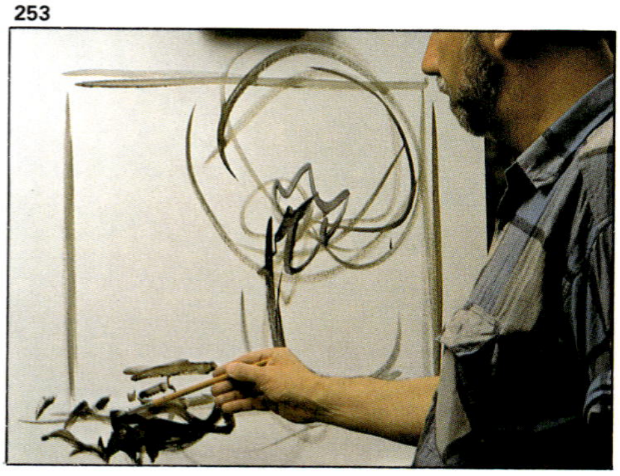

254

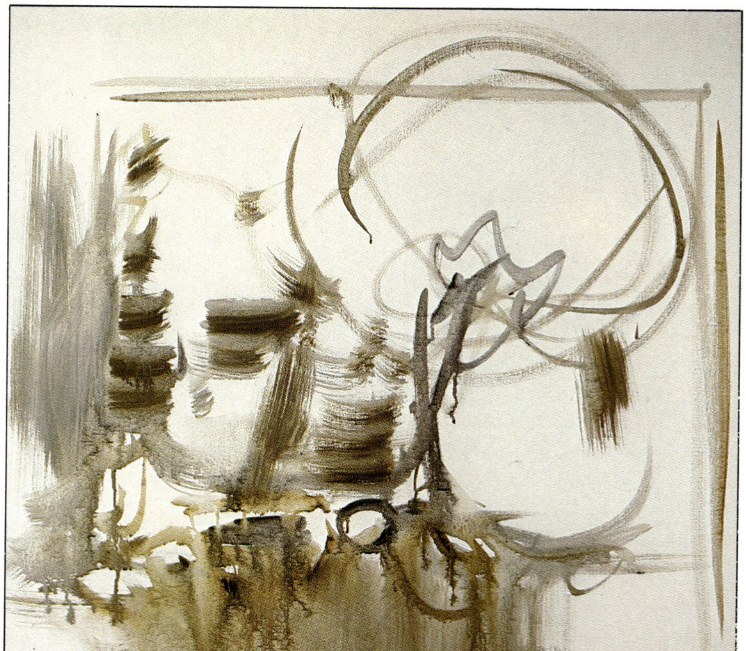

Abb. 252 bis 254: Crespo zeichnet zunächst ein Rechteck, mit dem er das Modell umreißt, und malt anschließend eine Reihe von Formen, mit denen er die großen Volumen des Modells innerhalb des Bildes festhält. Sie erinnern an ein abstraktes Werk.

Zweites Stadium: Zeichnung und Farbflecken

Crespo nimmt nun einen seiner 3 cm breiten Flachpinsel und malt mit Umbra gebrannt, Rot, Grün, Ultramarin und Weiß.
Letzteres legt er an den hellsten Stellen des Hintergrunds an und erreicht ein helles Grau, das dem Modell sehr nahekommt. Mit Permanentgrün und Weiß skizziert er die Form der Flasche und malt sie mit zahlreichen waagerechten Pinselstrichen. Mit dem Spachtel legt er völlig flach ungegenständliche Flecken an, die den Schatten und den Formen der Vase und der kleinen Schale entsprechen. Mit der Kante des Spachtels zeichnet er einige Linien, die die Flasche begrenzen, sowie den weiten Bogen für die Blumenvase. Mit dem runden Pinsel konkretisiert er die kleinen „Löcher" – winzige Stellen ohne Farbe – und malt anschließend das Gelb, Orange und Rot der Blüten.

255

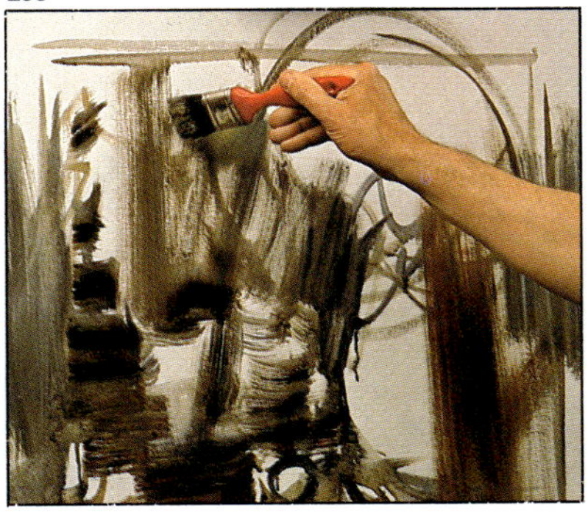

256

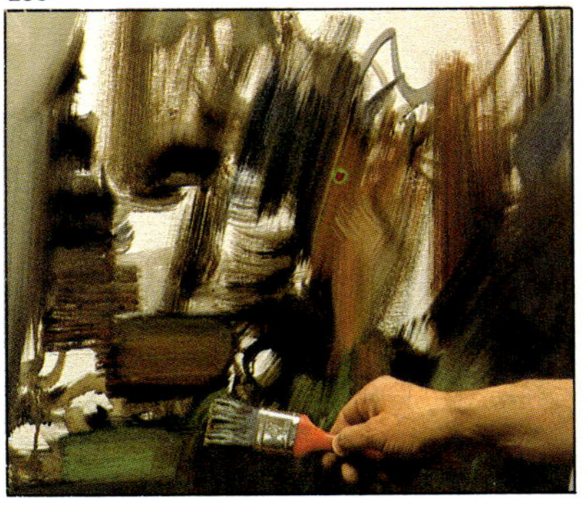

257

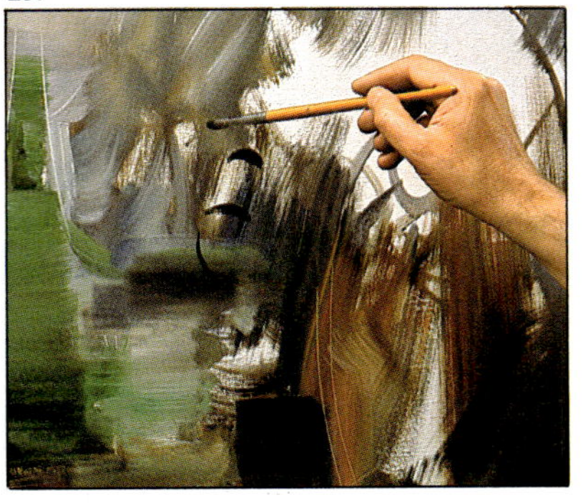

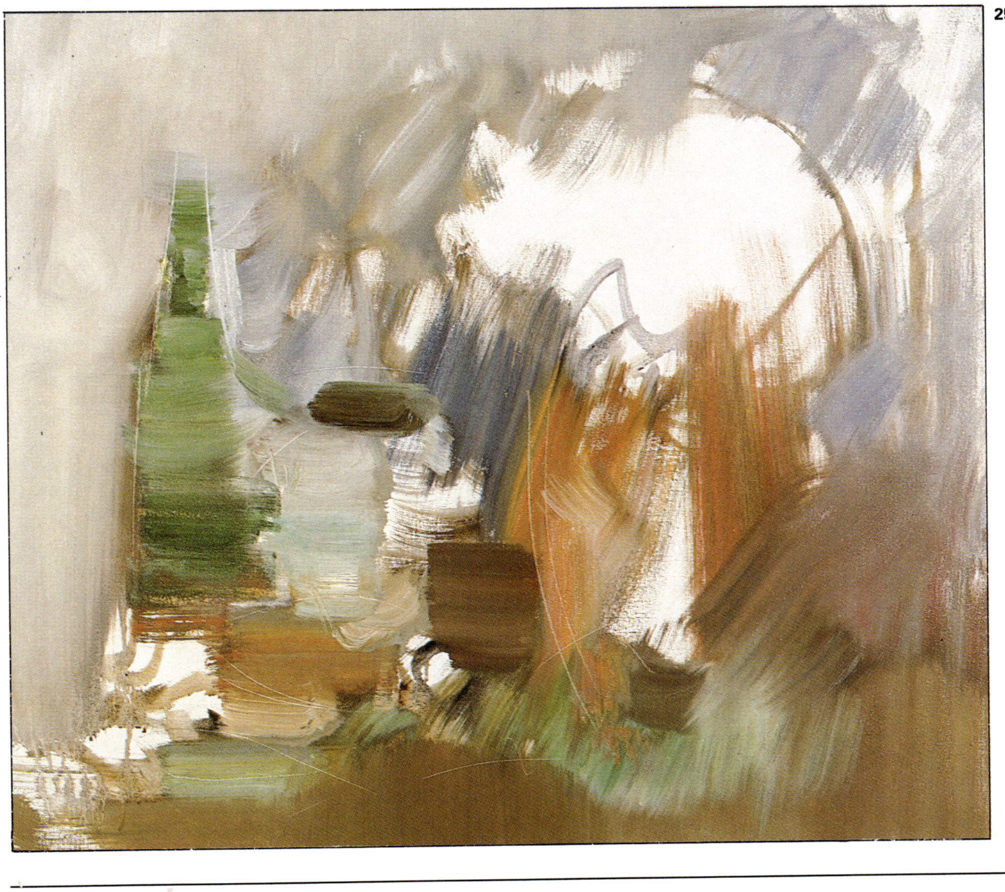

258

Abb. 255 bis 257: Auch auf diesen drei Abbildungen ist das Bild noch abstrakt. Es besteht aus braunen Farbflecken, die Crespo anschließend mit Rot, Grün und Weiß mischt und dabei die Fläche für den eigentlichen Blumenstrauß ausspart.

Abb. 258: Die Leinwand ist völlig mit Formen und Farben bedeckt, die bereits die Struktur des Modells wiedergeben.

Drittes Stadium: Anpassung der Formen und Farben

Crespo führt nun die Hauptfarben für den Blumenstrauß ein. Er malt mit Kadmiumrot hell und Kadmiumgelborange und mischt Kadmiumgelb mittel und Ocker darunter. Die Blütenblätter der Kapuzinerkresse malt er mit einem Flachpinsel Nr. 12. Anschließend legt er mit einem weiteren Flachpinsel die großen Blätter an. Außerdem verwendet er den Spachtel dafür und malt damit beinahe rechteckige Flekken (Abb. 259, 260 und 262).

Mit einem runden Rindshaarpinsel und dunklem, beinahe schwarzem Grau verkleinert und zeichnet er Formen, Blütenblätter und Blätter (Abb. 263).

Crespo hat am Ende dieses dritten Stadiums also die Formen und Farben angepaßt, wird sie aber noch etliche Male überarbeiten.

Sie hatten Gelegenheit, schrittweise zu verfolgen, welches Material und welche Technik Francesc Crespo für seine

259

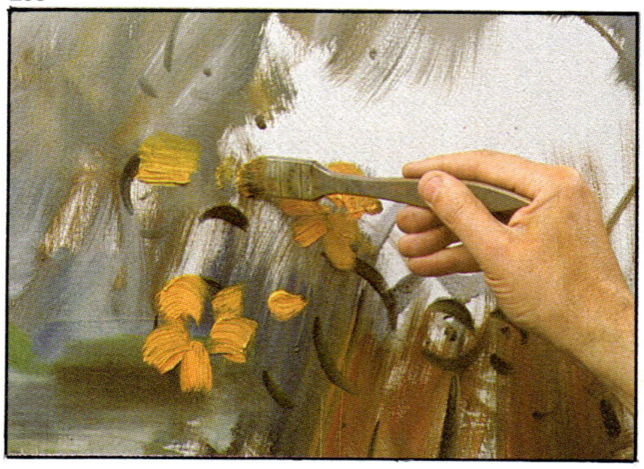

260

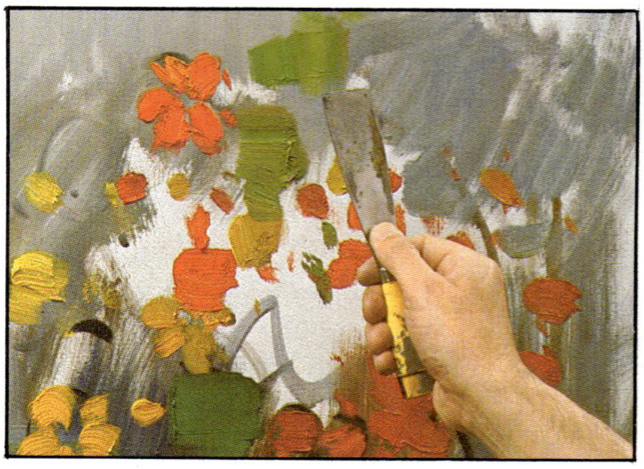

261

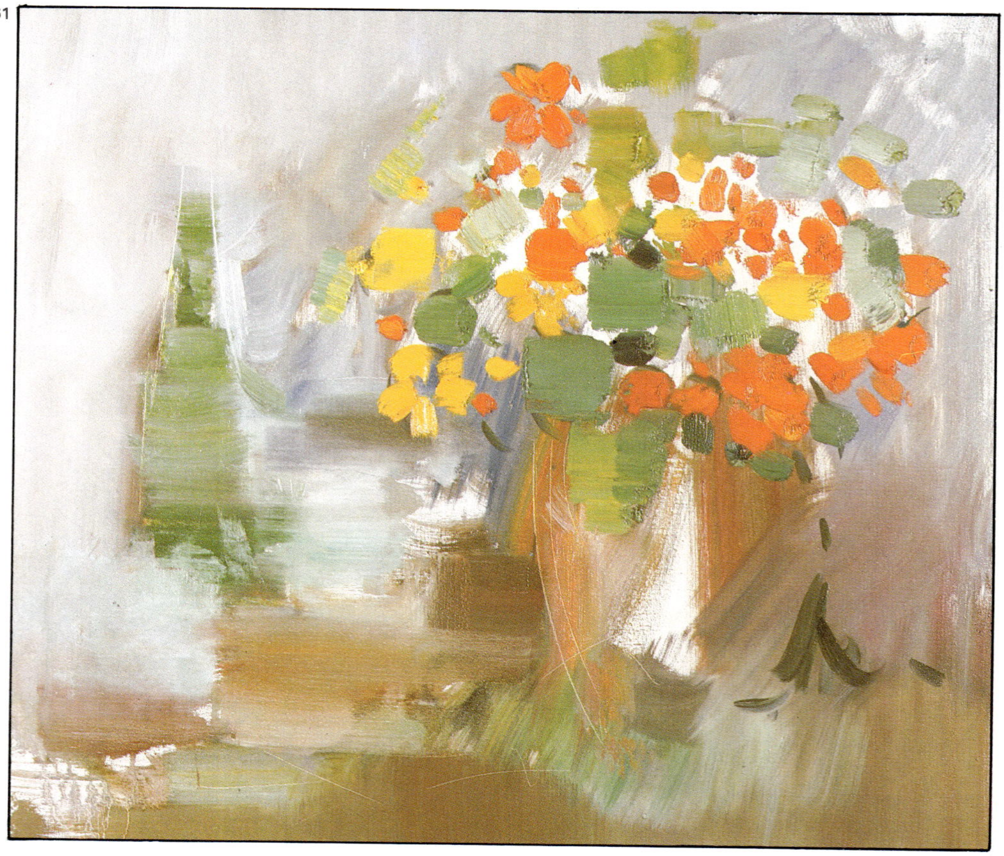

Abb. 259 bis 261: Crespo malt jetzt die Blüten mit einem 3 cm breiten Flachpinsel und einem Spachtel gleicher Breite. Er schafft eine Synthese der Formen und legt jedes Blütenblatt und jedes grüne Blatt mit einem einzigen Pinsel- oder Spachtelstrich an (Abb. 259 und 260). Am Ende dieses dritten Stadiums ist die Leinwand praktisch völlig mit Farbe bedeckt (Abb. 261).

Viertes und letztes Stadium: das fertige Bild

Blumenbilder verwendet. Trotzdem möchte ich von ihm wissen, an welches Konzept er sich beim Malen im allgemeinen hält. Daher frage ich ihn: „Könntest du deine Auffassung von einem Bild mit wenigen Worten erklären?“ Crespo hält für einen Moment bei der Arbeit inne und antwortet mit dem Spachtel in der Hand: „Du kannst notieren, daß ich immer das ganze Bild bearbeite und nicht mal oben, mal unten und mal an den Seiten ausführlich weitermale. Ich behandle alles gleichzeitig und beende keine Fläche vor der anderen. Alles ist erst fertig, wenn ich das Bild beendet habe.“

Das ist Crespos Malweise, die aus den Abbildungen von der Herstellung dieses Bildes und insbesondere aus Abbildung 264 deutlich hervorgeht.

262

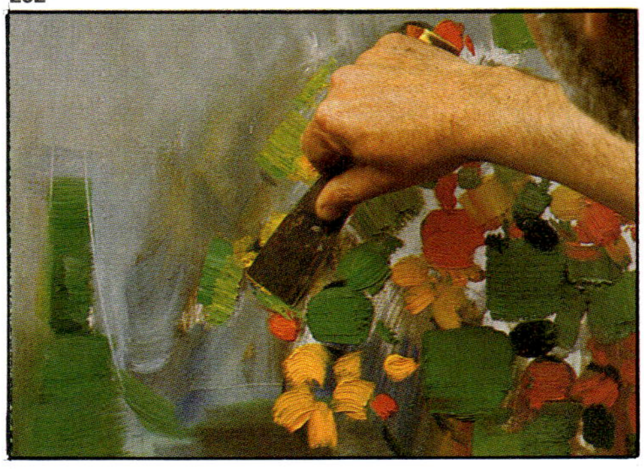

263

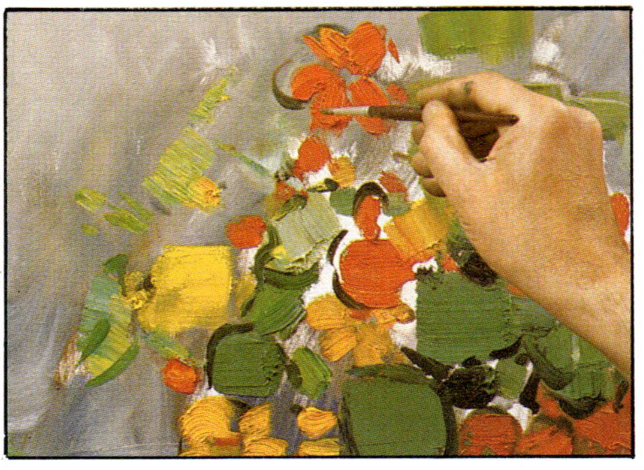

264

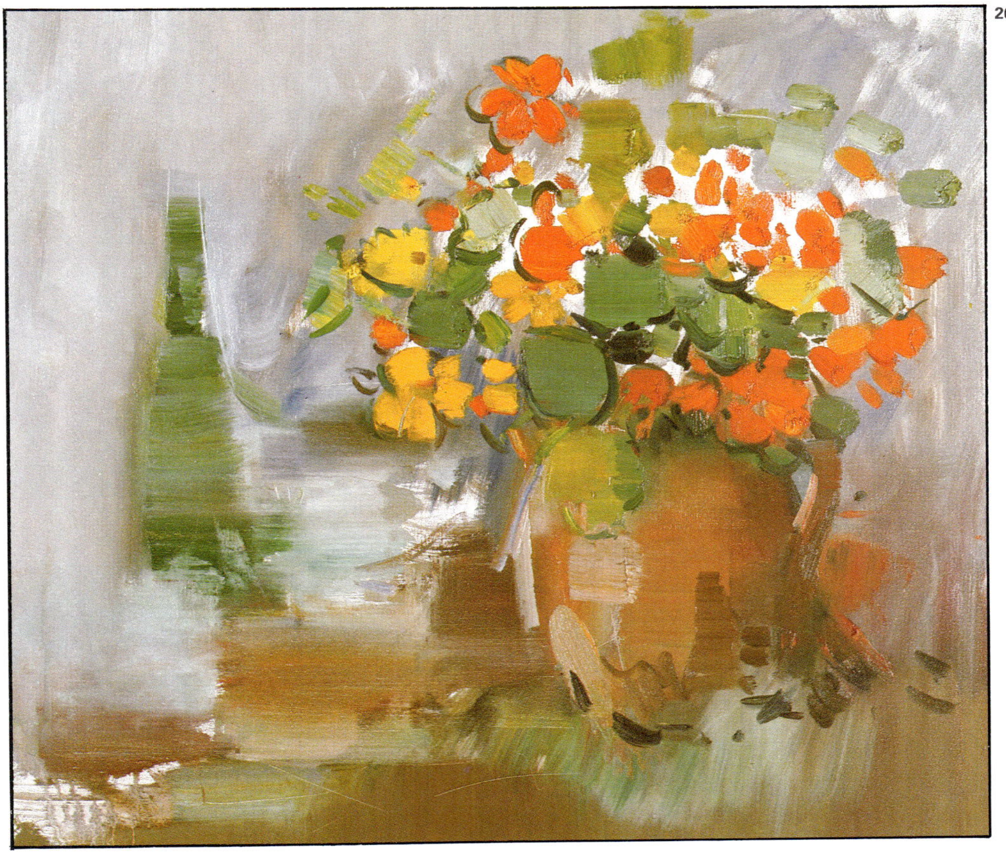

Abb. 262 bis 264: Nach Retuschen mit dem Spachtel und der Anlage konkreter dunkler Striche mit einem runden Rindshaarpinsel (Abb. 262 und 263) entsteht dieses Stadium (Abb. 264), in dem das Bild hinsichtlich Form und Farbe bereits ziemlich fortgeschritten ist.

Viertes und letztes Stadium: das fertige Bild

265

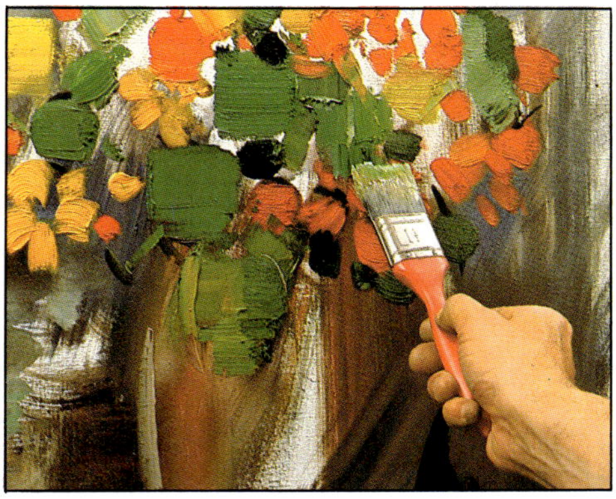

266

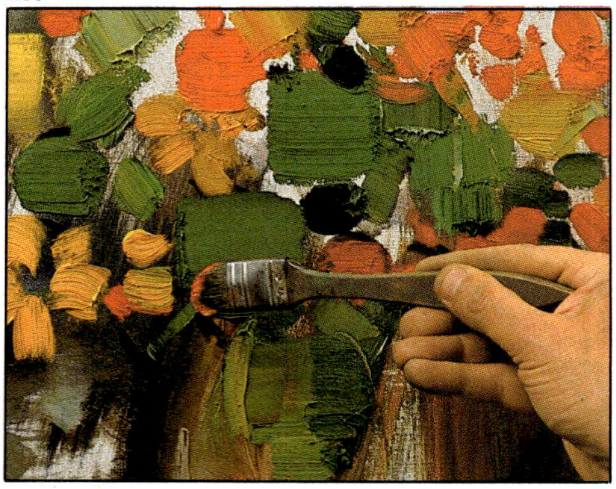

Abb. 265 und 266: Nach intensiven Abschlußarbeiten mit runden und flachen Pinseln und Spachteln, in die alle Farben von Crespos Palette einschließlich das Saftgrün zum Brechen des leuchtenden Grüns mancher Blätter eingreifen – jedes Blütenblatt ein Pinseltupfer, jedes grüne Blatt ein Spachtelstrich – ist das Bild fertig.

Das Bild schreitet fort und wird immer konkreter. Crespo arbeitet jetzt langsam – Pinselstrich für Pinselstrich die Blütenblätter; Strich für Strich mit dem Spachtel die Blätter.
Er berechnet jeden Farbtupfer, jede Pinselfüllung und untersucht aufmerksam jede Farbe, jede Nuance, jeden Ton. Dazu unterstreicht er: „Man muß die Farbunterschiede jedes Blütenblattes, jedes Teils der Blüte erkennen und die Farben und Kontraste interpretieren, um die Farben zu diversifizieren und zu bereichern.“ Er komponiert ein leuchtendes, gebrochenes Grün und nimmt dazu Saftgrün als Grundfarbe. „Außerdem muß man neue Farben erfinden und nuancieren“, erklärt er und mischt Preußischblau und Kadmiumgelborange unter das Grün. „Du siehst? Mit dem Saftgrün, daß an sich schon eine gebrochene Farbe ist, erhalte ich eine breite Grünskala, mit der ich die Blätter der Kapuzinerkresse malen und harmonisieren kann.“
Schließlich überlagert er weitere Farben und Töne, Striche und Umrisse, die die Formen und Flächen, Blüten und Blätter im Vorder- und Mittelgrund des Blumenstraußes konkretisieren.
Damit ist das Bild beendet. Doch Crespo erklärt: „Ich werde es bis morgen oder übermorgen beiseite stellen. Dies ist mein letzter Rat, den ich unzählige Male in meinen Klassen an der Hochschule der schönen Künste wiederholt habe: Ein Bild muß reifen. Lassen Sie zwei oder drei Tage verstreichen, ohne es zu betrachten, und schließen Sie es anschließend in einer letzten Sitzung ab.“

267

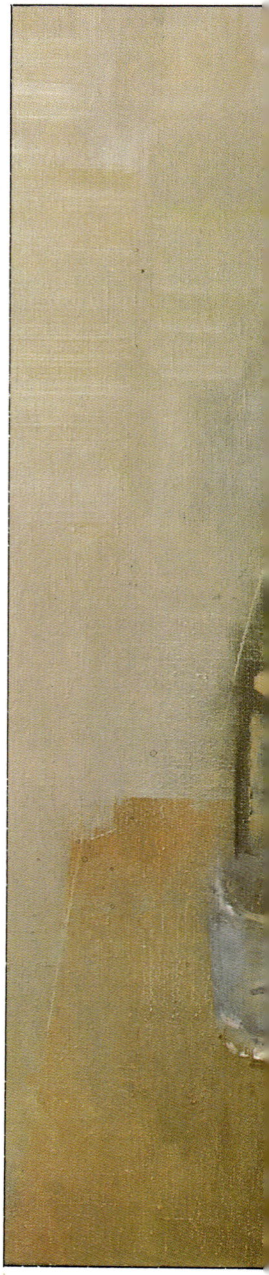

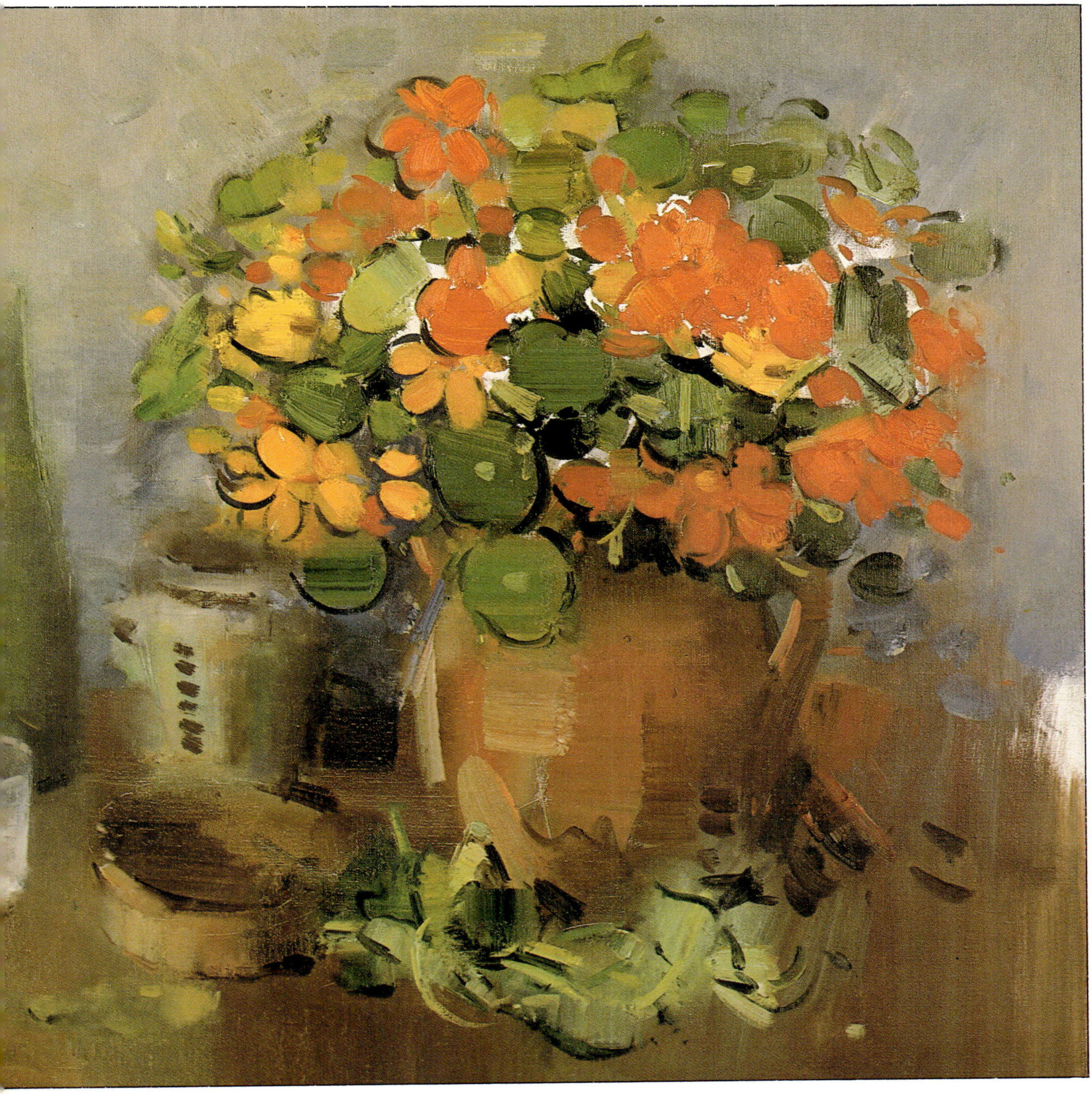

Abb. 267: Hier das fertige Bild. „Es hat sich gelohnt, vor dem letzten Stadium zwei Tage verstreichen zu lassen", erklärt Francesc Crespo. „Auf diese Weise habe ich eine bessere Synthese der Farben und Formen des Straußes in Übereinstimmung mit der Synthese der Formen und Farben der übrigen Elemente erzielt." Werfen Sie jetzt noch einmal einen Blick auf das Modell (Abb. 251). Sie erkennen, daß Crespo den Strauß proportional größer als die übrigen Elemente wiedergegeben hat, so daß er sich in das Interessenszentrum des Bildes verwandelt und die anderen Elemente mit ihren vereinfachten Formen und Farben auf die zweite Ebene versetzt werden. Es ist ein gutes Bild geworden, eine gute Lektion zum Abschluß dieses Buches über die Kunst der Blumenmalerei.

Ein Archiv zum Nachschlagen

In der künstlerischen Praxis verwendet man je nach Maltechnik unterschiedliche Farben und jeweils anderes, zum Teil recht unterschiedliches Material. Mit der Zeit sammelt sich immer mehr davon an und entwickelt sich zu einer wertvollen, unersetzlichen Ausstattung, mit der sich wirklich individuell arbeiten läßt. In den Kapiteln über das Material und seine Anwendung haben wir die normalerweise von Kunstmalern verwendeten Farben und Utensilien zusammengestellt.

Zum Abschluß möchten wir Ihnen einen Rat weitergeben, den zahlreiche Künstler völlig unterschiedlicher Spezialgebiete für äußerst nützlich halten: Richten Sie sich ein eigenes Archiv zum Nachschlagen ein, und sammeln Sie dafür alle Bilder von Blumen, die ihnen interessant erscheinen.

Das ist ganz einfach.

Bei Ihren Ausflügen aufs Land, bei Ihren Spaziergängen in Parks und öffentlichen Gärten haben Sie zweifellos Gelegenheit, die unterschiedlichsten Blumen und Pflanzen zu fotografieren. Sammeln Sie außerdem gute Reproduktionen, die in Zeitschriften aller Art zu finden sind. Auch Werbeprospekte von Fachgeschäften und Ausstellungskataloge enthalten häufig sehr gute Bilder. Sammeln Sie Artikel über einzelne Malverfahren. So entsteht unmerklich ein technisches und dokumentarisches Nachschlagewerk.

Dieses können Sie ganz nach eigenem Geschmack ordnen: nach Pflanzen und Blumen, nach den jeweils verwendeten Farben. Sie können es in Ordnern verwahren, aber auch in einzelnen Zeichenmappen.

Ich bin sicher, daß Ihnen ein derartiges Nachschlagearchiv bei Ihrer künftigen Tätigkeit als Blumenmaler wertvolle Dienste leisten wird, wenn Sie sich für eine Komposition oder bestimmte formale Aspekte entscheiden müssen.

Abb. 268: Blumen sind vielleicht eines jener Themen, bei denen eine gute Dokumentation am wichtigsten ist. Man sollte daher ein eigenes Archiv aufbauen und die Blumen darin nach Sorten, Formen, Farben etc. ordnen.

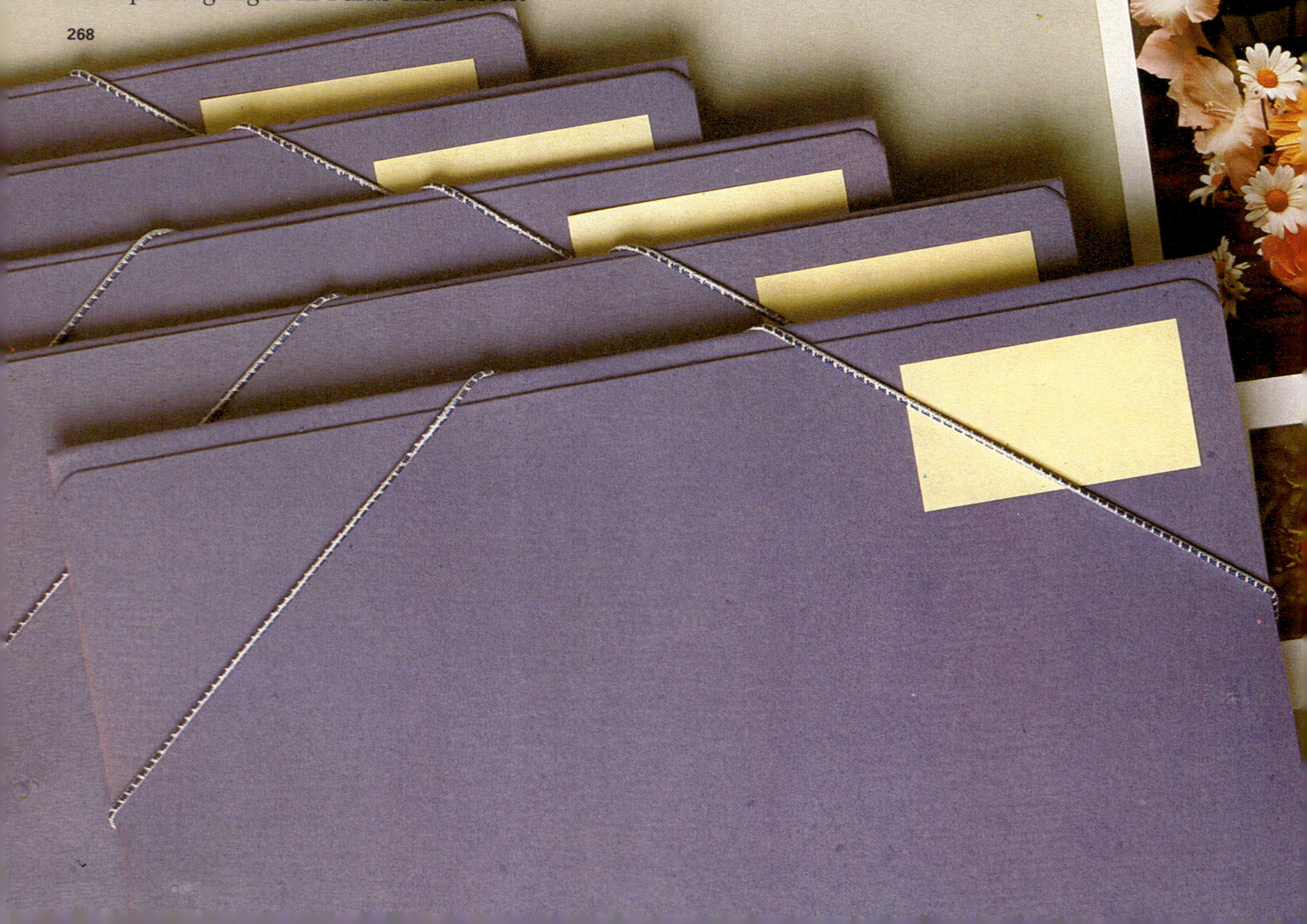

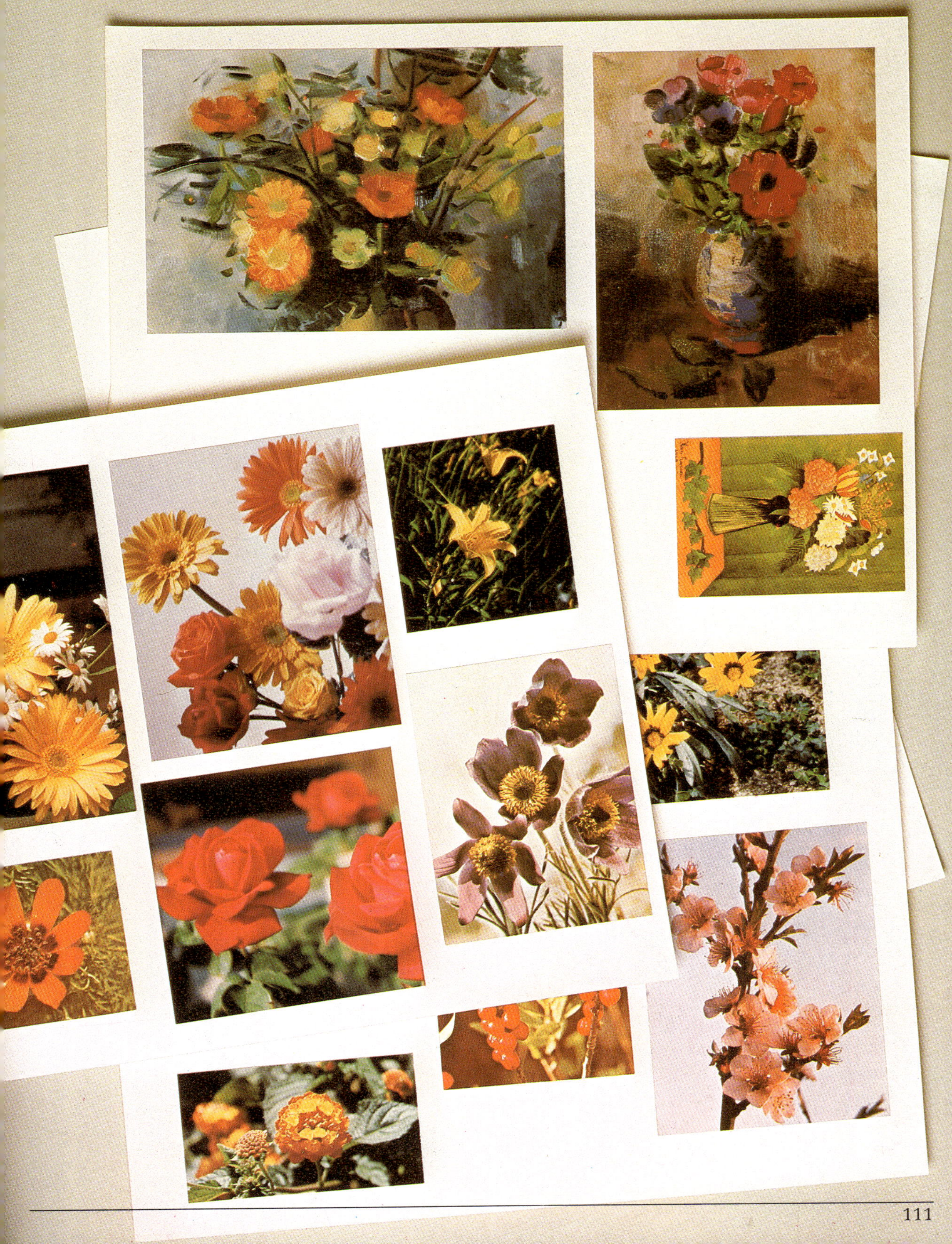